中国企业劳动关系状况报告

（2021—2022）

朱宏任　主编

企业管理出版社
ENTERPRISE MANAGEMENT PUBLISHING HOUSE

图书在版编目（CIP）数据

中国企业劳动关系状况报告. 2021-2022 / 朱宏任主编. —北京：企业管理出版社, 2022.12

ISBN 978-7-5164-2802-3

Ⅰ. ①中… Ⅱ. ①朱… Ⅲ. ①企业—劳动关系—研究报告—中国— 2021-2022 Ⅳ. ①F279.23

中国国家版本馆CIP数据核字（2023）第008688号

书　　名：中国企业劳动关系状况报告（2021—2022）
书　　号：ISBN 978-7-5164-2802-3
作　　者：朱宏任
责任编辑：徐金凤　宋可力　黄　爽　田　天　李雪松
出版发行：企业管理出版社
经　　销：新华书店
地　　址：北京市海淀区紫竹院南路17号　　邮　　编：100048
网　　址：http://www.emph.cn　　电子信箱：emph001 @163.com
电　　话：编辑部（010）68701638　　发行部（010）68701816
印　　刷：北京厚诚则铭印刷科技有限公司
版　　次：2023年6月第1版
印　　次：2023年6月第1次印刷
开　　本：710mm×1000mm　1/16
印　　张：17.25
字　　数：320千字
定　　价：108.00元

编 委 会

目录

第一部分　企业劳动关系状况

第二部分 专题调研报告

第三部分 企业构建和谐劳动关系实践案例

第一部分

企业劳动关系状况

第一章　中国企业劳动关系状况综述

2021—2022年，面对复杂严峻的国内外形势和诸多风险挑战，特别是新冠疫情的严重冲击，全国各族人民在以习近平同志为核心的党中央坚强领导下，推动各项工作取得积极成效，隆重庆祝中国共产党成立一百周年，胜利召开党的二十大，如期打赢脱贫攻坚战，如期全面建成小康社会，实现第一个百年奋斗目标，开启向第二个百年奋斗目标进军的新征程。回顾这两年，在党中央、国务院的高度重视下，在政府部门、工会、企业代表组织和企业的共同努力下，中国企业劳动关系总体保持和谐稳定。一方面，中华人民共和国人力资源和社会保障部（以下简称人力资源社会保障部）等国家有关部委及各级政府部门出台一系列劳动关系领域的法律、法规政策，惠企纾困措施持续有力，劳动力市场供求总体平衡，就业市场基本保持稳定，重点群体就业状况逐步改善，企业用工形式更加多元化，企业职工工资和收入稳步增长，社会保障制度改革取得新进展，劳动争议处理协调机制日趋完善。另一方面，受新冠疫情影响，部分特殊群体就业困难，企业不规范用工现象依然存在，降薪、欠薪和规模裁员事件频发，企业社保不合规问题凸显，劳动争议类型更加复杂，劳动争议案件数量仍保持高位增长态势，特别是新业态经济的发展和新型用工形式使劳动者权益保护面临新的问题，协调劳动关系工作仍需持续发力。

一、我国企业劳动关系的总体状况

（一）劳动关系立法与政策重点关注稳岗促就业

1. 减负稳岗促就业成为劳动政策的当务之急

为应对企业用工和就业挑战，我国政府密集出台一系列政策措施，突出稳增长、稳就业、稳物价，加大助企纾困支持力度，强化稳岗扩就业政策支持，推动社会稳定发展。如《关于延续实施部分减负稳岗扩就业政策措施的通知》（人社部发〔2021〕29号）、《关于扩大阶段性缓缴社会保险费政策实施范围等问题的通知》（人社部发〔2022〕31号）、《关于推进企业吸纳就业社会保险补贴“直补快办”助力稳岗扩就业的通知》（人社部发〔2022〕37号）、《关于加强零工市场建设 完善求职招聘服务的意见》（人社部发〔2022〕38号）。

2. 人力资源市场与就业服务领域成为劳动立法与政策新主题

人力资源服务业作为现代服务业的重要门类，不仅在促进就业中发挥着不可或缺的重要作用，而且对于更好发挥我国人力资源优势、助力我国经济社会高质量发展具有重要意义。2021—2022年，《关于实施提升就业服务质量工程的通知》（人社部发〔2021〕80号）、《关于推进新时代人力资源服务业高质量发展的意见》（人社部发〔2021〕89号）、《关于实施人力资源服务业创新发展行动计划（2023—2025年）的通知》（人社部发〔2022〕83号）等文件的发布实施，对于优化人力资源市场营商环境、激发人力资源服务市场主体活力、加快构建中国特色的人力资源服务产业体系起到了重要的引领和支撑作用。

3. 特殊群体劳动者权益保护仍是劳动立法与政策的重点

在农民工权益保护方面，落实《保障农民工工资支付条例》，2021—2022年人力资源社会保障部联合有关部门发布《工程建设领域农民工工资保证金规定》《工程建设领域农民工工资专用账户管理暂行办法》和《拖欠农民工工资失信联合惩戒对象名单管理暂行办法》（人社部令第45号），为切实维护农民工劳动报酬权益、根治欠薪提供了坚实的法治保障。在新业态就业人员保护方面，《关于做好快递员群体合法权益保障工作的意见》《关于推进基层快递网点优先参加工伤保险工作的通知》《关于维护新就业形态劳动者劳动保障权益的指导意见》等文件，提出进一步规范平台用工关系，对维护好新就业形态劳动者的劳动报酬、合理休息、社会保险、劳动安全等权益做出明确要求。在残疾人和新冠肺炎康复者就业保护方面，中华人民共和国国务院办公厅（以下简称国务院办公厅）印发《促进残疾人就业三年行动方案（2022—2024年）》，进一步明确开展促进残疾人就业专项行动的任务目标、主要措施和保障条件等内容。《关于坚决打击对新冠肺炎康复者就业歧视的紧急通知》提出，依法保障新冠肺炎康复者平等就业权益。

4. 职业技能人才培养与激励政策成为新时代劳动立法与政策的亮点

2021年9月，中央人才工作会议召开，习近平总书记发表重要讲话，明确提出了当前和今后一个时期实施新时代人才强国战略的总要求。《技能人才薪酬分配指引》《关于事业单位科研人员职务科技成果转化现金奖励纳入绩效工资管理有关问题的通知》《关于健全完善新时代技能人才职业技能等级制度的意见（试行）》《制造业技能根基工程实施方案》《国有企业科技人才薪酬分配指引》等政策文件的出台，为培育和激励职业技能人才、全面推进人才强国战略提供了操作指引。

2021—2022年，我国在劳动关系领域还出台了一些政策措施，例如，发布《社会保险基金行政监督办法》，保障社会保险基金安全；公布《关于推动个人养老金发展的意见》，健全多层次、多支柱养老保险体系等。

（二）劳动力市场与就业形势基本保持稳定

1. 劳动年龄人口数量和比重持续下降，劳动力供给面临冲击

一是我国生育率持续降低，出生人口不断减少。2022年年末，全国总人口为141175万人，比2021年年末减少85万人，是自1961年来首次负增

长，全年出生人口 956 万人，连续七年持续下降。二是劳动年龄人口绝对数量和比例不断下降。2021—2022 年，我国劳动年龄人口减少约 1800 万人。三是劳动年龄人口大龄化趋势日益明显，劳动力成本逐年上升。2022 年 60 岁及以上人口为 28004 万人，占总人口比重为 19.80%。我国不满 16 周岁的人口数量和比重持续下降，60 岁及以上人口数量和比重持续上升，显示我国人口老龄化速度呈加快趋势。

2. 劳动力市场需求大于供给，市场整体趋于活跃

一是劳动力市场需求总体大于供给。据人力资源社会保障部信息中心、中国就业培训技术指导中心对全国 80 多个城市的公共就业服务机构市场供求信息的统计，2021 年第一季度至 2022 年第四季度，用人单位通过公共就业服务机构招聘的各类人员的需求量均大于进入市场的同期求职人数，岗位空缺与求职人数比率（以下简称求人倍率）总体在 1.5 上下波动。二是东部地区劳动力供求总量有所增加，中部地区劳动力供求总量略有减少，西部地区用工缺口增大。三是制造业、信息传输软件和信息技术服务业等行业用工需求有所回暖，第三产业部分生活性行业用工需求大幅收缩。四是市场对技能人才用工需求较大。2021 年第一季度至 2022 年第三季度，各季度平均有近 40% 的用人需求对技术等级或职称有明确要求，其中 2021 年第四季度和 2022 年第三季度占比最高，分别为 45.5% 和 46.3%。

3. 就业形势总体平稳，就业结构持续优化

一是我国就业形势总体平稳，失业率保持在较低水平。2012—2022 年，城镇就业人数持续增加，全国城镇新增就业年均超过 1300 万人。2022 年年末全国就业人员为 73351 万人，其中城镇就业人员为 45931 万人，占全国就业人员比重为 62.6%。2022 年全国城镇调查失业率平均值为 5.6%，比上一年度平均值上升 0.5 个百分点，与 2020 年持平。2022 年年末全国城镇调查失业率为 5.5%，同比上升 0.4 个百分点，城镇登记失业率为 4.0%，同比上升 0.04 个百分点。二是就业人口规模有所下降，就业人数首次负增长。三是就业结构持续优化，第三产业就业人员占比不断提高，城镇就业人员比重逐年提升。

4. 重点群体就业平稳，就业保障有力提升

一是农民工就业总量回升，就业更加趋向本地化。伴随着我国经济长期持续增长，工业化和城镇化进程快速推进，农民工总量从2009年的22978万人增长至2022年的29562万人，本地农民工增量增速均高于外出农民工。同时，农民工年龄结构呈现老龄化趋势，40岁以下的农民工比重持续下降，50岁以上的农民工比重持续提高。二是高校毕业生就业压力增大，就业行为趋向保守。2022年全国普通高校毕业生达1076万人，同比增加167万人，首次突破千万规模，创历史新高，但招聘需求人数持续下降。高校毕业生就业期待降低，求职心态及行为更加保守。三是国家对退役军人创业就业扶持力度不断加大。强化退役军人岗位供给，扩大退役军人教育培训规模，不断完善退役军人服务体系，加大政策扶持力度，出台多项政策支持退役军人就业。

5. 新业态稳就业功效明显，就业质量持续提高

一是数字经济创造大量就业岗位。2022年，我国数字经济规模超过50万亿元，占GDP比重超过40%，数字经济赋能下的新就业形态越来越多。全国总工会第九次全国职工队伍状况调查显示，截至2022年，我国新就业形态劳动者达8400万人。数字经济也催生大量新职业，农业经理人、网约车司机、宠物美容师、智慧适老化环境设计师、健康照护师、民宿管家、食品安全管理师、互联网营销师、电子竞技运营师、人工智能训练师、供应链管理师等新职业层出不穷。《中华人民共和国职业分类大典（2022年版）》净增了158个新职业，首次标识了97个数字职业，占职业总数的6%。二是新业态就业人员就业质量得到提高。数字经济不仅提供了大量灵活就业岗位，还拓宽了就业渠道，增强了就业弹性，增加了劳动者收入。同时，政府部门、工会组织和平台企业等多方协同，助力提升数字平台灵活就业人员的就业质量，新业态就业人员权益保障制度得到进一步完善。三是就业服务体系不断健全。全方位公共就业服务体系建设持续推进，人力资源服务业规模日益壮大。截至2022年年底，全国已有各类人力资源服务机构6.3万家，从业人员104万人，年营业收入达2.5万亿元，全年共为3亿人次劳动者和5268万家次的用人单位提供了专业服务。

（三）企业用工形式更加多元化

1. 疫情形势变化对企业劳动用工管理带来较大影响

新冠疫情在全国范围内频发和不断反复，疫情重点地区采取针对疫情的临时封控措施不断升级，如延长假期、延迟复工等，大量企业面临无法正常复工、现金流突然断裂、供应链难以畅通、销售额大幅下降等诸多难题。在疫情下，远程办公、弹性工作、带薪休假等工作方式逐渐成为工作模式的“新常态”。

2. 新业态灵活用工呈现扩张趋势

伴随着我国经济结构的调整，互联网、人工智能、生产服务业等新经济蓬勃发展，带来社会就业、工作岗位、就业方式的诸多变革。灵活用工的理念已被越来越多的企业接受，在企业应用的普及度和深度均在增强，我国灵活用工市场发展态势良好。国家统计局数据显示，2022 年我国灵活就业人员已经达到了两亿人左右。企业灵活用工主要集中在一般性技能、基础性的岗位，并呈现向专业性、技术性岗位扩展的趋势。

3. 集体合同签订数量减少

2022 年度人力资源社会保障事业发展统计公报显示，2022 年年末全国报送人力资源社会保障部门审查并在有效期内的集体合同累计 121 万份，覆盖职工 1.1 亿人。与 2021 年数据相比，集体合同数量减少 11 万份，覆盖员工约减少 1000 万人，实施特殊公示制度的企业数量增长 1.1 万户，涉及员工增加 390 万余人。

（四）工资性收入持续增长

1. 居民人均可支配收入和消费平稳提升

国家统计局数据显示，2021—2022 年，全国居民人均可支配收入都实现增长。其中，2022 年，全国居民人均可支配收入为 36883 元，同比名义增长了5个百分点，扣除价格因素，实际增长了3.9个百分点，较2021年增速放缓。农村居民收入增长速度快于城镇居民，城乡收入差距缩小。从消费看，我国居民消费支出稳定增长，城乡间差距基本稳定。2022年全国居民主要消费领域是食品烟酒消费，人均消费支出为7481元，占人均消费支出的比重为30.5%。

2. 工资性收入持续增长，企业间岗位平均工资差距仍很大

2022年，全国居民人均工资性收入为20590元，同比名义增长了4.9个百分点，占可支配收入的比重超过半数，规模以上企业就业人员年平均工资为92492元，相比2021年10.9%的名义增长率，增速明显放缓。分区域看，东部地区规模以上企业人员平均工资最高；分行业看，信息传输、软件和信息服务业平均工资最高；分企业类型看，外商投资企业平均工资最高。

3. 白领年终奖有所下降，满意度提升

2022年，受大环境影响，白领的年终奖整体状况偏向保守。根据智联招聘发布的《2022年白领年终奖调研报告》，2022年确定能拿到年终奖的白领占26.9%，相对2021年的36.6%、2020年的27.6%有所下降。整体来看，白领年终奖满意度指数为2.40，较2021年的2.34有所提升。

4. 最低工资标准连续稳步上调，多数地区坚持发布工资指导线

面对新冠疫情的冲击，多地调整最低工资标准，有效保障劳动者权益。截至2023年1月1日，从月最低工资标准（第一档）来看，全国14个地区月最低工资标准达到2000元及以上。其中，上海月最低工资标准达2590元，排全国第1位。深圳月最低工资标准达2360元，排第2位。北京月最低工资标准达2320元，排第3位。同时，全国绝大多数省、区、市坚持发布了工资指导线，企业也适时调整职工工资，让劳动者安心在企业工作。

（五）社会保障体系日趋完善

1. 我国社会保险保障水平不断提高

截至 2022 年年底，全国养老保险参保人数达 10.53 亿人，基本医疗保险参保人数达 13.4 亿人，参加失业保险人数增加到 2.38 亿人，参加工伤保险人数增加到 2.91 亿人，基本覆盖了绝大多数用人单位及其职工，各项保险待遇水平也逐步提高。

2. 社会保险制度措施在新冠疫情期间发挥积极功效

国家医疗保障局与财政部联合发布文件，将相关药品和医疗服务项目及时纳入医保基金支付范围，实施综合保障政策。对不裁员或少裁员的参保企业，加大稳岗返还支持力度，将大型企业稳岗返还比例由 30% 增至 50%。

3. 社会保险收入快速恢复并稳健发展

2021—2022 年，经济持续恢复。2021 年，基本养老保险、失业保险、工伤保险三项社会保险基金收入合计 68205 亿元，呈现快速回升态势，并创新高。其中，2022 年三项社会保险基金收入与 2021 年相比，增加 3378 亿元，增长 5.0%。失业保险支出持续增长，失业保险基金收支持续逆差，但运行基本平稳。

4. 养老保险三支柱体系进一步完善

一是社会保险征缴机制不断完善。社会保险征缴实现了电子化申报、电算化支付等便捷操作，极大简化了企业和个人办理手续的流程。二是企业年金持续发展。截至 2022 年年底，参加职工已超过 3000 万人，领取人数接近 280 万人，人均领取金额约每月 2100 元，补充养老作用初步显现。三是专属商业保险试点进一步扩大。截至 2022 年年底，具有养老属性的商业保险业务累计积累责任准备金超过 6 万亿元。其中，专属商业养老保险规模保持增长，累计保费规模超 50 亿元。

（六）劳动争议处理工作扎实开展

1. 强化预防调解见实效

一是劳动争议案件办理平稳可控。两年来劳动争议案件办理形势总体平稳可控，2022 年办结争议案件 303.3 万件，结案金额为 682.2 亿元。调解成功率为 75.1%，仲裁结案率为 96.9%，仲裁终结率为 72.5%，将大多数争议案件化解在调解仲裁阶段。二是发挥稳定就业积极作用。及时将大量劳动争议案件柔性化解，促进劳动者返岗和企业复工达产，稳定劳动者现有岗位。三是促进劳动关系进一步和谐稳定。2021 年，受理解除和终止劳动合同争议案件 52.2 万件，受理确认劳动关系劳动争议案件 12.8 万件，纠正假外包、真派遣的违法行为，受理劳务派遣劳动争议案件 4.6 万件。四是劳动者合法权益得到有效保障。2021 年，在全国审结的仲裁案件中，劳动者胜诉及部分胜诉率为 73.4%，劳动者合法权益得到了有效保障。五是联动机制作用充分发挥。健全完善党委领导、政府主导、政法协调、人力资源社会保障部门牵头与法院、司法、工会、企业代表组织等有关部门及单位发挥职能作用的争议多元处理机制。六是基层基础建设持续推进。截至 2021 年年底，全国共有乡镇（街道）劳动就业社会保障服务所（中心）调解组织近 4 万家，仲裁院 2977 家，仲裁员 2.96 万人，其中专职 1.49 万人。人力资源社会保障部会同全国总工会、全国工商联、中国企联通报表扬 2021 年度工作突出的 106 家基层调解组织，推动符合条件的仲裁院纳入参公管理。

2. 劳动争议案件发生呈现“一高三集中”

“一高”指案件总量保持高位运行。2021 年，劳动争议案件数同比上升 19.6%，受理 10 人以上集体劳动争议案件数量同比上升 7%。“三集中”指劳动争议主要类型集中、发生地区集中和发生争议用人单位集中。从劳动争议案件类型看，涉劳动报酬、解除和终止劳动合同、社会保险劳动争议案件是最主要的类型，共计 201.4 万件，占受理劳动争议案件总量的 83.6%。从劳动争议发生地区看，广东、江苏、北京、上海、山东、浙江 6 个省（市）受理劳动争议案件数量居全国前 6 位，共受理劳动争议案件 144.2 万件，占劳动争议案件总量的60.1%。从劳动争议发生的用人单位类型看，涉及私营企业劳动争议案件数量最多，达201.6万件，占劳动争议案件总量的85.9%。

3. 劳动争议案件办理呈现“一增加两提升”

“一增加”指调解组织受理劳动争议案件占劳动争议案件总量的比重增加。2021年，受理劳动争议案件数量同比上升25.4%，占劳动争议案件总量的比例增加2.3个百分点，新就业形态劳动争议案件更受关注。“两提升”指调解成功率提升和终局裁决率提升。在结案方式方面，2022年通过调解方式结案的劳动争议案件占所有结案案件的比例为75.1%，较2021年增加1.8个百分点。

4. 劳动人事争议诉讼接案量略有下降

近两年，劳动人事争议诉讼案件总量呈递减趋势。2022年，全国法院共接收劳动人事争议诉讼案件506858件，与2021年相比减少了26346件，约4.94%；结案508852件，与2021年相比结案率提升了约1.86%。其中，调解结案为115090件。2022年1月，最高人民法院办公厅与人力资源社会保障部办公厅联合印发《关于建立劳动人事争议“总对总”在线诉调对接机制的通知》，进一步完善劳动人事争议调解与诉讼实质化衔接机制，推动劳动人事争议“总对总”在线诉调对接工作。

（七）国家协调劳动关系三方机制工作成效明显

1. 有效防范风险，全面构筑劳动关系风险防火墙

一是建立健全劳动关系风险监测预警与分析研判机制。2021年，国家三方全国劳动关系风险会商研判机制正式运行，组建专家委员会，加强对劳动关系领域矛盾风险的监测和排查，实时监测涉劳动关系舆情，及时分析研判全国劳动关系形势。二是有效预防劳动争议风险。2022年10月，人力资源社会保障部、中央政法委、最高人民法院等九部门联合印发《关于进一步加强劳动人事争议协商调解工作的意见》，健全风险监测预警机制，开展清理

整顿人力资源市场秩序专项行动，发布2022年第一批拖欠劳动报酬典型案件，编印《劳动关系领域法律法规政策汇编》，引导企业依法规范用工。三是妥善处理劳动关系领域突出矛盾纠纷。

2. 加强源头治理，推动劳动关系治理精准化

一是全力促进劳动关系和谐。全面实施劳动关系"和谐同行"能力提升行动，出台《金牌劳动关系协调员》《金牌协调劳动关系社会组织选树指引》，举办全国劳动关系协调员示范培训班，推进全国劳动关系协调员队伍建设。2022年9月22日，召开全国和谐劳动关系创建示范经验交流会，命名350家企业为"全国和谐劳动关系创建示范企业"，命名50个工业园区为"全国和谐劳动关系创建示范工业园区"。二是持续推进集体协商工作提质增效。开展集体协商质效评估工作，加强专职集体协商指导员队伍建设，举办全国工会集体协商和协调劳动关系工作培训班。三是大力推动劳动关系领域制度机制改革创新。深入开展构建和谐劳动关系综合配套改革试点工作，印发《电子劳动合同订立指引》，稳步推进特殊工时管理改革试点工作，探索制定行业特殊工时管理岗位清单。

3. 抓住重点领域，维护新就业形态劳动者权益取得积极进展

国家有关部门出台《关于维护新就业形态劳动者劳动保障权益的指导意见》《关于落实网络餐饮平台责任　切实维护外卖送餐员权益的指导意见》等文件，积极推动和配合修改《中华人民共和国工会法》（以下简称《工会法》），探索新就业形态劳动者权益协商协调机制，推动建立网约送餐行业、快递行业集体协商机制。

4. 完善工资分配宏观调控，加强产业工人队伍建设

人力资源社会保障部办公厅发布《技能人才薪酬分配指引》，完善最低工资标准调整批复程序；全国总工会和国务院国资委党委联合印发《关于充分发挥国有企业在推进产业工人队伍建设改革中带动作用的意见》，推动产业工人队伍建设。

二、我国企业劳动关系存在的问题

2021—2022年，我国疫情防控逐步取得决定性胜利，与病毒的相处模式从“清零”进入“共存”，就业和劳动关系总体保持稳定。同时，全球新冠疫情持续恶化，世界百年未有之大变局加速变化，世界经济深度衰退，经济全球化遭遇逆流，全球产业格局和秩序加速重构，企业生存和发展面临前所未有的机遇和挑战。经济领域的负面影响持续向劳动关系领域传导，劳动力市场供需矛盾仍然突出，就业形势依然严峻，劳动用工水平有待提高，劳动收入分配机制有待健全，社会保障体系仍需完善。加之科技进步带来产业发展模式的深度调整，劳动关系领域矛盾进一步加剧，构建和谐劳动关系仍面临巨大的挑战。

（一）劳动力市场供需矛盾凸显，就业形势依然严峻

1. 我国劳动力市场技能人才需求缺口逐年增大

人力资源社会保障部信息中心、中国就业培训技术指导中心对全国83个城市的公共就业服务机构市场供求信息统计数据显示，2021年各技术等级的求人倍率均在2.5以上，技能人才缺口较大。与此同时，我国仍有大量失业人群，城镇调查失业率平均值由2021年的5.1%上升为2022年的5.6%。

2. 青年失业率居高不下，高校毕业生就业难度不断加大

国际劳工组织发布的《2022年全球青年就业趋势》报告显示，2022年全球青年失业率平均为14.9%，远高于全球整体失业率5.7%。2021年，我国青年失业率在15%上下波动，2022年攀升至18%上下，并于2022年7月达到19.9%，这是我国有青年失业率记录以来的最高值，此后略有回落，但仍然处于高位徘徊，青年就业问题特别是高校毕业生就业难的问题迫切需要解决。

3. 部分劳动制度仍需完善，就业服务水平亟待提高

例如，现行劳动法律、法规对新业态灵活用工的劳动者权益保护不够；我国城乡劳动力市场不健全，城乡间劳动力市场分割现象严重；我国不同地区经济基础差异较大，长期存在城乡二元结构差异，导致公共就业服务在不同地区间供给水平不平衡，需加快推进就业公共服务均等化。

（二）加班超时问题突出，用工水平有待提高

1. 就业人员周平均工作时间增加，加班超时问题仍突出

2021 年以来，随着疫情防控长效化机制形成，国内疫情逐渐好转，企业经营生产恢复正常，生产需求继续回升。2022 年全国企业就业人员周平均工作时间为 47.9 小时。如果按照 8 小时工作制计算，相当于一周工作 5.99 天。“隐形加班”“法定节假日被强制加班”“加班没有加班费”，过度加班导致员工身心受损却难以获赔，超负荷加班猝死后工伤认定难等问题引发社会关注。

2. 女性劳动者就业和工作权益保障问题不断显现

女职工劳动保护与从前相比不断完善，但仍面临新问题和新挑战。女职工平等劳动就业问题依然存在，科技与理念发展对女职工禁忌劳动范围调整提出新要求，灵活就业女性劳动者权益保障成为新课题，用人单位预防职场暴力与性骚扰制度举措需进一步细化，部分企业在落实女职工“四期”保护规定方面仍有差距，存在限制女职工生育的现象，近两年有关怀孕生育女职工被恶意调岗、被辞退和产后无法回到原岗位的案例时有发生。此外，企业对于分担女职工劳动保护成本反映强烈。

3. 企业灵活用工仍面临相关挑战

企业用工管理不规范的行为依然存在，例如，未建立规范的企业规章制度、未与劳动者签订书面劳动合同，未依法按时足额为劳动者缴纳社会

保险，未依法按时足额支付工资及加班费，等等。特别是在灵活用工方面，存在以下问题。一是灵活用工员工与正式员工之间存在身份、薪酬福利、发展晋升等方面的差异，导致企业内部凝聚力不足。二是部分灵活用工类型将业务和人事管理分割开来，导致协同性不足。三是由于用工的灵活性带来的不安全感和部分劳动者本身缺乏职业规划，员工流动性较高，给用工企业的管理带来挑战。

4. 劳动争议矛盾仍比较突出，争议类型呈现多样化

近年来，经济社会高速发展，创造了大量就业机会，劳动群体诉求复杂多样，维护劳动者劳动保障权益面临新情况、新问题。劳动争议呈现主体多元化、诉讼请求复合化，部分行业受新冠疫情影响案件数量增长明显等特点，劳动争议类案件呈现解雇事由复杂多样、用人单位败诉率较高、劳动者维权理性和能力不足、案件审理裁决难度较大等趋势。

（三）贫富差距加大，收入分配机制有待完善

1. 部分劳动者收入和福利下降

受新冠疫情和经济环境多方面影响，企业生产经营面临巨大挑战，裁员减薪现象增多，涨薪调薪机会减少，延长休假、推迟发放奖金等情况频发，部分劳动者收入和福利水平大幅下降，严重影响劳动者的生活质量。中智咨询公司发布的 2022 年各行业人力资本调研结果显示，2022 年有 53% 的企业调薪计划受影响，短期内调薪率很难提高。

2. 收入差距加大，职场性别歧视现象依然存在

我国经济虽发展迅速，成为世界第二大经济体，但由于经济发展不均衡、教育技能水平差异及区域发展不平衡等因素，我国贫富差距进一步扩大，全国居民收入基尼系数长期处于 0.46 以上，距离实现共同富裕的目标还有很远的路程。智联招聘发布的《2023 中国女性职场现状调查报告》显示，女性的平均薪酬为 8689 元 / 月，男性的平均薪酬为 9942 元 / 月，差距为

1253元。总体来看，男女薪酬差距呈逐年缩小的趋势，但职场性别歧视现象仍然不容忽视。

3. 收入分配机制有待进一步完善

受劳动力流动不畅、要素共享评价机制不健全、集体协商工资效果不明显等因素影响，劳动力工资形成和激励机制难以充分合理地反映各类劳动者的诉求，最低工资标准测算方法未能全面体现经济社会发展成果分享理念，工资指导线制度顶层设计相对滞后，需要尽快修订完善。

（四）社会保障体系仍需完善，新业态劳动者保障仍需加强

1. 社会保障体系面临人口老龄化带来的风险

自2000年中国进入老龄化社会以来，我国老年人口规模和比重总体呈上升趋势，人口老龄化进程加速发展，高龄化趋势日益凸显，增加了社会保障体系所面临的长寿风险，导致现有体系下养老金供给承受压力，也可能造成未来的资金需求大幅偏离精算预测数值。

2. 员工心理健康关爱不足

随着社会生产的快速发展，人们的生活节奏明显加快，竞争压力不断加剧，员工作为家庭的顶梁柱、社会的生力军，承受着业务绩效、职业发展、人际关系等多重压力，而新冠疫情又起到了催化、加剧的作用，员工心理健康问题已经成为亟待解决的问题。

3. 养老保险体系有待健全

替代率指劳动者退休时领取的养老金与退休前工资的比例。尽管第一支柱基金养老的总量和金额不断提升，但养老金社会平均工资替代率从71.51%降至45.92%。第二支柱发展迅速、效果显著，但参加年金职工数占比仅为6%左右，比例依然较低。个人养老保险、专属商业保险试点等作为第三支柱的有力探索，仍处于起步阶段，多层次养老保险体系建设依然在路上。

4. 新业态劳动者社会保障仍需加强

近年来，围绕新业态劳动者权益保障，国家各有关部门颁布实施了一系列政策措施，推动了众多试点工作，社会各方力量也参与其中，取得了显著进展，但仍需进一步加强。

三、我国企业劳动关系舆情热点与分析

2021—2022 年，我国企业劳动关系领域发生很多舆情热点事件，涉及三孩政策、新就业形态劳动者、农民工工资、远程办公、职业伤害保障、隐性裁员、老年人再就业、职场 PUA（职场中上级对下级的精神控制）等方面，现进行简要分析。

（一）全面三孩政策落地引发社会关注

2021 年 7 月，中共中央、国务院公布的《关于优化生育政策促进人口长期均衡发展的决定》提出，进一步优化生育政策，实施一对夫妻可以生育三个子女政策及配套支持措施，生育政策全面放开。2021 年 8 月 20 日，全国人大常委会会议表决通过了《关于修改〈中华人民共和国人口与计划生育法〉的决定》，修改后的《中华人民共和国人口与计划生育法》（以下简称《人口与计划生育法》）规定，国家提倡适龄婚育、优生优育，一对夫妻可以生育三个子女。

实施三孩政策，长期看有利于改善人口年龄结构，扩大新增劳动力供给，减轻老年人口抚养比，缓和代际之间矛盾，增加社会整体活力，降低老龄化峰值水平。但是，三孩政策的落地实施，还需采取一系列配套措施，诸如将婚嫁、生育、养育、教育一体化考虑，完善生育休假与生育保险制度，加强税收、住房等支持政策，保障女性就业合法权益等。这在一定程度上增加了企业用工成本，造成用工市场对女性的歧视、女性职业生涯管理等问题。如全国多个省份发布生育支持政策，明确女性产假和生育假提升至 150 天以上，部分地区甚至超过 180 天，并给予 3 岁以下儿童父母双方增设每年

5～15天不等的育儿假。但是，生育者在休假期间的工作由谁负责，待遇如何界定，休假结束后其岗位如何安排，都是亟待解决的问题。而且，假期过长将影响女性就业，从长远看不利于维护女性权益。如某公司面试单中要求填写“近期是否有生育计划”（限女性），是的话还要求填写计划生育时间，被曝光后引起网友热议，涉嫌就业歧视、女性歧视。该事件让某公司损失惨重，口碑遭遇滑铁卢。

现代生活和工作节奏越来越快，育龄女性一旦较长时间脱离社会，恢复工作和身心的困难是显而易见的。据统计，生育一孩的职场女性大多能继续工作，生育二孩后回归家庭的比例明显上升，如果生三孩，告别职场就占据多数。2021年，国务院印发的《中国妇女发展纲要（2021—2030年）》强调，促进平等就业，消除就业性别歧视，优化妇女就业结构，促进女性人才发展，保障妇女获得公平的劳动报酬。2022年10月30日，《中华人民共和国妇女权益保障法》（以下简称《妇女权益保障法》）修订，进一步为妇女创造公平就业环境提供有力法治保障。提振生育率，应对老龄化，要以构建生育友好型社会为前提，体现男女平等，关键要让女性实现家庭生活和职场就业兼而得之。如果只是让女性休假，效果可能适得其反。要构建一套合理的生育成本分担机制，切实平衡好个人、企业等各方的利益，不把政策成本转移到企业是底线。让个人敢生育、愿生育，让企业支持生育，提高自身用工的合规度，持续完善内部用工制度，落实各项法定福利待遇，尤其是涉及女职工的福利待遇。

（二）新就业形态劳动者权益保障实现新突破

近年来，随着我国平台经济的快速发展，新就业形态已成为劳动者就业增收的重要渠道。网约配送员、网约车驾驶员、网约货车司机、互联网营销师等新就业形态劳动者数量大幅增加。由于平台的用工形式和新就业形态劳动者的就业方式相对灵活，大量新就业形态劳动者难以与企业直接确认劳动关系，难以简单纳入我国现行劳动法律调整，其权益保障面临新情况、新问题。

2021年7月16日，人力资源社会保障部等八部门共同印发的《关于维护新就业形态劳动者劳动保障权益的指导意见》明确要求，企业依法合规用工，积极履行用工责任，对符合确立劳动关系情形、不完全符合确立劳动关系情形但企业对劳动者进行劳动管理的新就业形态劳动者权益保障承担用工责任；平台企业采取劳务派遣、外包等合作用工方式的，与合作企业依法承担各自相应责任。该意见聚焦新就业形态劳动者权益保障面临的突出问题，提出要健全公平就业、劳动报酬、休息、劳动安全、社会保险制度，强化职业伤害保障，完善劳动者诉求表达机制。2021年7月26日，市场监管总局等七部门印发的《关于落实网络餐饮平台责任　切实维护外卖送餐员权益的指导意见》（国市监网监发〔2021〕38号）明确提出，保障外卖送餐员的正当权益，要求平台建立与工作任务、劳动强度相匹配的收入分配机制，确保外卖送餐员正常劳动所得不低于当地最低工资标准；完善平台订单分派机制，优化配送路线，合理确定订单饱和度，降低劳动强度；督促平台及第三方合作单位为建立劳动关系的外卖送餐员参加社会保险；督促平台建立外卖送餐员诉求反映的直接渠道，明确诉求处置程序和时限，加强民主协商和平等沟通。2021年12月，全国人大常委会决定对《工会法》进行修改，指出工会适应企业组织形式、职工队伍结构、劳动关系、就业形态等方面的发展变化，依法维护劳动者参加和组织工会的权利。

2022年1月和9月，人力资源社会保障部两次牵头召开平台企业用工行政指导会，督促头部平台企业落实《关于维护新就业形态劳动者劳动保障权益的指导意见》等政策，依法规范用工。2021年2月，全国总工会发布了新就业形态劳动者劳动关系确认争议十大典型案例，指导广大新就业形态劳动者增强法治意识、依法理性维权，引导企业规范用工、履行劳动者权益保障责任。同年11月，中华全国总工会、人力资源社会保障部、中国企业联合会/中国企业家协会、中华全国工商业联合会、国家标准化管理委员会联合下发《关于培育推树第一批基层劳动关系公共服务样板站点的通知》，加快推进基层劳动关系公共服务站点标准化、规范化建设，提升基层协调劳动关系三方治理能力。同年12月，最高人民法院印发的《关于为稳定就业提供司法服务和保障的意见》明确，依法规范新就业形态用工，提出了涉新就业形态司法裁决中确认劳动关系的考量因素。这一系列有利政策措施的出台，一系列实践行动的开展，体现了党中央、国务院对新就业形态劳动者权益保护的高度重视，体现了社会各方的有力支持，在多部门和社会力量的共同努力下，新就业形态劳动者权益保障出现新的局面。但是，新就业形态劳动者权益保护依然存在一些问题，如劳动者与企业之间的劳动关系认定难、政府部门的监管难、劳动纠纷和争议处置难等。

党的二十大报告要求“完善促进创业带动就业的保障制度，支持和规范发展新就业形态”，强调“完善劳动者权益保障制度，加强灵活就业和新就业形态劳动者权益保障”。这些论述体现了“坚持以人民为中心的发展思想”，契合了“在发展中保障和改善民生”的基本要求，为今后加强灵活就业和新就业形态劳动者群体的权益保障提供了根本遵循。

（三）稳定农民工工资的法规密集出台

2021—2022 年，一系列切实维护农民工劳动报酬权益、推动解决拖欠农民工工资问题的法规密集出台。2021 年 7 月，人力资源社会保障部等十部门联合印发《工程建设领域农民工工资专用账户管理暂行办法》。2021 年 8 月，人力资源社会保障部等七部门联合出台《工程建设领域农民工工资保证金规定》。2021 年 11 月，人力资源社会保障部发布《拖欠农民工工资失信联合惩戒对象名单管理暂行办法》，对适用范围、职责分工、列入条件和期限、惩戒措施、信用修复和工作程序等做出规定，为人力资源社会保障部门开展欠薪失信联合惩戒名单管理、实施失信约束提供了法律依据，标志着拖欠农民工工资信用约束进入法治化新阶段。2022 年，各级人力资源社会保障部门将 1055 户严重欠薪单位列入拖欠农民工工资失信联合惩戒对象名单，推送至信用信息共享平台，在招投标、融资贷款、市场准入等方面依法依规实施联合惩戒。积极推进信用修复，将自我纠错、积极整改欠薪行为的用人单位提前移出名单，进一步优化营商环境。

同时，根治欠薪专项行动也逐渐推动。国务院根治拖欠农民工工资工作领导小组发布通知，从 2021 年 11 月 1 日至 2022 年春节前，在全国组织开展根治欠薪冬季专项行动，以工程建设领域和其他欠薪易发、多发行业企业为重点，在全国范围对欠薪问题实施集中专项治理。通知提出，对欠薪线索，严格落实首问负责制，做到件件有着落、事事有回音。对基层难以化解的复杂疑难欠薪案件，采取领导包案的方式，加强提级办理。对涉及人数较多、金额较大、造成一定社会影响的重大欠薪案件，领导小组办公室牵头成立专案组，挂牌办理，一查到底。对政府项目、国企项目欠薪的，严查制度落实、责任落实情况，适时进行通报，实现查处一案、警示一片的效果。

（四）远程办公劳动时长问题亟需治理

受新冠疫情持续反复，以及信息科技快速发展的影响，传统职场关系和管理模式产生变革，混合用工模式成为趋势，线上办公或远程办公成为越来越多人的选择。然而，随着在线办公用户规模的不断扩大，远程办公导致劳动时间延长问题亟需加以处理。

中国互联网络信息中心发布的第 50 次《中国互联网络发展状况统计报告》显示，截至 2022 年 6 月，中国在线办公用户规模达 4.61 亿，占网民整体规模的 43.8%。越来越多的企业采用更具灵活性的混合用工模式。其中，携程网是中国首家推出“3+2”混合制的大型公司。在开始执行此项混合办公制度之前，携程网在 2021 年 8 月做了一项超过 1600 人参与的混合办公实验。半年实验结果显示，员工愿意参与混合办公模式的意愿上升到近六成，但员工对于混合办公模式带来更长的工作时间的担忧由原来的 33.6% 增长至 42.3%。人力资源服务商前程无忧于 2022 年 4 月 25 日发布的《远程办公人群实感调查报告 2022》显示，65.8% 的受访者表示远程办公下的日均工作时长不同程度地“被延长”，40.1% 的受访者认为远程办公增加了工作压力，45.0% 的受访者认为远程办公降低了工作效率。可见，虽然远程公办模式一定程度上能使劳动者灵活调配工作地点和时间，但是也模糊了工作和生活之间的界限，反而使劳动者的实际办公时间增加，这对劳动者的心理健康问题也带来一定的负面影响。

2021年8月，为进一步明确工时及加班工资法律适用标准，人力资源社会保障部、最高人民法院联合发布了超时加班劳动人事争议典型案例。这些典型案例，一方面提示用人单位违法行为风险，促进其依法规范用工；另一方面明确劳动者维权预期，引导劳动者依法理性维权。2022年3月以来，已经至少有北京、山东、安徽、河南、广西、青海、湖南、湖北、江西9个省、市的人社部门宣布，集中排查整治超时加班问题，检查对象主要是超时加班问题易发、多发的重点行业、重点企业、重点园区，重点突出互联网（平台）企业及关联企业、研发岗位占比较高的技术密集型企业、劳动密集型加工制造业企业和服务业企业。

《中华人民共和国劳动法》（以下简称《劳动法》）第四十一条规定："用人单位由于生产经营需要，经与工会和劳动者协商后可以延长工作时间，一般每日不得超过一小时；因特殊原因需要延长工作时间的，在保障劳动者身体健康的条件下延长工作时间每日不得超过三小时，但是每月不得超过三十六小时。"解决劳动时间过长、消除"996"等不合法加班现象，需要政府、企业、行业协会、劳动者等各方共同努力。一是政府部门要进一步细化相关规定，包括如何处罚超时加班、如何定义和区分必要性加班和非合理性加班，完善相关制度和细则，加强规范落地的可行性和有效性。如为了平衡劳动者自主权和工作生活之间的矛盾，许多国家均采取措施解决工作时间和下班后持续在线的潜在问题。其中较为常见的做法是引入"离线权"，作为劳动者的基本权利。法国、西班牙等已经通过了有关"离线权"的立法。"离线权"是指劳动者在工作时间之外，可断开数字工具而免于从事与工作相关的活动或通信的权利。我国也有专家提出在《劳动法》中引入"离线权"。但是，对于"离线权"的公平性、适用性和有效性，还需要进一步探索。二是监管部门和社会舆论应该对超时加班现象给予更多关注，督促企业严格遵守劳动法律、法规，曝光不良典型，发掘表彰好的典型。三是企业管理者要转变观念，依法依规管理，不再强迫或变相强迫过度加班，积极倡导不加班文化。四是要畅通员工内部的监督和举报维权渠道，让劳动者能够依法维权。

（五）职业伤害保障试点工作逐步展开

职业伤害保障是为外卖骑手、网约车司机等创设的新型工伤保险。由于缺乏稳定的劳动关系，新就业形态就业人员往往难以获得工伤保险保障。2022 年 1 月，国家发展改革委等部门发布的《关于推动平台经济规范健康持续发展的若干意见》指出，要落实网约配送员、网约车驾驶员等新就业形态劳动者权益保障相关政策措施，包括完善新就业形态劳动者与平台企业、用工合作企业之间的劳动关系认定标准，探索明确不完全符合确立劳动关系情形的认定标准，合理确定企业与劳动者的权利义务；开展平台灵活就业人员职业伤害保障试点，探索用工企业购买商业保险等机制；实施全民参保计划，促进新就业形态劳动者参加社会保险。

不仅在国家层面，各地方也在积极探索有关新业态从业人员的工伤保险制度研究和试点，并取得了一定的效果。但是，作为一项不同于传统工伤保险制度的新探索，新业态人员职业伤害保障面临诸多难点问题。一是缴费主体问题。工伤保险制度由用人单位作为缴费主体，劳动者不缴费。而平台灵活就业人员与平台之间的关系复杂，应着眼于制度的可持续性，合理确定缴费主体。二是缴费标准问题。目前，职业伤害保障主要针对职业伤害风险较大的出行、外卖、即时配送、同城货运等，缴费标准要相对降低，是参照工伤保险的行业差别费率进行缴纳，还是按照一个固定的费用进行缴纳，亟需研究破解。三是缴费方式问题。职业伤害保障的缴费方式要考虑灵活就业人员的工作特点，以信息化和大数据为依托，采用网上缴费的方式，以方便各方当事人为原则。同时，缴费方式是按期缴纳，还是按照灵活就业人员的工作数量每单抽取一定比例，也是一个难点问题。从现实操作角度来说，按期缴纳、固定费用，不与从业人员的接单数挂钩是较为简便易行的方式。四是承办主体问题。工伤保险制度的承办主体是社会保险经办机构，而平台灵活就业人员职业伤害保障的承办主体则面临多个选择，是继续由社会保险经办机构承办，还是新设立专门机构承办，或者引入商业保险机构承办。五是职业伤害认定问题。传统工伤保险制度认定工伤的“三要素”是工作时间、工作地点和工作原因，但灵活就业人员的工作时间和工作地点存在不确定性。

因此，只要是工作原因受到的伤害就应认定为职业伤害。六是待遇问题。职业伤害保障是弥补工伤保险制度适用范围不足的特殊方式，相应的保险待遇也是用来保障基本的职业伤害，但保障范围包括哪些、待遇水平如何界定等，仍需研究解决。

（六）互联网行业隐性裁员有待解决

隐性裁员问题对劳动关系的和谐稳定造成了严重的负面影响。隐性裁员是指企业并不明确说明要裁员，而是通过一些行为，如给员工放长假、调职调岗、声明公司之间要合并等，借此让员工“主动辞职”，达到劝退员工的目的，逃避劳动责任。这一现象在互联网企业的裁员过程中普遍存在，其主要手段包括以下三种。一是强调规章制度，实行严格管理。2022 年 3 月，某企业被曝以多样化手段劝退员工，一方面以员工代打卡为由，称其违反员工规范，若不主动离职，将对员工的背调和离职证明产生影响；另一方面，企业人力资源部门向孕妇提出主动离职会有补偿，强行劝退孕妇。二是调整薪资结构。某互联网企业对电商业务员工的薪资结构进行调整，月薪下调，将全年 15 薪改为 18 薪，在总薪资不变的情况下，为裁员赔偿做准备。某外卖企业通过将薪资普调改为薪资回顾的方式，取消了员工获得固定涨薪的机会，将春季晋升取消并改为秋季晋升，延后调薪时间，加大了晋升难度。某电商平台的晋升时间也从往年的 6 月、11 月调整到了 2 月、9 月，部分员工表示自己“晋升被卡”。三是削减企业福利。某手机企业的离职员工表示其年终奖被打了折扣。社交平台的讨论显示，某大型互联网企业的内容事业群（PCG）、微信事业群（WXG）等年终奖低于往年水平，部分事业部全员无年终奖。

与直接裁员相比，隐性裁员因其间接性、隐蔽性而难以收集证据，导致在劳资关系中本就处于弱势的劳动者更难保障自身合法权益。互联网企业在转变发展模式的同时，不能忽视劳动者的合法权益，应以维护和谐劳动关系为前提，与劳动者善始善终。

（七）老年人再就业释放人口红利

近年来，我国人口老龄化的进程明显加快，不仅导致老年抚养比不断提升，给子女带来沉重的养老负担，而且对我国的社会发展也产生了很大的影响。老年人再就业面临怎样的困境？“银发族”如何找到合适的机会重返职场？哪些行业对老年人就业更友好？

随着互联网的发展和各类直播、短视频等新平台的兴起，老年人的就业市场变得越来越广阔，电商主播、淘宝模特、老年关键意见领袖（KOL）等新职业，为老年人就业带来更多机遇。

对于老年人再就业，国家政策层面已经开始行动。2021年11月，中共中央、国务院印发的《关于加强新时代老龄工作的意见》明确提出，“鼓励老年人继续发挥作用”“充分发挥低龄老年人作用”“鼓励各地建立老年人才信息库为有劳动意愿的老年人提供职业介绍、职业技能培训和创新创业指导服务”。同年12月，国务院印发的《“十四五”国家老龄事业发展和养老服务体系规划》提出，践行积极老龄观，鼓励老年人继续发挥作用，加强老年人就业服务，促进老年人社会参与，积极开发老龄人力资源。

随着人口老龄化的不断加深，劳动力不足的问题也将逐步凸显。“积极老龄化”是解决人口老龄化问题的一个重要举措，要鼓励和支持有能力的低龄老年人进行再就业，促进“老有所为”的实现。但开发老龄人力资源，保障老年人再就业的权益，需要全社会共同努力。一是要改变对老年人的传统看法，形成包容友好的就业氛围。二是以法律手段禁止劳动力市场的年龄歧视，明确再就业老年人与用人单位之间为劳动关系，在工伤保险、职业病防治和最低工资保障等方面给予老年人同等待遇。三是完善老年人力资源公共服务，建立老年人才库、信息服务平台，为用人单位和老年人提供信息和政策咨询服务，为老年人提供法律援助。四是出台税收优惠或补贴激励政策，鼓励企业招聘老年人。五是推广适合老年人的工作模式，如弹性工作时间、兼职工作形式、远程工作方式等，为老年人出行、工作、生活提供更安全、友好的环境。六是加强培训，为老年人进入社区老年大学，甚至普通高等院校继续接受教育提供便利。

（八）职场 PUA 现象成为热议话题

PUA（Pick-Up Artist），原在两性交往中使用，是指通过精神控制、疯狂打压，导致一方心甘情愿接受另一方的任何行为。近年来，PUA 现象在职场中频发，对劳动者的身心健康造成极大伤害。

2022 年，深圳一家广告公司担任设计助理的 23 岁女生，选择结束自己的生命。经警方调查，该公司是夫妻合开的公司，老板的许多亲戚都在公司担任领导职位。作为实习生、职场新人的女生既缺乏社会经验，又没有上升渠道，同时还面临上班时间不断延长、工作量不断加大的困境。但领导经常拿她与其他人相比，进行职场 PUA，还在休息日让她去家中当保姆，打扫卫生、接送孩子上学等，而当她一提出辞职，就会被领导打压和警告。2022 年 5 月，江苏某电子商务公司以月薪 800 元招聘运营岗位，招聘启事中写道："不要觉得工资少，请放下姿态……公司免费带你们学习，用公司的资源让你们去实操，请珍惜，别没本事，刚来就想要多高的工资……走上社会先想想你们有什么，你们舍得吃多少苦……"尽管该言论受到社会舆论压力已经删除，但不难看出职场 PUA 早已靡然成风，破坏了正常的劳动用工秩序，易引发劳动争议案件。

目前，用人单位对劳动者进行 PUA 的手段主要包括以下几点。一是描绘公司的虚幻前景，美化公司环境、营造岗位竞争焦虑。如新冠疫情期间，多数行业受到重创，部分企业领导开始对员工进行洗脑，强调在疫情环境下的高失业率、有很多能力更强的人在竞争同样的岗位等，使劳动者毫无怨言地被压榨。部分企业存在入职时不为员工购买社保，让其签订放弃购买社保的协议，损害劳动者的合法权益。二是通过同事打压劳动者，对劳动者完成的工作进行否定，以达成不给劳动者涨薪，享用廉价劳动力的目的。三是将小恩小惠放大，进行情感或道德绑架。例如，要求劳动者离职时请全公司的员工喝奶茶，开销成千上万元，宣称是"公司不成文的规矩"，并以"之前有富二代离职的时候办了派对、疫情防控期间离职的人都发了红包"的先例进行道德绑架。

除被用人单位 PUA 后导致悲剧外，被行业 PUA 导致个体压力不断增加的现象也时有发生。在对某新消费品牌的市场总监的采访中发现，尽管他的职位只是市场负责人，但面临当下变化多端的业务需求，他的工作内容逐渐增加了内容策划、摄影、剪辑等。面对品牌、市场行业的发展变化，从业者不仅需要考虑创意、内容，更要考虑提升每个人的综合能力，从而进行极致的降本增效，给劳动者带来了巨大压力。

四、促进我国企业劳动关系和谐稳定的意见和建议

（一）进一步推动劳动力市场均衡发展和高质量充分就业

1. 实施更加积极的人口调整政策

进入新发展阶段以来，我国积极应对人口老龄化战略日益完善，“全面二孩”和“全面三孩”政策相继出台，但由于我国人口老龄化发展迅速，部分政策实施后，并未达到预期效果。为此，建议进一步完善生育支持政策，特别是健全婴幼儿发展政策，积极开发利用老年人力资源，促进老年劳动力就业创业，同时进一步优化养老和医疗保障机制，完善养老服务体系。

2. 不断增强经济发展创造就业岗位能力

就业问题的本质是经济发展问题，宏观经济的稳定增长是就业稳定的必要条件。坚持经济发展就业导向，扩大就业容量，提升就业质量，促进充分就业，是国家强化就业优先政策的总体要求。建议加快数字技术在产业经济中的推广应用，大力推动先进制造业和现代服务业融合，促进产业升级和就业结构调整。深化“放管服”改革，细化民营企业帮扶政策，支持民营企业发展，释放民营企业吸纳就业潜力，更大力度激发创业带动就业活力。

3. 强化职业技能培训，提升劳动者素质

破解当前我国劳动力市场结构性矛盾的关键在于优化劳动力市场供给，培养高技能、高素质人才，匹配劳动力市场需求，厚植人力资本优势。建议

加快高等教育改革，增加通识教育和技能教育在高等教育中的比重，完善高校毕业生就业服务和培训体系，加强高等教育人才培养，多措并举，进一步推动职业教育发展。

4. 进一步优化就业公共服务体系

实现更充分更高质量的就业，离不开统一开放、竞争有序的劳动力市场和灵活高效的就业服务。为此，建议统筹城乡劳动力市场和公共就业服务体系，完善城乡劳动者平等就业制度，构建全国统一劳动力市场，推进公共就业服务均等化。同时，推动劳动力市场和就业服务信息化，搭建覆盖全国的劳动力市场和就业公共服务信息平台，实现供求双方即时匹配、智能匹配。

（二）进一步提升企业劳动用工管理水平

1. 不断完善劳动用工相关法规，加大政策执行力度

一是针对《关于维护新就业形态劳动者劳动保障权益的指导意见》，建议司法部门及有关部门就新业态劳动关系认定难等问题逐步推出法律适用规则，明确司法审判标准，尽快从司法和制度层面解决此类问题。二是建议政府加大补贴力度，对招聘育龄女性员工达到一定比例的企业实施部分税收、生育保险减免，并加强男女共担育儿责任的宣传，鼓励企业构建生育友好型工作场所。三是建议相关立法对性骚扰做出更符合社会实际需要的、操作性更强的法律规定，并加大对用人单位的监督力度。

2. 增强依法治企观念，加强多元化用工合规管理

企业要增强自身的法治意识和法治观念，严格按照法律、法规规定和企业规章制度行使用工管理自主权，依法与劳动者签订书面劳动合同，及时足额为劳动者缴纳社会保险费用，注重保管与劳动者有关的用工管理的各项文件资料，尽快建立健全民主管理机制，搭建劳资双方沟通平台，适时采用组合化的灵活用工方式，增强企业的人力资本竞争力。

3. 促进工作场所性别平等工作，加强女职工权益保护

企业领导应明确对性骚扰零容忍，制定和完善公司禁止性骚扰的规章制度，明确负责机构或者人员，开展预防和制止性骚扰的教育培训活动，采取必要的安全保卫措施，并定期开展监督和自查。同时，要制定优化工作制度，营造有利于职工身心健康的工作环境，支持男女职工平衡工作、家庭和个人生活，不断完善男女职工薪酬待遇、职业发展、生育保护及帮助职工平衡工作和家庭责任等制度，构建家庭友好型工作场所。

4. 做好劳动用工法律风险管理与防控，提高劳动争议处理能力

企业应切实提高自身预防、处理劳动争议能力，建立与职工多种方式的对话沟通机制，完善劳动争议预警机制和协商规则，建立内部申诉和协商回应制度，为企业营造遵纪守法、和谐有序的用人环境提供良好的保障。

（三）进一步建立健全工资收入分配机制

一是在国有部门内建立健全以工资为主的薪酬收入形成机制和工资稳定增长机制，形成示范效应。二是加快税收制度改革，以财税手段调整政府与企业、政府与居民的收入分配关系。三是积极促进就业，提高劳动者报酬水平。四是探索建立最低工资评估长效机制，不断优化最低工资保障制度。五是健全工资指导线制度，完善顶层设计，促进工资增长与宏观经济发展协调。

（四）进一步优化改善劳动保障与企业福利

一是进一步加大助企纾困力度，提升企业社会保障和福利支付能力。二是加速推进相关改革，积极应对老龄化对社会保障的冲击，包括加大公共投入力度，拓宽资金来源，完善养老保险基金投资法律制度，优化调整老年人就业、养老金、家庭赡养等有关政策。三是注重加强员工心理健康关爱，助力企业软福利提升，包括加强员工心理健康教育培训，建立完善的员工心理

健康档案，定期对员工进行心理健康检查。四是进一步推动“三支柱”（第一支柱是基本养老保险，第二支柱是企业年金和职业年金，第三支柱是个人储蓄型养老保险和商业养老保险）体系建设，提高养老体系综合替代率。五是加强新业态劳动者社会保障，推动平台经济高质量发展。

（五）进一步强化劳动争议处理工作

要依法高效办理争议案件，切实提升调解处理工作规范化、标准化、专业化和智能化水平。一是强化争议源头处理，加强对企业的指导服务，充分发挥协商协调机制作用，加强宣传引导。二是强化争议监测预警，加强大数据监测，完善争议形势动态监测和预警机制，密切关注经济社会发展形势和相关政策实施效果，加强与有关部门的信息交流，突出防范化解重点风险。三是完善劳动关系协调机制，深化劳动关系“和谐同行”能力提升行动，抓好新就业形态劳动者权益保障政策落实，发布行业用工示范文本、典型案例等，推行劳动维权“一件事”集成改革。四是健全争议多元处理机制，加强争议协商调解，强化仲裁办案指导，落实重大争议应急处理机制。五是提升服务社会能力，推进“互联网＋调解仲裁”，加强调解仲裁行风建设。

第二章　劳动关系立法与政策

2021—2022年，由于新冠疫情的多轮次冲击和国际局势变化的超预期影响，稳岗促就业政策的出台及实施成为劳动关系领域的重中之重。与此同时，人力资源市场与就业服务领域也成为劳动立法与政策关注的重点，农民工、新业态就业人员、残疾人、新冠康复者等特殊劳动者群体权益的保护也是劳动立法与政策持续关注的热点。随着高质量发展成为全面建设社会主义现代化国家的首要任务，对于职业技能人才的培养和激励越来越成为立法与政策的焦点。此外，作为传统的劳动与社会立法及政策也在不断的发展和演进，诸如《工会法》的修改、电子劳动合同的规范、社会保险制度的新探索等，也是这两年劳动与社会立法政策不可或缺的一部分。

一、劳动关系立法与政策动态

（一）减负稳岗促就业成为劳动政策的当务之急

2021—2022年，新冠疫情的多轮次冲击、国际局势变化的超预期影响，对企业用工和广大劳动者就业带来新的挑战，为此我国政府密集出台了一系列稳岗促就业和扶持困难行业与人员的政策。另外，我国全面脱贫事业完成后，通过扩大就业创业来巩固脱贫成果、防止返贫也是稳岗促就业政策关注的内容。

2021年5月20日，人力资源社会保障部、国家发展改革委、教育部、财政部和中央军委国防动员部联合发布的《关于延续实施部分减负稳岗扩就业政策措施的通知》（人社部发〔2021〕29 号）要求，继续实施普惠性失业保险稳岗返还政策，继续实施以工代训扩围政策，继续实施困难人员培训生活费补贴政策，继续放宽技能提升补贴申领条件，继续实施就业见习补贴提前发放政策，继续实施失业保险保障扩围政策，支持毕业生基层就业和升学入伍，支持毕业生自强自立、就业创业。该通知对缓解新冠疫情对就业的冲击起到了一定作用。

2021 年 12 月 16 日，人力资源社会保障部与国家开发银行共同颁布的《关于开展开发性金融支持劳务协作有关事项的通知》（人社部发〔2021〕103 号）决定，设立劳务协作贷款，充分发挥开发性金融作用，融资支持劳务协作成效良好的企业，稳定和扩大就业岗位，以进一步支持劳务协作工作。

2022 年 3 月 24 日，人力资源社会保障部、国家发展改革委、财政部、农业农村部和国家乡村振兴局联合发布了《关于做好 2022 年脱贫人口稳岗就业工作的通知》（人社部发〔2022〕13 号），落实中共中央、国务院《关于做好 2022 年全面推进乡村振兴重点工作的意见》部署安排，做好 2022 年脱贫人口稳岗就业工作。在此基础上，2022 年 11 月 16 日，上述五部门再次联合发布了《关于进一步支持农民工就业创业的实施意见》（人社部发〔2022〕76 号），从支持稳定农民工就业岗位、引导农民工有序外出务工、促进农民工就近就业创业、强化农民工就业服务保障、实施防止返贫就业攻坚行动五个方面推动农民工及脱贫人口就业创业工作。上述两个文件在巩固拓展脱贫攻坚成果同乡村振兴有效衔接和多措并举稳增长、稳就业上发挥了重要作用。

2022 年 4 月 25 日，人力资源社会保障部办公厅和国家税务总局办公厅共同发布《关于特困行业阶段性实施缓缴企业社会保险费政策的通知》（人社厅发〔2022〕16 号）。缓缴适用于餐饮、零售、旅游、民航、公路水路铁路运输企业职工基本养老保险费、失业保险费、工伤保险费的单位应缴纳部分。上述行业中以单位方式参加社会保险的有雇工的个体工商户及其他单位，参照企业办法缓缴。对职工个人应缴纳部分，企业应依法履行好代扣代缴义务。

2022 年 5 月 31 日，人力资源社会保障部、国家发展改革委、财政部和税务总局联合发布《关于扩大阶段性缓缴社会保险费政策实施范围等问题的通知》（人社部发〔2022〕31 号）。该通知在落实特困行业缓缴企业职工基本养老保险费、失业保险费、工伤保险费政策的基础上，进一步扩大实施缓缴政策的困难行业范围，受新冠疫情影响较大、生产经营困难的中小微企业实施缓缴政策；进一步发挥失业保险稳岗作用。加大稳岗返还支持力度，将大型企业稳岗返还比例由 30% 提至 50%；规范缓缴实施办法，简化企业申报流程，同时兼顾了职工相关权益的维护。

在此基础上，为进一步落实好《关于扩大阶段性缓缴社会保险费政策实施范围等问题的通知》（人社部发〔2022〕31 号）要求，切实发挥阶段性缓缴社会保险费政策效果，促进保市场主体、保就业、保民生，上述四部门的办公厅于 2022 年 9 月 19 日又联合发布《关于进一步做好阶段性缓缴社会保险费政策实施工作有关问题的通知》（人社厅发〔2022〕50 号）。该通知明确阶段性缓缴社会保险费政策到期后，可允许企业在 2023 年年底前采取分期或逐月等方式补缴缓缴的社会保险费。补缴期间免收滞纳金。各地社会保险经办机构在提供社保缴费查询、出具缴费证明时，对企业按照政策规定缓缴、补缴期间认定为正常缴费状态，不得进行欠费处理。企业缓缴期间，要依法履行代扣代缴职工个人缴费义务。已依法代扣代缴的，职工个人缴费状态认定为正常缴费。

2022 年 6 月 21 日，人力资源社会保障部、教育部和财政部联合发布《关于推进企业吸纳就业社会保险补贴“直补快办”助力稳岗扩就业的通知》（人社部发〔2022〕37 号）。该通知为加大就业政策实施力度，推动政策速享尽享，助力用人单位稳定岗位、扩大就业，决定实施企业吸纳就业社会保险补贴政策“直补快办”行动，精准锁定吸纳就业困难人员、毕业年度高校毕业生及离校两年内未就业高校毕业生就业的用人单位，加快构建政策找人、“无感智办”、“直补快办”的落实机制，扩大政策落实率，提升企业获得感，支持企业更多吸纳重点群体就业。

2022 年 6 月 22 日，人力资源社会保障部、民政部、财政部、住房城乡建设部与国家市场监管总局联合发布《关于加强零工市场建设　完善求职招聘服务的意见》（人社部发〔2022〕38号）。该通知要求强化零工市场信息服务；强化零工快速对接服务；强化就业创业培训服务；强化困难零工帮扶服务；完善零工市场秩序维护；完善服务场地设施支撑；完善信息化应用支撑；扩大零工服务多元化供给；开展零工市场动态监测。该通知在支持多渠道灵活就业，更好地促进大龄和困难等零工人员实现就业增收方面起到积极作用。

2022年6月30日，人力资源社会保障部办公厅发布《关于开展人力资源服务机构稳就业促就业行动的通知》（人社厅函〔2022〕105号）。该通知着眼于充分发挥人力资源服务机构匹配供需、专业高效优势，不断扩大市场化就业服务供给，为就业大局稳定和经济社会发展贡献力量。该通知要求大规模开展求职招聘服务，全力促进高校毕业生就业，积极助力农民工稳定就业，着力保障重点领域用工，创新发展灵活用工服务，积极支持人力资源服务机构发展，加强人力资源市场供求信息监测。

2022年7月25日，人力资源社会保障部办公厅、教育部办公厅和财政部办公厅联合发布《关于加快落实一次性扩岗补助政策有关工作的通知》（人社厅发〔2022〕41号）。为贯彻落实国务院关于进一步加大稳岗力度的部署要求，发挥失业保险助企扩岗作用，鼓励企业积极吸纳大学生就业，对招用毕业时间为2022年1—12月且取得普通高等学校毕业证书的普通高校毕业生，签订劳动合同，并为其缴纳失业保险费1个月以上的企业，可以按每招用1人不超过1500元的标准发放一次性扩岗补助。政策执行至2022年12月底。这一政策为缓解当前大学毕业生就业难的局面起到了积极作用。

（二）人力资源市场与就业服务领域成为劳动立法与政策新主题

人力资源服务业作为为经济社会发展提供人力资源流动配置服务的现代服务业重要门类，不仅在当前促进就业的紧迫任务中发挥着不可或缺的重要作用，而且从长远来看，对于更好发挥我国人力资源优势、助力我国经济社会高质量发展具有重要意义。

2021年9月12日，人力资源社会保障部、国家发展改革委、民政部和财政部联合发布《关于实施提升就业服务质量工程的通知》（人社部发

〔2021〕80号）。该通知布置的重点任务有：提升就业失业管理服务覆盖面，提升免费招聘匹配服务供给量，提升重点群体重点企业就业帮扶主动性，提升职业技能培训针对性，提升重大任务专项服务保障力。为落实上述任务的实施工作，该通知明确了以下几项保障措施，包括强化公共就业服务机构建设，强化经营性人力资源服务机构管理创新，强化就业服务社会组织培育，强化零工市场支持，强化智慧服务体系构建，强化专业人员队伍打造。同时，该通知为提升就业服务质量提出了明确的目标，要求到2025年，通过实施提升就业服务质量工程，均等化的服务制度更加健全，基本公共就业服务均等化水平明显提高；广覆盖的服务功能和体系不断完善，更好满足多样化、多层次的就业服务需求；专业化智慧化服务能力显著提升，劳动者和用人单位对就业服务满意度保持在较高水平。

2021年11月8日，人力资源社会保障部、国家发展改革委、财政部、商务部和市场监管总局联合发布《关于推进新时代人力资源服务业高质量发展的意见》（人社部发〔2021〕89号）。该意见提出人力资源服务业高质量发展的五项重要任务：一是大力提升人力资源服务水平，进一步推动创新发展；二是不断强化人力资源支撑经济高质量发展作用，进一步推动协同发展；三是健全完善高水平人力资源服务产业园体系，进一步推动集聚发展；四是着力促进人力资源服务助力共建“一带一路”国家，进一步推动开放发展；五是抓紧建设高标准人力资源市场体系，进一步推动规范发展。该通知致力于以提高人力资源要素配置效率为导向，推动行业向专业化和价值链高端延伸；以培育壮大人力资源服务力量为抓手，进一步形成发展新动能；以建设高标准人力资源市场体系为目标，打造多层次、多元化的人力资源市场格局。加快构建中国特色的人力资源服务产业体系，为提高我国经济综合竞争力、持续改善民生、促进高质量发展提供有力支撑。

2022年3月8日，人力资源社会保障部办公厅发布《关于发挥人力资源服务机构作用助推劳务品牌建设的通知》（人社厅发〔2022〕9号）。该通知从开展劳务品牌专项招聘、助推劳务品牌提质增效、助力劳务品牌集聚发展、服务劳务品牌市场拓展和培育发展人力资源服务特色劳务品牌几个方面对更好发挥人力资源服务机构作用，助推劳务品牌高质量发展提出明确要求。该通知有助于充分发挥人力资源服务机构匹配供需、精准高效的专业优势，努力为劳务品牌高质量发展提供优质高效的人力资源支撑。

2022 年 9 月 23 日，人力资源社会保障部办公厅发布《关于进一步做好人力资源服务许可告知承诺制工作的通知》（人社厅发〔2022〕51 号）。该通知进一步规范实施人力资源服务许可告知承诺制，提高市场主体办事的便利度和可预期性，以期不断优化人力资源市场营商环境，激发人力资源服务领域市场主体发展活力。

2022 年 9 月 28 日至 10 月 28 日，人力资源社会保障部就其起草的《人力资源服务机构管理规定（征求意见稿）》向社会公开征求意见。该征求意见稿共 6 章 49 条，对适用范围及监管部门职责、许可备案、服务规范、监督管理及法律责任做出了全面规定。第一章为总则，包括目的依据、适用范围、管理部门、统筹发展等内容。第二章为许可备案，包括人力资源服务许可及备案的条件、程序、材料、时限等要求和许可证的有效期、范围、效力、延续、变更等内容。第三章为服务规范，包括个人信息保护、招聘信息审查、终止招聘服务、公平竞争、规范收费、服务外包、开展培训、明示服务信息、禁止行为及提供公益性服务等内容。第四章为监督管理，包括公布服务机构信息、开展年度报告公示、加强诚信体系建设、实施监督检查、创新监管方式、实施异地监管、受理举报投诉、撤销注销情形和程序等内容。第五章为法律责任，包括相关违法、违规问题的罚则。第六章为附则，包括外商投资、公共人力资源服务机构管理及一致性的有关规定。该征求意见稿明确了《人力资源服务机构管理规定》自身的适用范围，细化了人力资源服务机构许可备案，规范了人力资源服务活动，强化了对人力资源市场服务的日常监管。《人力资源服务机构管理规定》将对促进人力资源服务机构健康有序发展，规范人力资源服务活动，保障市场主体合法权益，促进就业和优化人力资源流动配置起到重要作用。

2022 年 12 月 5 日，人力资源社会保障部发布《关于实施人力资源服务业创新发展行动计划（2023—2025 年）的通知》（人社部发〔2022〕83 号）。该行动计划以习近平新时代中国特色社会主义思想为指导，紧紧围绕就业优先战略、人才强国战略和乡村振兴战略，坚持创新驱动发展，坚持有效市场和有为政府相结合，以产业引导、政策扶持和环境营造为重点，深化人力资源服务供给侧结构性改革，培育壮大市场化就业和人才服务力量，加快提升人力资源服务水平，进一步激发市场活力和发展新动能，促进劳动力、人才顺畅有序流动，为全面建设社会主义现代化国家提供有力支撑。该行动计划从培育壮大市场主体、强化服务发展作用、建强集聚发展平台、增强创新发展动能、提升开放发展水平、夯实行业发展基础、营造良好发展环境七个方面对未来三年的人力资源服务业创新发展布置了一系列目标任务，在积极促进高质量充分就业、强化现代化建设人才支撑上将发挥重要作用。

（三）特殊群体劳动者权益保护仍是劳动立法与政策的重点

建筑工程领域农民工的劳动获酬权多年来都是国家劳动立法与政策的重点。自 2020 年 5 月 1 日《保障农民工工资支付条例》正式实施后，人力资源社会保障部就紧锣密鼓地牵头制定实施该条例中各种措施的规章政策。

2021 年 7 月 7 日，人力资源社会保障部、国家发展改革委、财政部、住房城乡建设部、交通运输部、水利部、人民银行、国家铁路局、中国民用航空局和中国银保监会十部门联合制定下发《工程建设领域农民工工资专用账户管理暂行办法》（人社部发〔2021〕53 号）。该办法明确农民工工资专用账户是指施工总承包单位在工程建设项目所在地银行业金融机构开立的，专项用于支付农民工工资的专用存款账户。该办法对专用账户的开立和撤销、人工费用的拨付、农民工工资的支付、工资支付监控预警平台建设均做出详细规定。该办法在根治工程建设领域拖欠农民工工资问题，规范农民工工资专用账户管理，切实维护农民工劳动报酬权益方面发挥了积极作用。

2021 年 8 月 17 日，人力资源社会保障部、住房城乡建设部、交通运输部、水利部、中国银保监会、国家铁路局、中国民用航空局七部门联合制定下发了《工程建设领域农民工工资保证金规定》（人社部发〔2021〕65 号）。该规定从保证金的账户开立、资金存储、使用返还到监管处罚，进行了全链条规范。该规定有以下突出特点。一是理顺了管理体制。该规定统一明确由省级人力资源社会保障部门负责组织实施，地市级人力资源社会保障部门具体管理，有助于提高监管效能。二是减轻了企业负担。从资金存储比例来看，以前有的地方要求5%，甚至更高，该规定统一要求降到3%以下。从资金存储形式来看，该规定明确可以选择使用银行保函、工程担保公司保函或工程保证保险替代现金存储，有助于释放企业资金压力。三是体现了奖优罚劣。该规定明确了差异化存储规则，连续两年未发生欠薪的，新项目存储比例降低50%；3年未欠则免于存储。相应地，前两年内有欠薪的，存储比例增加50%以上；被纳入欠薪“黑名单”的，增加100%以上。从制度上鼓励守法企业，惩罚失信主体。四是优化了动用程序。该规定要求对发生欠薪拒不清偿的，人力资源社会保障部门通知银行动用工资保证金，5天内支付到农民工本人银行账户，10天内要求企业补足账户资金。同时，明确工资保证金只能用于清偿欠薪，不得用于其他用途，也不得无故查封、冻结或划拨，确保这笔民生保障资金专款专用。五是明确了返还时限。该规定明确，工程完工监管部门收到返还申请，5天审核无欠薪、3天银行确认后，立即解除账户监管，资金由企业自由支配。同时，针对以往个别企业忘记申请返还的问题，建立至少半年清查一次沉淀资金的机制，确保返还及时、到位。六是降低了制度风险。以往一些地方监管部门设立财政专户存储工资保证金，容易产生账户违规风险，实践中也曾发生多起挪用案件。该规定要求工资保证金要存储在施工总承包单位的自有账户，明确工资保证金本金和利息归企业所有，企业可随时自由提取使用利息，从制度上封堵漏洞。

2021年11月10日，人力资源社会保障部以部令第45号公布了《拖欠农民工工资失信联合惩戒对象名单管理暂行办法》，自2022年1月1日起施行。该办法对拖欠农民工工资失信联合惩戒对象名单的适用范围、职责分工、列入条件和期限、惩戒措施、信用修复和工作程序等做出规定。该办法明确用人单位克扣、无故拖欠农民工工资达到认定拒不支付劳动报酬罪数额标准，或者因拖欠农民工工资违法行为引发群体性事件、极端事件造成严重不良社会影响，经人力资源社会保障行政部门依法责令限期支付工资，逾期未支付的，人力资源社会保障行政部门应当按照办法规定的程序，将该用人单位及其法定代表人等有关责任人员列入失信联合惩戒名单，按照规定公开并共享至同级信用信息共享平台。相关部门在各自职责范围内按照

《保障农民工工资支付条例》等有关规定，在政府资金支持、政府采购、招投标、融资贷款、市场准入、税收优惠、评优评先、交通出行等方面依法、依规予以限制。

总的来说，《工程建设领域农民工工资专用账户管理暂行办法》《工程建设领域农民工工资保证金规定》和《拖欠农民工工资失信联合惩戒对象名单管理暂行办法》都是落实《保障农民工工资支付条例》的具体配套制度措施，为根治欠薪行为提供了坚实的法治保障，这些配套制度在根治欠薪实践中也越来越发挥出不可替代的作用。

伴随互联网发展而产生的新业态（互联网平台）用工企业及借助互联网手段而升级蜕变的新兴产业（如快递运输业），由于一时间涌入大批劳动者就业，而其用工形式与传统行业相比又存在很多灵活性、流动性、非标准和不稳定性的特征，因此这些行业的劳动者权益保护也成为当前劳动立法与政策关注的重点。

2021年6月，经国务院批准，交通运输部、国家邮政局、国家发展改革委、人力资源社会保障部、商务部、市场监管总局和全国总工会联合印发《关于做好快递员群体合法权益保障工作的意见》（交邮政发〔2021〕59号，以下简称《意见》），明确提出提升快递员社会保险水平，允许用工灵活、流动性大的基层快递网点优先参加工伤保险。为深入落实《意见》要求，加强快递员群体工伤保障，2021年12月31日，人力资源社会保障部办公厅和国家邮政局办公室共同发布《关于推进基层快递网点优先参加工伤保险工作的通知》（人社厅发〔2021〕101号）。该通知明确快递企业应当依法参加各项社会保险。快递企业使用劳务派遣方式用工的，应督促劳务派遣公司依法参加社会保险。用工灵活、流动性大的基层快递网点可优先办理参加工伤保险，其中，已取得邮政管理部门快递业务经营许可、具备用人单位主体资格的基层快递网点，可直接为快递员办理优先参保；在邮政管理部门进行快递末端网点备案、不具备用人单位主体资格的基层快递网点，由该网点所属的具备快递业务经营许可资质和用人单位主体资格的企业法人代为办理优先参保，原则上在快递业务经营许可地办理参保，承担工伤保险用人单位责任。

2021年7月16日，人力资源社会保障部、国家发展改革委、交通运输部、应急部、市场监管总局、国家医保局、最高人民法院及全国总工会等八部门联合发布《关于维护新就业形态劳动者劳动保障权益的指导意见》（人社部发〔2021〕56号）。该意见进一步规范平台用工关系，对维护好新就业形态劳动者的劳动报酬、合理休息、社会保险、劳动安全等权益都做出明确要求。该意见指出，企业要依法合规用工，积极履行用工责任，对符合确立劳动关系情形、不完全符合确立劳动关系情形但企业对劳动者进行劳动管理的新就业形态劳动者权益保障承担相应责任。平台企业采取劳务派遣、外包等合作用工方式的，与合作企业依法承担各自的用工责任。该意见聚焦新就业形态劳动者权益保障面临的突出问题，提出要健全公平就业、劳动报酬、休息、劳动安全、社会保险制度，强化职业伤害保障，完善劳动者诉求表达机制。针对各类新就业形态劳动者享受劳动保障公共服务方面的痛点、难点问题，提出了优化就业服务和社会保险经办、加强职业培训、完善工作生活服务保障等措施。

除此之外，残疾人和新冠肺炎康复者的就业权利也受到政府的高度关注。

2022年3月25日，国务院办公厅印发《促进残疾人就业三年行动方案（2022—2024年）》，进一步明确了2022—2024年开展促进残疾人就业专项行动的任务目标、主要措施和保障条件等内容。该行动方案以有就业需求和就业条件的城乡未就业残疾人为主要对象，更好发挥政府促进就业的作用，进一步落实残疾人就业创业扶持政策，加大残疾人职业技能培训力度，不断提升残疾人就业服务质量和效益，稳定和扩大残疾人就业岗位。该行动方案规定，2022—2024年将完成以下十项行动：一是机关、事业单位带头安排残疾人就业行动；二是国有企业安排残疾人就业行动；三是民营企业安排残疾人就业行动；四是残疾人组织助残就业行动；五是就业困难残疾人就业帮扶行动；六是农村残疾人就业帮扶行动；七是残疾人大学生就业帮扶行动；八是盲人按摩就业促进行动；九是残疾人就业服务提升行动；十是残疾人职业技能提升行动。该行动方案还提出开展“2022残疾人就业宣传年”活动，丰富残疾人就业宣传形式，加大残疾人就业宣传力度。

2022年8月1日，人力资源社会保障部、国家卫生健康委员会发布《关于坚决打击对新冠肺炎康复者就业歧视的紧急通知》。该通知指出，严禁用人单位、人力资源服务机构以曾经新冠肺炎病毒核酸检测阳性为由，拒绝招（聘）用新冠肺炎康复者。严禁用人单位在劳动者入职和用工过程中对新冠肺炎康复者实施就业歧视。严禁用人单位随意违法辞退、解聘新冠肺炎康复者，依法保障新冠肺炎康复者平等就业权益。

（四）职业技能人才培养与激励政策成为新时代劳动立法与政策的亮点

随着新时代中国特色社会主义建设的全面展开，党中央、国务院全面推进人才强国战略，强调通过职业技能人才发展为我国经济社会高质量发展提供人力资源和动力，这一精神贯彻到劳动立法与政策领域，就表现为职业技能人才培育和激励政策的纷纷出台。

2021 年 1 月 26 日，人力资源社会保障部办公厅印发《技能人才薪酬分配指引》（人社厅发〔2021〕7 号）。该指引着眼于健全技能人才培养、使用、评价、激励制度，推动企业建立多职级的技能人才职业发展通道，建立以体现技能价值为导向的技能人才薪酬分配制度，大力提高技能人才职业荣誉感和经济待遇，不断发展壮大技能人才队伍，为中国制造和中国创造提供重要人才支撑。该指引针对技能人才职业发展通道、技能人才薪酬分配制度（包括工资结构和各项工资及津贴具体构成）、高技能领军人才薪酬待遇制度做出种种设计，极大加强了技能人才薪酬分配的可操作性。

2021 年 2 月 8 日，人力资源社会保障部、财政部和科技部联合发布了《关于事业单位科研人员职务科技成果转化现金奖励纳入绩效工资管理有关问题的通知》（人社部发〔2021〕14 号）。该通知要求，职务科技成果转化后，科技成果完成单位按规定对完成、转化该项科技成果做出重要贡献人员给予的现金奖励，计入所在单位绩效工资总量，但不受核定的绩效工资总量限制，不作为人力资源社会保障部门、财政部门核定单位下一年度绩效工资总量的基数，不作为社会保险缴费基数。该通知对落实以增加知识价值为导向的收入分配政策起到积极作用。

2021 年 9 月 27—28 日，党中央召开了中央人才工作会议，习近平总书记发表了重要讲话。其站在党和国家事业发展全局的高度，全面回顾了党的十八大以来人才工作取得的历史性成就、发生的历史性变革，深入分析了人才工作面临的新形势、新任务、新挑战，明确提出了当前和今后一个时期实施新时代人才强国战略的总要求，深刻阐述了新时代人才工作新理念、新战略、新举措，部署规划了加快建设世界重要人才中心和创新高地的战略目标，科学回答了新时代人才工作的一系列重大理论和实践问题。

2021 年 10 月 12 日，人力资源社会保障部发布《关于深入学习贯彻习近平总书记在中央人才工作会议上重要讲话精神的通知》。该通知要求认真学习贯彻习近平总书记在中央人才工作会议上的讲话精神，持续深化人才发展体制机制改革，持续壮大专业技术人才队伍，加快建设国家战略人才力量，大力加强高技能人才队伍建设，更好支撑经济转型升级，着力提高人才服务水平。同时坚持党管人才原则，始终坚持党对人才工作的全面领导。

2022 年 3 月 18 日，人力资源社会保障部发布《关于健全完善新时代技能人才职业技能等级制度的意见（试行）》（人社部发〔2022〕14 号）。该意见着眼于为贯彻落实习近平总书记关于产业工人队伍建设和技能人才工作的一系列重要指示精神，健全技能人才培养、使用、评价、激励制度，畅通技能人才职业发展通道，提高待遇水平，增强荣誉感、获得感、幸福感，吸引更多劳动者走技能成才、技能报国之路，缓解技能人才短缺问题，充分发挥技能人才在经济社会高质量发展中的重要作用，为全面建设社会主义现代化国家提供有力的人才支撑和技能支撑。在“十四五”期末，在以技能人员为主体的规模以上企业和其他用人单位中，全面推行职业技能等级认定，普遍建立与国家职业资格制度相衔接、与终身职业技能培训制度相适应，并与使用相结合、与待遇相匹配的新时代技能人才职业技能等级制度。

2022 年 6 月 2 日，人力资源社会保障部、工业和信息化部与国务院国资委联合印发《制造业技能根基工程实施方案》。该方案要求各地要统筹兼顾，突出重点，加大就业补助资金、职业技能提升行动专账资金、失业保险基金、企业职工教育经费、人才队伍建设经费等统筹力度，支持制造业技能人才培养培训工作。该方案对加快培养制造业高质量发展急需的高素质技能人才具有重要意义。

2022 年 11 月 9 日，人力资源社会保障部办公厅发布印发《关于〈国有企业科技人才薪酬分配指引〉的通知》（人社厅发〔2022〕54号）（以下简称《通知》）。《通知》着眼于贯彻落实党中央、国务院关于加强科技创新、完善科技人才激励机制的决策部署，加强和改进政府对企业工资分配的宏观指导和服务，引导国有企业建立完善科学的科技人才薪酬分配制度，加大科技人才薪酬分配激励力度，充分调动科技人才创新活力，促进企业科技创新。《通知》明确界定科技人才的范围，即指企业中具备较强的科学思维和创新能力，掌握某个领域专业知识、技能，从事科研、生产等工作的人员，主要包括从事科学研究、工程设计、技术开发、科技服务、科技管理、技能操作等科技活动的人员。对于科技人才薪酬分配坚持服务国家创新驱动发展战略、生产要素按贡献参与分配、坚持市场化薪酬分配改革方向、坚持当期激励与长期激励相结合的原则。《通知》还建议国有企业可参照本指引，结合企业实际，深化内部薪酬分配制度改革，完善科技人才薪酬分配制度体系，进一步分层分类细化有关内容，提升薪酬分配激励的精准性、公平性和有效性，充分激发科技人才的创新活力。

（五）其他劳动与社会立法与政策制定也在有条不紊地进行中

2021年7月1日，为指导用人单位和劳动者依法规范订立电子劳动合同，人力资源社会保障部办公厅发布《电子劳动合同订立指引》（人社厅发〔2021〕54号）（以下简称《指引》）。该《指引》从有效电子劳动合同的含义、订立、调取、储存、应用、安全等各方面，再次进行明确界定，并给出严格的规范要求。此次《指引》的发布是推动电子签约在人力资源领域应用的一个里程碑事件，鼓励用人单位使用电子劳动合同签约的同时，也对签约平台提出严格要求。电子劳动合同订立平台要通过有效的现代信息技术手段提供劳动合同订立、调取、储存、应用等服务，具备身份认证、电子签名、意愿确认、数据安全防护等能力，确保电子劳动合同信息的订立、生成、传递、储存等符合法律法规规定，满足真实、完整、准确、不可篡改和可追溯等要求。用人单位和劳动者要使用符合《中华人民共和国电子签名法》要求、依法设立的电子认证服务机构颁发的数字证书和密钥进行电子签名。电子劳动合同经用人单位和劳动者签署可靠的电子签名后生效，并应附带可信时间戳。

2021 年 12 月 24 日，第十三届全国人大常委会第三十二次会议表决通过了《关于修改〈中华人民共和国工会法〉的决定》，自 2022 年 1 月 1 日起施行。《中华人民共和国工会法》（以下简称《工会法》）是明确工会法律地位和工作职责的重要法律，是工会组织依法开展工作的重要制度保障。现行《工会法》于 1992 年公布施行，曾于 2001 年、2009 年进行过两次修改。此次《工会法》修改直接涉及 23 个条文，并新增 1 条，主要包括以下 7 个方面。一是突出坚持党的领导。明确工会是中国共产党领导的职工自愿结合的工人阶级的群众组织，是中国共产党联系职工群众的桥梁和纽带，应当保持和增强政治性、先进性、群众性，建立联系广泛、服务职工的工会工作体系。二是落实党中央对工会改革的新要求。明确新就业形态劳动者参加和组织工会的权利，增加规定：工会适应企业组织形式、职工队伍结构、劳动关系等方面的发展变化，维护劳动者参加和组织工会的权利。三是完善《工会法》和工会工作指导思想。明确将习近平新时代中国特色社会主义思想同马克思列宁主义、毛泽东思想、邓小平理论、“三个代表”重要思想、科学发展观一道，确立为《工会法》和工会工作的指导思想。四是完善工会基本职责。将工会的基本职责由“维护职工合法权益”扩展为“维护职工合法权益、竭诚服务职工群众”。同时，增加工会组织职工参与本单位的民主选举、民主协商，加强对职工的思想政治引领，以及开展劳动和技能竞赛活动的规定。五是体现党中央对产业工人队伍建设改革的新要求。增加规定：工会推动产业工人队伍建设改革，提高产业工人队伍整体素质，发挥产业工人骨干作用，维护产业工人合法权益，保障产业工人主人翁地位，造就一支有理想守信念、懂技术会创新、敢担当讲奉献的宏大产业工人队伍。六是做好与相关法律的衔接。《中华人民共和国法律援助法》规定，工会等群团组织开展法律援助工作，参照适用其相关规定。据此明确县级以上各级总工会可以为所属工会和职工提供法律援助等法律服务。七是扩大基层工会组织覆盖面。明确社会组织中的劳动者有依法参加和组织工会的权利，将工会组织及工会工作的覆盖面由“企业、事业单位、机关”扩展为“企业、事业单位、机关、社会组织”。此次《工会法》修改是深入贯彻落实习近平新时代中国特色社会主义思想的必然要求，也是工会围绕中心服务大局的时代要求，还是工会组织落实全面依法治国基本方略的必然要求。

为贯彻落实党中央、国务院深化“放管服”改革决策部署，持续优化营商环境，落实社会保险费征收体制改革要求，人力资源社会保障部于 2021 年 12 月 22 日以部令第 46 号决定，对《社会保险费申报缴纳管理规定》（中华人民共和国人力资源和社会保障部令第 20 号）予以废止。

2022 年 2 月 9 日，人力资源社会保障部以部令第 48 号公布《社会保险基金行政监督办法》。该办法共 6 章 42 条，自 2022 年 3 月 18 日起施行，尤其值得一提的是，该办法对通过虚构劳动关系等手段虚构参保条件、违规补缴、骗取社会保险待遇的违法行为给予严厉打击，结合《中华人民共和国刑法》第二百六十六条的规定，以欺诈、伪造证明材料或者其他手段骗取养老、医疗、工伤、失业、生育等社会保险金或者其他社会保障待遇的，按照诈骗公私财物行为定罪。该办法对保障社会保险基金安全、规范和加强社会保险基金运行具有重要意义。

2022 年 4 月 21 日，国务院办公厅发布了《关于推动个人养老金发展的意见》（国办发〔2022〕7 号）。该意见旨在推动发展适合中国国情、政府政策支持、个人自愿参加、市场化运营的个人养老金，与基本养老保险、企业（职业）年金相衔接，实现养老保险补充功能，协调发展其他个人商业养老金融业务，健全多层次、多支柱养老保险体系。该意见要求推动个人养老金发展坚持政府引导、市场运作、有序发展的原则。注重发挥政府引导作用，在多层次、多支柱养老保险体系中统筹布局个人养老金；充分发挥市场作用，营造公开公平公正的竞争环境，调动各方面积极性；严格监督管理，切实防范风险，促进个人养老金健康有序发展。

二、当前劳动关系立法与政策中存在的问题

虽然劳动关系领域的立法体系已经基本完备，具体政策也能基本做到与时俱进，大体做到了对劳动用工领域热点、难点、痛点的积极回应，但综合分析当前劳动立法与政策，仍然存在以下几个主要问题。

（一）作为劳动法制度体系基本法的《劳动法》有待更新

目前，整个劳动法体系是由一部通则式的《中华人民共和国劳动法》（以下简称《劳动法》）统率《中华人民共和国劳动合同法》（以下简称《劳动合同法》）、《中华人民共和国促进就业法》、《中华人民共和国劳动争议调解仲裁法》（以下简称《劳动争议调解仲裁法》）、《中华人民共和国社会保险法》（以下简称《社会保险法》），再辅以《劳动保障监察条例》《集体合同规定》等一些行政法规、部门规章和大量的地方性法规、规章和政策性文件。而作为劳动法通则的《劳动法》是1994年制定、1995年正式实施的法律，这期间虽然经历过个别条款的修订，但基本框架和主体内容并未有实质性的改动，主要内容已被多部新法分块陆续取代，这就造成《劳动法》与现实劳动关系法律调整的实践脱节，同时也造成《劳动法》与现行其他劳动法律如《劳动争议调解仲裁法》和《劳动合同法》等法律内容的冲突。《劳动法》第82条关于劳动争议仲裁时效的规定仍然停留在“劳动争议发生之日起六十日内”，而现行的《劳动争议调解仲裁法》早就将劳动争议申请仲裁的时效期间延长到一年，且仲裁时效期间从当事人知道或者应当知道其权利被侵害之日起计算。虽然这些法律冲突可以适用后法优于前法、特别法优于一般法的原则加以解决，但对于发挥着劳动关系领域基础法作用的《劳动法》而言，无疑动摇和削弱了其自身的权威性和严肃性，也无法正常发挥其统率劳动法基本原则和根本理念的作用，这就对整个劳动法体系的权威性和稳定性构成巨大冲击。

（二）作为劳动用工合规量尺的劳动基准法内容有所缺失

劳动基准法是有关劳动报酬和劳动条件最低标准的法律规范的总称。而劳动报酬和劳动条件，即工资、工时、休息休假、劳动定额、劳动安全保障是劳动用工合规的主要方面。在工资方面，我国除劳动和社会保障部于2004年1月公布的《最低工资规定》外，一直没有一部系统有效的工资法律、法规，除了《劳动法》在第五章“工资”中有粗略的规定外，剩下就散见于一些部门规章和政策性文件中。进入21世纪以来，劳动部门和立法机关一直致力于制定一部全面系统的工资法规，一度命名为“工资条例”“工资支付条例”“企业工资条例”等，结果总是胎死腹中。在工时方面，也是在《劳动法》第四章“工作时间和休息休假”中和《国务院关于修改〈国务院关于职工工作时间的规定〉的决定》做出粗略规定，然后靠一些规章和政策性文件来详加规范，如劳动部1994年发布的《关于企业实行不定时工作制和综合计算工时工作制的审批办法》。为此，人力资源社会保障部也曾一度起草《特殊工时管理规定》并面向社会公开征求意见，但最终还是没有正式出台。在休息休假和劳动安全保障方面，这些年来国务院、人力资源社会保障部、国家卫生健康委和国家安全总局出台了较为丰富的立法和政策性文件，基本上满足了劳动关系领域中的现实需求。而在劳动定额方面，由于其和工资、工时的密切联系，在工资和工时法规都不完善的情况下，劳动定额的规范就显得更为模糊和简陋。上述劳动基准法律的不完备，一方面给劳动用工的合规操作和风险防范带来不确定性，另一方面对于社会上争议较大的超时加班、劳动强度过大的问题无法在立法层面上给予明确严格的界定和解答。

（三）标准化劳动用工的刚性约束受到新业态及疫情下灵活用工需求的挑战

业内普遍认同的是，从1995年《劳动法》至2008年《劳动合同法》的生效，我国的劳动用工的导向趋于标准化，即趋向于书面劳动合同下的、以长期用工为预期的、标准工时及其他劳动基准为基础的正规劳动关系，而对劳动用工的法律规范随之越来越趋于刚性法律约束，极大压缩了劳动合同双方当事人自治的空间。这使劳动合同与民事合同距离越来越远，更像行政合同那样被严格限定内容和适用条件。但随着近年来互联网新业态的蓬勃发展，互联网下新业态特别是网络平台用工模式由于在劳动关系的认定、劳动者的职业保护、社会保障、劳动争议解决等方面都对传统劳动关系下相关法律制度形成挑战，这些用工模式既包括雇用型、合约型的用工与就业形式，也包括兼职型、共享型的就业与用工模式，还包括正规劳动关系中通过互联网而在工时、工作场所、工作内容等方面的弹性化导致劳动基准的非标准化。而新冠疫情又极大助推了这种非标准化。疫情防控期间，居家办公、轮岗轮值一度成为某些地域、某些行业在疫情较重的某个时期的用工“常态”。同时疫情还极大催生了远程办公、线上会议、网上作业的劳动用工模式在一定程度上的主流化。这一切都暴露了20世纪最后十年至21世纪前十年刚性化、标准化劳动用工模式带来的缺陷，促使立法和政策制定者重新审视劳动用工领域的弹性就业空间和灵活用工模式。

（四）《劳动合同法》权利义务配置的不对称性对人力资源市场的健康发展持续产生负面影响

除了多年来一直饱受争议的未签书面劳动合同两倍工资、合同自然终止的补偿金及续约即转无固定期合同这些对用人单位的刚性约束外，《劳动合同法》中显失公平的当属对用人单位追究劳动者违约责任的苛刻限制，即《劳动合同法》第二十二条至第二十五条的规定。第二十五条规定：“除本法第二十二条和第二十三条规定的情形外，用人单位不得与劳动者约定由劳动者承担违约金。”这样先限定了除因专业技术培训约定服务期和因保密义务约定竞业限制条款两种情形外，其他情形均不得约定由劳动者承担违约金。这样的规定就使用人单位吸引人才提供的物质激励和落户指标等成为员工离职时无法得到任何补偿的用工成本损失，这就为员工随意跳槽和用人单位的竞争对手恶意挖人提供了方便。而在专业技术培训约定服务期情形下，违约金的数额也被《劳动合同法》做了严格限定：“违约金的数额不得超过用人单位提供的培训费用。用人单位要求劳动者支付的违约金不得超过服务期尚未履行部分所应分摊的培训费用。”这一规定只考虑到用人单位为员工提供培训时直接付出的经济成本，显然没有考虑到提供培训的时间成本和机会成本，尤其是对培训后人力资源提升的预期，一旦接受培训的员工提前离职，这些成本和预期都会成为损失，而这些损失显然不能从只相当于退回培训费用的违约金中得到任何形式的补偿，也不足以防止享受稀缺培训资源的人才流失，特别是其他竞争对手对这些人才的攫取，这对用人单位投入培育和开发自有人力资源无疑带来挑战和冲击，也变相鼓励了人力资源市场中不注重自有人力资源的长线开发和培育，而是以抢夺其他企业现成人才为手段的短线发展和恶意竞争。

（五）现行劳动争议处理机制效能有待进一步提高

在现行的“一调、一裁、两审”体制下，按照有关时限规定推算，一个劳动争议案件走完全部处理程序，需要一年以上的时间。当初设计现行体制的初衷是通过自愿的企业内部调解程序和强制的劳动仲裁程序终结绝大部分劳动争议案件，通过诉讼程序监督劳动仲裁程序并最终终结极少数疑难劳动争议案件，从而兼顾劳动争议处理的公正性和及时性。但是，随着劳动争议诉讼化倾向的发展，大量的劳动争议案件进入诉讼程序，现行体制不仅未能体现出当初设想的及时性，反而延长了处理周期。本来《劳动争议调解仲裁法》为了提升劳动争议处理效率，还设计了一裁终局制度，但可惜适用范围和条件过于严苛。在适用范围上，一裁终局仅限定于两类案件。一是小额仲裁案件，即追索劳动报酬、工伤医疗费、经济补偿或者赔偿金，不超过当地月最低工资标准 12 个月金额的争议。二是标准明确的仲裁案件，即因执行国家的劳动标准在工作时间、休息休假、社会保险等方面发生的争议。在适用条件上则更为苛刻，即一裁终局只针对用人单位，不适用于劳动者，劳动者在上述案件中对仲裁裁决不服的，仍然可以自收到仲裁裁决书之日起 15 日内向人民法院提起诉讼。而实践中劳动者几乎没有不提起诉讼的，即使仲裁结果是对劳动者本身有利，劳动者仍有可能为向用人单位施压或泄愤将其拖入诉讼程序中，这样就使所谓的仲裁终局制度形同虚设。

（六）社会保险法律政策较为依赖标准劳动关系

我国的社会保险制度，尽管已经有城乡居民养老保险和城乡居民医疗保险两项制度在逐步推广，但养老保险和医疗保险的主要参保还是以职工养老保险和医疗保险为主。而失业保险、工伤保险包括已并入职工医疗保险的生育保险更是完全依赖劳动关系的存在。尽管实践中失业保险制度已经向灵活就业人员拓展，而针对非标准劳动关系就业者的职业伤害险也作为工伤保险的补充形式开始试点，但是在现行《社会保险法》没有被正式修改之前，这些突破法律限制的灵活变通措施或者实验尝试手段，都是对现有法律权威性和系统性的削弱。而且对于占用人单位缴纳社会保险费用大头儿的职工养老保险并没有实质性的变动，再加上作为另类社会保障手段的住房公积金缴纳义务，既导致用人单位社会保险负担过重，也使社会保险（包括广义的社会保障）的真正社会化难以实现，对于非正规就业劳动者的职业伤害、疾病医疗、失业困难、生育负担、老年生计的救济和托底也不可避免地出现一定程度的空白或缺失。

三、劳动关系立法与政策建议和趋势展望

种种迹象表明，劳动法领域经历20世纪最后10年和21世纪头10年的立法高峰期后，已经处于长期的立法体系整理、完善和局部重构阶段。但因这一过程的劳动立法始终是零零碎碎的修补，缺乏提纲挈领的系统工程，因而使得最近十余年的劳动立法与政策不仅没有突出的亮点，而且对于社会关注的热点、焦点、痛点、难点问题，也缺乏有力的回应。

而要改变这种不温不火的局面，首先就是要借修订《劳动法》促成整个劳动法制度体系的完善。纵观整个法治建设的进程，作为一个部门法体系成熟的标志，编纂一部统一的部门法典是不可回避的历史任务。譬如《中华人民共和国民法典》（以下简称《民法典》）的编纂出台对我国民法体系就起到了非常好的系统梳理总结作用，也为民法部门在新时代的进一步发展奠定了深厚的基础。同时《民法典》的编纂也是从物权、侵权责任等内容的修订开始的，这可以作为《劳动法》修订直至《劳动法典》编纂工作的一个非常有益的借鉴。借此分板块的劳动立法梳理和更新过程，既可以乘机弥补工资、工时等劳动基准立法的缺失，也可以对《劳动合同法》《劳动争议调解仲裁法》《社会保险法》等法律做出重新的审视和纠偏矫枉。最终为制定一部全面而系统的劳动法典提供成型的部件，并借此在一定程度上重塑劳动立法符

合新时代的原则、理念和指导精神。

在劳动立法与政策的梳理重塑中，对过去劳动立法调整中一度形成的不合理倾斜，主要是对劳动者的过度保护和对用人单位（企业）权利的过分限制，需要做出反思和改变。如前文所述，《劳动合同法》对用人单位明确劳动者违约责任的过分限制给劳动者的恶意跳槽和商业竞争对手抢夺他人辛苦培养的人才大开方便之门，而《劳动争议调解仲裁法》在某些案件对用人单位单方适用一裁终局而对劳动者诉诸司法途径毫无限制导致仲裁终局制度形同虚设。这些都凸显立法在权益分配和保护上的失衡，不仅会造成现实的不公平，还会导致立法本身的初衷难以实现。因此，当务之急是重新恢复劳动法律关系在权利义务上的平衡。把对弱势群体的救济重新建立在客观存在且有具体特征的弱势而不是拟想的抽象的弱势上。那些客观存在的弱势诸如女性员工孕产哺乳期及生理期、工程建筑行业农民工工资因处于分配末端易受拖欠等都是显而易见且不存在疑问的，而诸如主动离职员工与原单位哪个更弱势，劳动争议中劳动关系双方哪个更需要诉讼救济，此类问题就不能交给立法层面简单处理，只能根据具体情形在具体的个案中加以判断。

新时代的劳动立法与政策应当与时俱进，为制度创新预留足够空间。一方面，互联网新业态及人工智能终将彻底改变人类的劳动状态，层出不穷的新问题既无历史经验可以参照，也缺乏国际经验可以借鉴。以网约车、外卖行业为例，美欧对这些新兴行业的态度主要是建立在其对直接相关行业如对传统出租车行业和堂食餐饮业的冲击上，而对新业态产业与其供应链、服务链相关行业的联动与平衡，特别是新兴产业劳动力市场和传统就业领域之间的流动和整合，并未予以足够的关注，而这恰恰是我国劳动立法与政策需要重点考虑的内容。另一方面，适当增加就业和劳动用工制度规范的弹性和灵活性，尤其是给非标准劳动关系以足够的重视，在规范非标准劳动关系的同时拓宽其适用空间，通过制度上的统筹规划设计，形成从标准用工到完全灵活就业之间多个层次的梯级缓冲带，更好地兼顾劳动者权益的实现与保护和新业态经济的活力与发展空间，这样才能充分释放就业和劳动用工市场的活力，使劳动立法与政策对这一领域的规范成为制度红利而不是阻力。

新时代劳动立法和政策的大局视野要求我们必须以经济与社会的高质量

发展为根本目标，以全体人民的整体福祉为依归。具体到法治领域，将劳动法纳入民商、经济、社会法律的大体系中做通盘考虑，给每一种就业和用工主体、用工方式预留一个合理的制度空间。在此基础上，将工作时间、劳动保护、社会保险等各种与劳动者权益息息相关的内容从标准劳动关系制度中相对分离出来，最终以劳动者本人而非用人单位作为制度规范和适用的立足点，如对于社会保险制度及住房公积金等社会保障制度，就应逐步与劳动关系解绑，让其回归到劳动者作为自然人和社会主体这一根本属性的基础上，聚焦于因其劳动过程所应得到的现实保护和因其劳动价值所应得到的长远回报，通过社会财富与社会责任的整体安排和合理分配实现对劳动者的社会保障。

第三章　劳动力市场与就业促进

2021—2022 年，面对新冠疫情的持续传播和反复冲击，党中央、国务院坚持将就业摆在“六稳”“六保”工作首位，深入实施就业优先战略，强化就业优先政策宏观调控力度，保持了就业局势总体稳定。尽管我国劳动年龄人口数量和比重持续下降，劳动力供给面临冲击，由于国家加大了对稳就业、保就业的宏观调控及政策支持力度，全国整体就业结构持续优化，就业质量不断提高。重点群体就业平稳，新业态就业有序发展。与此同时，劳动力市场结构性矛盾仍然存在，技能劳动者供给缺口增大，青年失业率居高不下，结构性就业矛盾凸显。就业政策体系仍需完善，就业服务水平亟待提高。为此，国家应实施更加积极的人口调整政策，不断增强经济发展创造就业岗位能力，强化职业技能培训，提升劳动者素质，进一步优化就业公共服务体系。

一、我国劳动力市场与就业促进的总体状况

（一）我国劳动年龄人口数量和比重持续下降，劳动力供给面临冲击

我国人口总量长期以来保持增长，但人口规模增速逐年趋缓，这将对我国劳动力市场产生负面影响，在现有生产力发展水平下，导致未来劳动力供不应求、劳动力成本上升过快等问题。

1. 我国生育率持续降低，出生人口不断减少

据国家统计局数据，2021 年年末，全国总人口 141260 万人，比 2020 年

年末增加48万人，全年出生人口1062万人，出生人口数比2020年减少138万人，出生率为7.52‰，比2020年降低0.98‰。2022年年末，全国总人口141175万人，比2021年年末减少85万人，是自1961年来首次负增长，全年出生人口956万人，连续七年持续下降，创1949年以来新低，出生人口比2021年减少97万人，出生率为6.77‰，比2021年降低0.75‰。

2. 劳动年龄人口绝对数量和比例不断下降

2021—2022年，我国劳动年龄人口减少约1800万人。据国家统计局数据（见图3–1），2021年，我国16～59岁（含不满60周岁）劳动年龄人口为88222万人，比2020年减少约1216万人，占总人口比重为62.50%，比2020年下降0.5个百分点；2022年16～59岁（含不满60周岁）劳动年龄人口为87556万人，比2021年减少约666万人，占总人口比重为62.00%，比2021年又下降0.5个百分点。我国劳动力供给面临严重冲击。

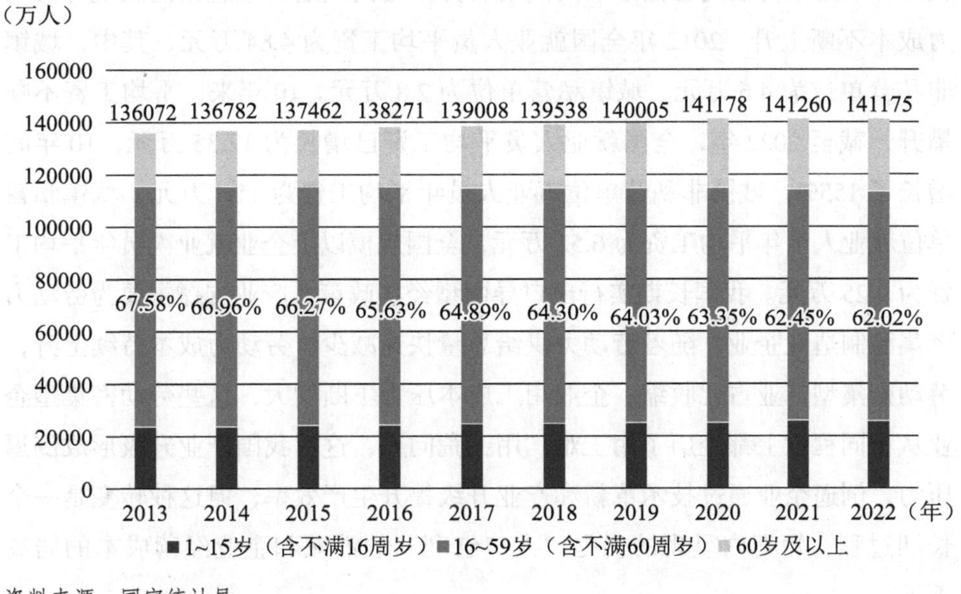

资料来源：国家统计局。

图3–1　2013—2022年我国人口总量及劳动年龄人口占比变化情况

3. 劳动年龄人口大龄化趋势日益明显，劳动力成本逐年上升

我国不满16周岁的人口数量和比重持续下降，60岁及以上人口数量和比重持续上升，显示我国人口老龄化速度呈加快趋势。据国家统计局数据，2021年我国1～15岁（含不满16周岁）人口为26302万人，占总人口比重为18.67%，2022年我国1～15岁（含不满16周岁）人口为25615万人，占总人口比重为18.14%；2021年60岁及以上人口为26736万人，占总人口比重为18.93%，2022年60岁及以上人口为28004万人，占总人口比重为19.84%。

人口老龄化不仅导致劳动力供给占比负增长，劳动力成本上升，最终使“人口数量红利”趋于消失，而且导致劳动生产率降低，社会整体活力下降，不利于经济的持续发展。据国家统计局数据，我国劳动年龄人口在总人口中占比自2010年达到峰值后长期呈现负增长，全国就业人员总量自2014年达到76349万人的峰值后开始减少，截至2022年年末已降至73351万人。我国劳动力总量制约已由过剩的问题转为不足的问题，最直接的表现为劳动力成本不断上升。2012年全国就业人员平均工资为4.84万元，其中，城镇非私营单位为4.6万元，城镇私营单位为2.8万元。10年来，平均工资不断攀升，截至2022年，全国就业人员平均工资已增长为12.35万元，10年间增长了155%，城镇非私营单位就业人员年平均工资为11.4万元，城镇私营单位就业人员年平均工资为6.52万元，全国规模以上企业就业人员年平均工资为9.25万元。我国长期实行出口导向型经济政策，产业支撑主要为劳动力密集型制造业企业，随着劳动力供给总量快速减少，劳动力成本持续上升，劳动密集型产业占比收缩，企业用工成本压力不断增大，这些劳动密集型企业从不同程度上都经历了用工难、用工荒问题，这对我国产业升级形成倒逼压力，倒逼企业通过技术革新和产业升级提升生产效率，但这种转变是一个长期过程，短期内呈现的仍是“人口红利”的消减和企业经营成本的居高不下。

（二）我国劳动力市场需求大于供给，市场整体趋于活跃

1. 2021—2022 年我国劳动力市场需求总体大于供给

据人力资源社会保障部信息中心、中国就业培训技术指导中心对全国 80 多个城市的公共就业服务机构市场供求信息的统计，2021 年第一季度至 2022 年第四季度，用人单位通过公共就业服务机构招聘的各类人员的需求量均大于进入市场的同期求职人数，求人倍率总体在 1.5 上下波动（见图 3-2），即每一位求职者至少对应 1.5 个岗位需求。其中 2021 年第一季度求人倍率最高，为 1.60，2022 年第三季度求人倍率最低，为 1.31，接近 2020 年第二季度新冠疫情大规模暴发时水平。到 2022 年第二季度，求人倍率出现较大降幅，降幅接近 0.2，随后仍呈现进一步下降趋势。从劳动力供求数量看，2021 年上半年供求数量均有所增加且位于两年内最高点，岗位供给同比增加 151.8 万个，求职人数同比增加 44.1 万人。2021 年下半年供求数量同比均有所下降，其中下半年岗位供给同比减少 104.1 万个，求职人数同比减少 103.2 万人，与 2020 年下半年相比降幅较大。2022 年上半年供求数量同比均有所下降，其中岗位供给同比减少 141.9 万个，求职人数同比减少 38.5 万人，2022

资料来源：人力资源社会保障部信息中心、中国就业培训技术指导中心。

图 3-2　2020—2022 年部分城市岗位空缺与求职人数及比率变化情况

年上半年供求数量整体水平与2020年同期基本持平。2022年第三季度供求数量同比有所增加，且增幅较大，其中岗位供给同比增加66.3万个，求职人数同比增加94.4万人。

2. 东部地区劳动力供求总量有所增加，中部地区劳动力供求总量略有减少，西部地区用工缺口增大

从地区劳动力供求关系来看，2021年第一季度至2022年第三季度，东部地区劳动力市场供求人数总体有所增加，且增量大于中部、西部地区。尽管2021年第三季度和2022年第二季度东部地区用人需求减少幅度较大（见表3–1），减少总量为136.7万个岗位，但由于2021年第一、第二、第四季度和2022年第一、第三季度东部地区用人需求数均呈增长趋势，五个季度用人需求增长总量为165.6万个岗位，整体增长28.9万个岗位。同时，东部地区求职人数整体增加76.4万人，用工缺口相对减小。中部地区供求人数总体有所减少，2021年第一季度至2022年第三季度，中部地区用人需求整体减少18.9万个岗位，求职人数整体减少9.9万人，用工缺口略有减小。西部地区供求人数总体略有减少，用工缺口变大。此外，西部地区用人需求整体减少6万个岗位，求职人数减少9.7万人，用工缺口增大3.7万人。2021年第一季度至2022年第三季度，西部地区求人倍率平均值为1.74，平均值远高于东部地区的1.43和中部地区的1.26（见图3–3）。西部地区求人倍率最高值在2021年第二季度，为1.96，最低值在2022年第二季度，为1.59，表明西部地区缺工程度大于东部、中部地区。

表3–1　2021第一季度至2022年第三季度东部、中部、西部地区劳动力市场供求人数环比增长（减少）情况

单位：万人

时间	东部地区		中部地区		西部地区	
	用人需求	求职人数	用人需求	求职人数	用人需求	求职人数
2021年第一季度	17.8	20.1	20.1	–1	26.6	8.9
2021年第二季度	46.7	29.1	–14.6	0.5	–1	–11.4
2021年第三季度	–104.3	–64.4	–28.5	–15.1	–27.8	–7.7

续表

时间	东部地区		中部地区		西部地区	
	用人需求	求职人数	用人需求	求职人数	用人需求	求职人数
2021 年第四季度	15.1	3.9	−4.8	−0.8	−10	−4.5
2022 年第一季度	32.1	21.4	45.1	28.4	35.2	19.3
2022 年第二季度	−32.4	9.6	−31.8	−19.9	−2.9	7.2
2022 年第三季度	53.9	56.7	−4.4	−2	−26.1	−21.5

注：表格中数值正值为增加量，负值为减少量。

资料来源：人力资源社会保障部信息中心、中国就业培训技术指导中心。

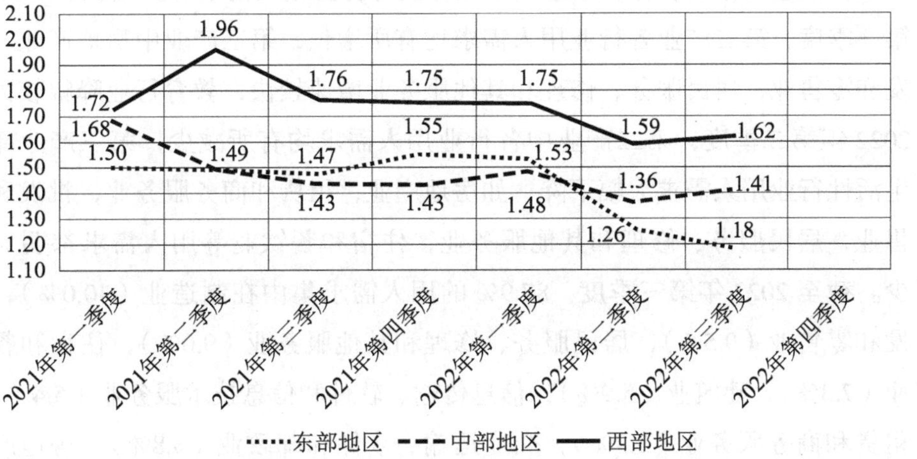

资料来源：人力资源社会保障部信息中心、中国就业培训技术指导中心。

图 3–3　2021 年第一季度至 2022 年第三季度东部、中部、西部地区劳动力市场求人倍率变化情况

3. 制造业及信息传输、软件和信息技术服务业等行业用工需求有所回暖，第三产业部分生活性行业用工需求大幅收缩

从行业劳动力供求关系来看，2021 年第一季度至 2022 年第三季度，各生产性行业和部分服务性行业市场用人需求均有所增长。企业用工需求主要集中在制造业，各季度平均占市场用人总需求的 39%，其中 2022 年第一季度占比最高，达 41.8%。2021 年第一季度制造业等生产性行业用工需求较上

年有所回暖，制造业用工需求同比增长 16.92 万人，增速为 8.7%，环比增长 58.47 万人，增速达 34.4%。建筑业，电力、热力、燃气及水生产和供应业，采矿业等行业用人需求也均有所增长。2021 年第二季度，第二产业除建筑业、采矿业外，其余产业用人需求均有所减少，住宿和餐饮业，居民服务、修理和其他服务业，信息传输、软件和信息技术服务业等第三产业用人需求增长幅度较大。2021 年第三季度，第二产业中采矿业、制造业、建筑业用人需求均明显减少，第三产业个别行业用人需求均有所减少。2021 年第四季度，第二产业中采矿业用人需求增长明显，第三产业中科学研究和技术服务业，信息传输、软件和信息技术服务业等行业用人需求有所增长。2022 年第一季度，第二产业各行业用人需求均有所增长，第三产业中房地产业，批发和零售业，居民服务、修理和其他服务业增速较快，教育行业降幅较大。2022 年第二季度，第二产业中各行业用人需求均有所减少，第三产业部分生活性行业用人需求大幅下降，如房地产业，租赁和商务服务业，批发和零售业，居民服务、修理和其他服务业，住宿和餐饮业等用人需求都明显减少。截至 2022 年第三季度，87.9% 的用人需求集中在制造业（40.0%），批发和零售业（9.5%），居民服务、修理和其他服务业（9.0%），住宿和餐饮业（7.3%），建筑业（5.9%），信息传输、软件和信息技术服务业（5.4%），租赁和商务服务业（3.9%），交通运输、仓储和邮政业（3.8%），房地产业（3.1%）等行业。

4. 市场对技能人才用工需求较大

从技能人才需求情况来看，2021 年第一季度至 2022 年第三季度，各季度平均有近 40% 的用人需求对技术等级或职称有明确要求，其中 2021 年第四季度和 2022 年第三季度占比最高，分别为 45.5% 和 46.3%。各季度市场求职人员具有一定技术等级或职称的占比平均达 42%，其中，2022 年第三季度占比最高，为 49.1%。从市场对技能人才供求比看，各个技术等级的求人倍率均大于 1，市场对职业资格一级（高级技师）的需求最大，各季度求人倍率平均达 3 以上。此外，市场对职业资格三级（高级技能）、技师、工程师的需求也很大，求人倍率都在 2.5 左右，用工缺口较大。

（三）我国就业形势总体平稳，就业人口规模有所下降，就业结构持续优化

1. 我国就业形势总体平稳，失业率保持低位稳定

2021—2022 年，我国就业形势总体平稳。就业主要指标运行在预期水平区间，新增就业稳定增长，失业率虽略有上升，仍保持低位稳定。2021 年年末全国城镇新增就业累计 1269 万人，同比增长 83 万人，2022 年年末全国城镇新增就业累计 1206 万人，好于预期目标。2021 年全国城镇调查失业率（见图 3-4）平均值为 5.1%，比上一年度平均值下降 0.5 个百分点，2021 年年末全国城镇调查失业率为 5.1%，同比下降 0.1 个百分点，城镇登记失业率为 3.96%，同比下降 0.24 个百分点。2022 年全国城镇调查失业率平均值为 5.6%，比上一年度平均值上升 0.5 个百分点，与 2020 年持平，2022 年年末全国城镇调查失业率为 5.5%，同比上升 0.4 个百分点，城镇登记失业率为 4.0%，同比上升 0.04 个百分点。

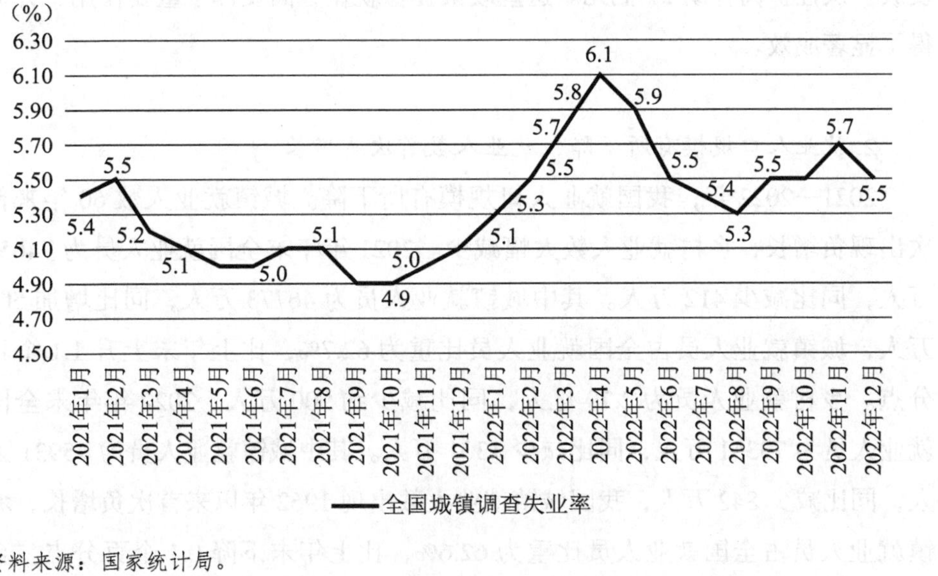

资料来源：国家统计局。

图 3-4　2021—2022 年各月全国城镇调查失业率变化情况

新增就业和失业率保持低位稳定得益于国家稳就业政策。一方面，国家

加大了对稳就业、保就业的宏观调控及政策支持力度。2021年8月，国务院印发《“十四五”就业促进规划》，明确了就业促进总体要求和重点任务，科学系统地为未来五年就业高质量发展进行了谋划。同年9月，国务院召开常务会议，要求加强财政、金融、就业领域政策联动。同年12月，中央经济工作会议进一步强调“六稳”“六保”，要求继续优化完善减税降费措施，助力中小微企业和个体工商户减负担、缓压力、恢复发展。2022年4月，国务院召开就业形势座谈会，强调要深入加强就业形势分析和研判，保证中央经济工作会议确定的稳就业目标任务顺利完成。另一方面，党中央、国务院部署实施了社会保险“降缓返补”一揽子政策，帮助企业渡过难关。人力资源社会保障部数据显示，2022年通过降低失业保险费率、工伤保险费率，阶段性缓缴企业职工基本养老保险费、失业保险费、工伤保险费三项保险费单位缴费部分，支出就业补助资金，发放稳岗返还、一次性留工培训补助、一次性扩岗补助等，共释放政策红利约4900亿元；减收失业保险费1590亿元；向787万户企业发放稳岗返还资金497亿元；发放留工补助资金303亿元；发放一次性扩岗补助27亿元。这些政策在稳就业方面发挥了重要作用，并取得了显著成效。

2. 就业人口规模有所下降，就业人数首次负增长

2021—2022年，我国就业人口规模有所下降。城镇就业人数60年来首次出现负增长，乡村就业人数大幅减少。2021年年末全国就业人员为74652万人，同比减少412万人。其中城镇就业人员为46773万人，同比增加502万人，城镇就业人员占全国就业人员比重为62.7%，比上年末上升1.1个百分点。乡村就业人员为2.79亿人，同比减少约900万人。2022年年末全国就业人员为73351万人，同比减少1301万人。其中城镇就业人员为45931万人，同比减少842万人，我国城镇就业人数出现1962年以来首次负增长，城镇就业人员占全国就业人员比重为62.6%，比上年末下降0.1个百分点。乡村就业人员为2.74亿人，同比减少约500万人。随着我国人口老龄化程度不断加深，劳动年龄人口逐步下降，我国就业人员总数自2014年达到峰值后正逐年减少。受新冠疫情反复冲击、外部经济形势日趋严峻、我国内部经济发

展放缓、城镇化进程进入高质量发展阶段等多重因素影响，城镇就业人数减少和农村劳动力存量大幅降低将成为趋势。

3. 就业结构持续优化，第三产业就业人员占比不断提高，城镇就业人员比重逐年提升

2021—2022 年我国就业结构持续优化。一是就业人员产业分布结构不断优化。2021 年第一、第二产业就业人员占比进一步下降，第三产业就业人员占比进一步上升。2022 年，受新冠疫情和经济等因素影响，第三产业就业人员占比出现 10 年以来首次下降，但随着我国经济稳步发展，第三产业需求仍然旺盛，政府政策加大了对服务业的支持力度，就业结构优化的长期趋势没有改变（见图 3-5）。第一产业就业人数从 2007 年的 31444 万人减少到 2022 年的 17677 万人，占比从 40.8% 下降至 24.1%；第二产业从业人员数从 2007 年的 20629 万人增加到 2012 年的 23241 万人，之后呈现下降趋势，从 2013 年的 23170 万人减少到 2022 年的 21125 万人，占比从 26.8% 下降至 28.8%；第三产业从业人员数从 2007 年的 24917 万人增加到 2022 年的 34548 万人，占比从 32.4% 上升至 47.1%。15 年内第一产业净减少就业人口 13767 万人，第三产业净增加就业人口 9631 万人。此外，我国城镇就业占比年均提高 1.2 个百分点，农村劳动力转移就业也取得积极成效。中西部地区城镇就业增长

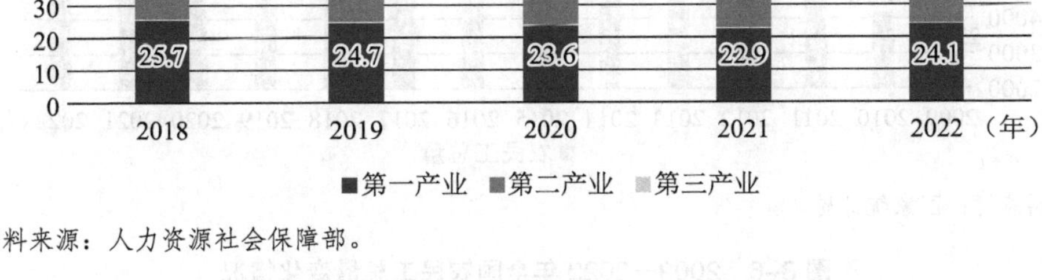

资料来源：人力资源社会保障部。

图 3-5　2018—2022 年全国就业人员产业构成情况

对全国的贡献率超过 50%，农民工流向中西部地区的数量和占比均显著增加，区域间就业机会更加均等。二是城镇就业人员比重不断提升。自 2013 年我国城镇就业人员比重首次超越乡村就业人员比重以来，我国城镇就业人员不断提升。其中，2021 年，我国城镇就业人员为 46773 万人，占全国就业人员比重为 62.7%，同比增长 1.1 个百分点；2022 年，我国城镇就业人员为 45931 万人，占全国就业人员比重为 62.6%，同比略有下降，但仍高于 2020 年水平。

（四）重点群体就业平稳，就业保障有力提升

1. 农民工就业总量回升，就业更加趋向本地化

一是农民工就业总量回升。伴随我国经济长期持续增长，工业化和城镇化进程快速推进，农民工总量从 2009 年的 22978 万人连续增长至 2019 年的 29077 万人（见图 3-6）。2020 年受新冠疫情影响，各地工厂停工停产造成农民工规模减小，农民工总量下降至 28560 万人，同比下降 517 万人。随着疫情过后国家经济的逐步恢复，2021—2022 年，我国农民工总量连续两年回增，其中 2021 年全国农民工总量为 29251 万人，比上年增加 691 万人，增长 2.4%。2022 年全国农民工总量为 29562 万人，比上年增加 311 万人，增长 1.1%。

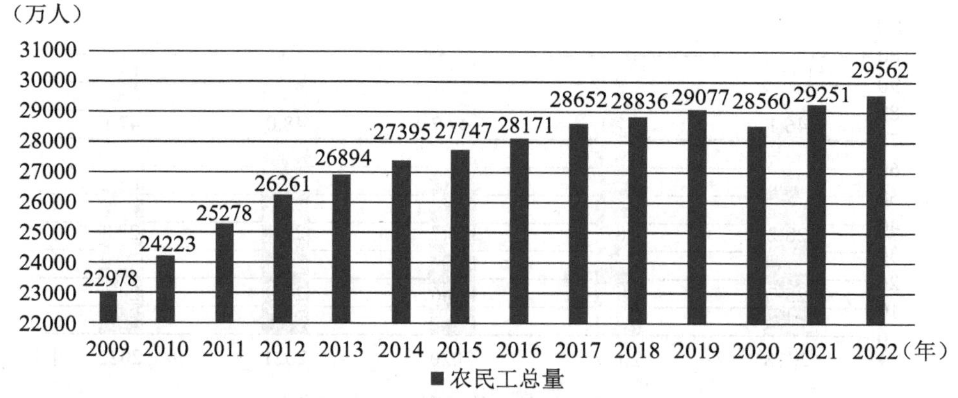

资料来源：国家统计局。

图 3-6　2009—2022 年全国农民工总量变化情况

二是农民工更加趋向本地就业。2021—2022 年本地农民工增量、增速均高于外出农民工，农民工就业本地化趋势明显。2021 年，我国本地农民工为 12079 万人，比上年增加 478 万人，增长 4.1%；外出农民工为 17172 万人，比上年增加 213 万人，增长 1.3%。2022 年，本地农民工为 12372 万人，比上年增加 293 万人，增长 2.4%；外出农民工为 17190 万人，比上年增加 18 万人，增长 0.1%。由此看出，两年内本地农民工增量高出外出农民工 540 万人，本地农民工增速高出外出农民工 4 倍多，显示农民工更加趋向本地就业。

三是农民工年龄结构呈现老龄化趋势。农民工老龄化趋势主要表现在农民工群体平均年龄持续升高、40 岁以下的农民工比重持续下降、50 岁以上的农民工比重持续提高。2021 年，农民工平均年龄为 41.7 岁，比上年提高 0.3 岁；40 岁及以下农民工所占比重为 48.2%，比上年下降 1.2 个百分点；50 岁以上农民工所占比重为 27.3%，比上年提高 0.9 个百分点。2022 年，农民工平均年龄为 42.3 岁，比上年提高 0.6 岁；40 岁及以下农民工所占比重为 47.0%，比上年下降 1.2 个百分点；41 ～ 50 岁农民工所占比重为 23.8%，比上年下降 0.7 个百分点；50 岁以上农民工所占比重为 29.2%，比上年提高 1.9 个百分点。

2. 高校毕业生就业压力增大，就业行为趋向保守

一是高校毕业生就业总量压力增大。首先，应届高校毕业生数量连年增长。据教育部统计，2021 年全国普通高校毕业生达 909 万人，同比增加 35 万人。2022 年全国普通高校毕业生达 1076 万人，同比增加 167 万人，首次突破千万规模，创历史新高。其次，高校毕业生招聘需求人数持续下降。《高校毕业生就业市场景气报告》显示，2021 年应届毕业生中，56.9% 的人选择毕业后加入就业大军，较上年下降 18.9 个百分点；15.8% 的人选择自由职业，同比上升 8.1 个百分点；12.8% 的人选择“慢就业”，同比上升 6.6 个百分点。应届毕业生毕业后在国内继续学习的占比为 9.5%，较上年的 6.6% 也有明显提升。2022 届高校毕业生中，50.4% 的人选择单位就业，比上年下降 6.5 个百分点。而自由职业（18.6%）、“慢就业”（15.9%）的比例均较上

年提高 3 个百分点左右。这是继 2021 年之后，连续第二年呈现单位就业比例下降，自由职业、“慢就业”比例上升的特征。随着就业市场竞争加剧及对人才要求提高，大学生群体也在调整发展路径，越来越多的人选择继续深造，或拥抱当下灵活就业、自由职业等多元的就业形态，拓宽自己的未来选择。此外，考研热趋势下，选择在国内继续学习的比例约为 10%，出国继续学习的比例为 1.3%，比上年略低。因此，反映劳动力市场对高校毕业生供需关系的高校毕业生就业指数持续下降。据 2021 年和 2022 年《高校毕业生就业市场景气报告》（见图 3–7），2021 年第一季度至第四季度高校毕业生中国就业市场景气（CIER）指数分别为 1.34、1.52、1.24 和 0.88，均低于同期全国水平。CIER 指数的分子是企业招聘的人数，反映了劳动力的需求，分母是求职人数。CIER 指数等于 1 代表每一个求职者对应一个工作职位空缺。2021 年第一季度至第四季度全国 CIER 指数分别为 1.66、2.09、2.15 和 1.99，整体高于 2020 年水平，2020 年第一季度至第四季度高校毕业生 CIER 指数分别为 0.96、0.79、1.15、1.36。2022 年第一季度至第三季度高校毕业生 CIER 指数分别为 0.71、0.53、0.57，不仅远低于上年同期数据，更低于 2020 年最坏情况，其中第二季度高校毕业生 CIER 指数创历史新低。

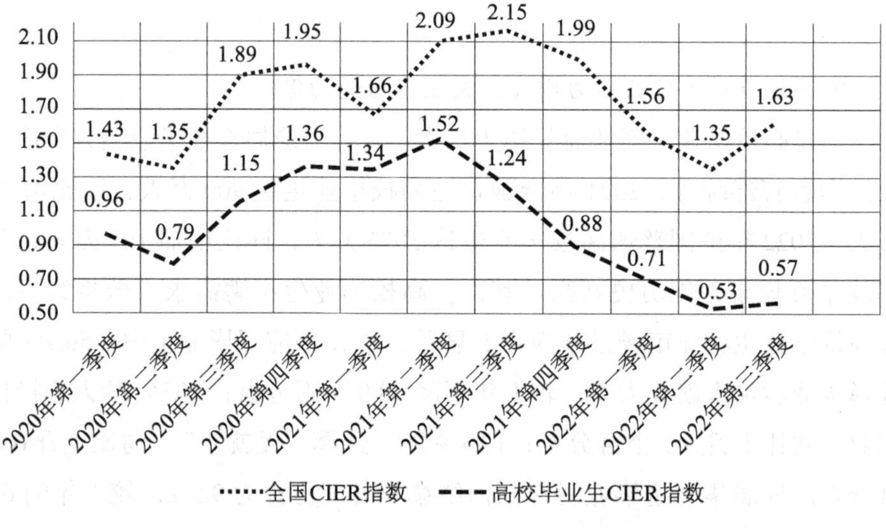

资料来源：智联招聘和中国就业研究所《高校毕业生就业市场景气报告》。

图 3–7　2020—2022 年全国和高校毕业生 CIER 指数各季度变化情况

二是高校毕业生就业期待降低，求职心态及行为更加保守。据2021年《高校毕业生就业市场景气报告》，感受到2021年求职竞争非常激烈的应届生比例为61%，比上年高6个百分点。据2022年《高校毕业生就业市场景气报告》，55%的毕业生因经济环境等外部因素影响降低期望，仅有27.2%的毕业生期望升高。此外，毕业生对就业稳定性更高的国有企业热衷度持续上升。国有企业仍是毕业生的首选，占比为44.4%，高于2021年的42.5%。选择民营企业的占比为17.4%，比2021年的19%略有下降。毕业生对企业规模在500～9999人的中型企业更加青睐，占比为45.1%。与此同时，毕业生的就业心态更加"佛系"，找工作就业的规模同期收缩，进入自由职业、"慢就业"、学习镀金的占比均有上升，这与国有企业热度上升、考公务员升温、民营企业热度降低等现象共同折射出本届毕业生在选择工作上求稳心态的加剧，求职行为更加保守。

3. 国家对退役军人创业就业扶持力度不断加大

2021—2022年，国家强化对退役军人就业教育培训服务，加大政策支持力度，完善相关机制建设，在促进退役军人就业方面取得了积极成效。一是加大退役军人岗位供给。据退役军人事务部统计，2021年，全国共推进2.2万名转业军官和近5万名安排工作退役士兵年度安置任务落实，协调1.8万个中央管理企业岗位安置退役士兵，协调消防员队伍定向招录退役军人3400多名。2022年，全国组织退役军人就业相关签约合作企业座谈会，新签约合作企业0.8万家，在全国各地组织1.7万场招聘活动，为退役军人提供487.97万个就业岗位，通过各种途径，帮助51.9万名退役军人实现就业。二是扩大退役军人教育培训规模。2021年，国家出台退役士兵教育培训、投身乡村振兴、到开发区就业创业优惠政策，组织适应性培训21万人次、技能培训23万人次、高职扩招17.9万人，举办招聘会1万余场。2022年，全年组织退役军人26.2万人参加适应性培训，占当年退役总数近90%，开展退役军人技能培训16.1万人次。三是不断完善退役军人服务体系，加大政策支持力度。2021年，国家构建行政机关、事业单位、社会力量"三驾马车"同向发力的退役军人服务格局，分级验收示范型服务中心（站）17120个，转隶、接收、成立4138个事业单位、559家社会组织，在部分高校设立退役军人事务研究基地，发动社会力量为退役军人提供服务保障；健全常态化信息采集机制，为每名退役军人建档立卡，实现对退役军人的精准服务。2022年，出台多项政策支持退役军人就业，如印发《关于促进优秀退役军人到中小学任教的意见》，进一步拓宽退役军人就业渠道，提升退役军人就业质量；印发《关于引导和鼓励民营企业招用自主就业退役军人的意见》，明确加大职业培训力度、加强项目扶持、优化供地保障、降低要素成本、强化金融支持、落实税收优惠等政策举措；印发《关于支持退役军人创业创新的指导意见》，在金融、税收、供地保障、创业培训、产业项目扶持等方面给予创业支持；印发《关于做好自主就业退役士兵从事个体工商户经营有关工作的通知》，引导退役军人多渠道就业创业。聚焦解难题，印发《关于用足用好优惠政策扎实做好退役军人就业创业工作的通知》，助力退役军人创办的中小微企业、个体工商户等市场主体纾困解难；印发《关于妥善处理高职扩招退役士兵学生资助问题的通知》，为38.3万名高职扩招非自主就业退役士兵学生减免学费68亿元。这些政策的出台基本完成了退役军人就业创业政策体系的搭建。

（五）新业态稳就业功效明显，就业质量持续提升

1. 数字经济创造大量就业岗位

随着新业态经济的蓬勃发展，平台经济异军突起，成为我国经济高质量发展的重要引擎，在促进新增市场主体快速增长的同时，创造了大量就业岗位。全国总工会《第九次全国职工队伍状况调查》显示，截至2022年，我国新就业形态劳动者达8400万人。中国劳动和社会保障科学研究院《数字生态就业创业报告》显示，2021年微信生态衍生的就业机会达4618万个，同比增长25.4%。其中，微信小程序相关工作机会超过839万个，视频号在直播带货等方面带动了1341万个就业机会，公众号创作和私域运营等领域带动就业2438个。大量事实表明，平台经济以其独特的优势，发挥其就业“蓄水池”和“稳定器”功能，在助力经济发展过程中持续扩大就业容量，创造更多就业岗位，为我国稳就业、保就业做出了积极贡献。

与此同时，随着技术创新应用和新就业形态在各个领域的广泛渗透，新职业不断涌现。2022 年 9 月，人力资源社会保障部印发《中华人民共和国职业分类大典（2022 年版）》，新版大典职业数达 1639 个，比 2015 年版新增 158 个，其中大典首次标识了 97 个数字职业，占职业总数的 6%。新的职业意味着更多新的就业岗位，据社会科学文献出版社发布《产业数字人才研究与发展报告（2023）》测算，截至 2022 年年底，数字化综合人才总体缺口在 2500 万至 3000 万左右，且缺口仍在持续放大。据工业和信息化部赛迪研究院估算，截至 2021 年，我国人工智能人才供需比为 1∶10.6，2021 年，全国普通高校数字化管理师相关专业毕业生约 35 万人，而该职业自 2019 年被纳入新职业以来实际需求超过 200 万人。

2. 新业态就业人员就业质量得到提升

数字经济推动了就业形式的多元化，使工作内容、工作岗位、工作形式、雇用形式灵活多变。数字经济不仅提供了大量灵活就业岗位，还拓宽了就业渠道，增强了就业弹性，增加了劳动者收入。智联招聘与北京大学汇丰商学院联合发布的《中国数字劳动力供需演变研究报告》显示，自 2020 年以来，数字经济从业人员的收入水平一路走高，平均招聘薪酬均在万元以上，并始终保持上涨。数字职业平均薪酬从 2020 年 1—7 月的 10654 元上涨至 2022 年 1—7 月的 13614 元，高出全国平均水平 3093 元。同时，政府部门、工会组织和平台企业等多方协同，助力提升数字平台灵活就业人员的就业质量，数字平台就业人员权益保障的制度进一步得到完善。2022 年，人力资源社会保障部两次牵头召开平台企业用工行政指导会，督促头部平台企业落实《关于维护新就业形态劳动者劳动保障权益的指导意见》等政策，推动企业依法规范用工。同年，最高人民法院印发《关于为稳定就业提供司法服务和保障的意见》，明确依法规范新就业形态用工，提出涉新就业形态司法裁决中确认劳动关系的考量因素。各地也围绕灵活就业推出相关支持政策并积极引导。例如，《上海市就业促进条例》明确“市、区人民政府及相关部门应当加大对个体经营、非全日制以及新就业形态等灵活就业方式的支持力度，拓宽灵活就业发展渠道，优化灵活就业环境，强化政策服务供给，清理取消对灵活就业的不合理限制，创造更多灵活就业机会”。该条例还从灵活就业服务、灵活就业人员职业技能培训、灵活就业人员权益保障等方面细化保障措施。

二、我国劳动力市场与就业存在的问题和挑战

（一）我国劳动力市场结构性矛盾凸显，技能劳动者供需缺口较大

1. 我国劳动力市场结构性矛盾的根源在于供需不匹配

结构性矛盾是过去十几年我国就业市场的一个突出特征，最主要的表现是“求职难”与“用工荒”并存，根源在于劳动力供给和岗位需求之间不匹配。近年来，随着产业转型升级，我国劳动力供需结构进一步发生变化，产业升级带动我国劳动力素质不断提升，技能劳动者数量持续增加，但技能劳动者增长速度跟不上劳动力市场对技能人才的需求，技能人才需求缺口较大，劳动力市场结构性矛盾仍然突出。截至2021年年末，全国技能劳动者总量超过2亿人，较2018年增长4000多万，占就业人员总量26.8%，较2018年增长约5.5个百分点；高技能人才超过6000万人，比2020年增长约200万人，占技能劳动者的30%，其中高级工为4700万人、技师为1000万人、高级技师为300万人。然而，我国技能人才求人倍率长期保持在1.5以上，2022年我国高技能人才求人倍率达2.43，一些岗位高技能人才求人倍率超过2.5，高级技师求人倍率一度达到3.11，劳动市场技能人才的需求缺口仍然较大。

2. 我国劳动力市场技能人才需求缺口逐年增大

劳动力市场需求侧技能人才缺口逐年增大，供给侧仍存在大量低技能剩余劳动力，劳动力市场供需结构性失衡。据人力资源社会保障部信息中心和中国就业培训技术指导中心对全国83个城市的公共就业服务机构市场供求信息统计数据，2021年第一季度各技术等级的求人倍率均在2.5以上，其中，职业资格一级（高级技师）为3.53、职业资格四级（中级技能）为2.55、职业资格三级（高级技能）为2.55、初级专业技术职务（技术员）为2.55，且

较2020年同期均有增长。用人需求增长幅度较大的有高级技师、中级技能人员、高级技能人员，其中，高级技师同比增长155.5%，中级技能人员同比增长31.2%，高级技能人员同比增长27.6%。这一增长趋势一直持续至2021年第三季度，尽管2021年第四季度部分等级技能人才需求有所下降，但求人倍率依然保持在2.5以上，技能人才缺口仍然较大。2022年第一季度至第三季度，技能人才需求有所波动，其中第一季度、第三季度呈下降态势，第二季度呈上升态势。2022年第三季度高级技能人员、中级技能人员、技师和工程师求人倍率相对其他技能人才求人倍率较高，分别为2.01、1.98、1.94、2.14，市场对初级技能人员、高级技师、技师的用人需求分别下降了44.7%、43.9%、42.5%，但技能人才需求量仍大于供给量，且需求缺口较大。与此同时，我国仍有大量失业人群。2021年我国城镇调查失业率平均值为5.1%，16～24岁青年失业率在15%上下波动；2022年我国城镇调查失业率平均值上升至5.6%，16～24岁青年失业率在18%上下波动，劳动力市场仍存在大量剩余劳动力。

造成技能人才供求结构性失衡的原因，一方面在于我国高校人才培养与社会需求存在脱节现象，大学毕业生规模庞大但就业能力缺乏。麦可思研究院采用美国劳工部技能指标五大类（包括理解与交流能力、科学思维能力、管理能力、应用分析能力、动手能力等）35项指标，对中国本科和高职毕业生工作能力和岗位要求能力进行评估，其中2021届本科生基本工作能力满足度仅为59%，2022届为60%；2021届高职毕业生基本工作能力满足度仅为57%，2022届为58%。本科类院校毕业生由于在校学习重理论、轻实践，毕业后无法立即满足企业需求，要具备相应职业技能需经多年工作积累。我国传统观念"重学历、轻技能"，社会对高职类院校存在偏见，高职类院校普遍办学质量有待提高，教师总量不足，师资力量不强，经费投入不够，导致高职类院校培养的技能人才无法满足劳动力市场对技能标准的需求。另一方面在于自2015年国家提出"供给侧结构性改革"以来，我国产业升级速度不断加快，人才培养速度远落后于产业升级改造速度。而我国大量的剩余劳动力来自庞大的农民工队伍，2.8亿农民工受教育程度普遍较低，接受过技能培训的农民工仅占34.8%，具备职业技能的农民工数量短缺。

（二）青年失业率较高，高校毕业生就业难度不断加大

1. 我国青年失业率较高，高于全球平均水平

青年失业问题是全球各国共同面临的难题，据国际劳工组织发布的《2022 年全球青年就业趋势》报告，2022 年全球青年失业率平均为 14.9%，远高于全球整体失业率 5.7%，其中欧洲和中亚地区为 16.4%，亚太地区为 14.9%，北美地区为 8.3%。全球 15 ～ 24 岁青年占劳动年龄人口比例约为 25%，而青年失业率总数占总失业率人数的比重高达 36.5%。2021—2022 年，我国青年失业率在波动中不断攀升，青年失业率较高，高于全球平均水平较多，成为我国劳动力市场一个较为突出问题，引起了各界重点关注。2021 年，我国青年失业率在 15% 上下波动，2022 年攀升至 18% 上下，并于 2022 年 7 月达到 19.9%，这是我国有记录以来青年失业率的最高值（见图 3–8），此后略有回落，但仍然处于高位徘徊。我国《劳动法》的就业年龄规定在 16 周岁，比国际就业年龄起点高一岁，即 16 ～ 24 周岁。在我国劳动力市场 16 ～ 24 周岁的青年求职人员占全部求职人员的比重约为 25%。青年

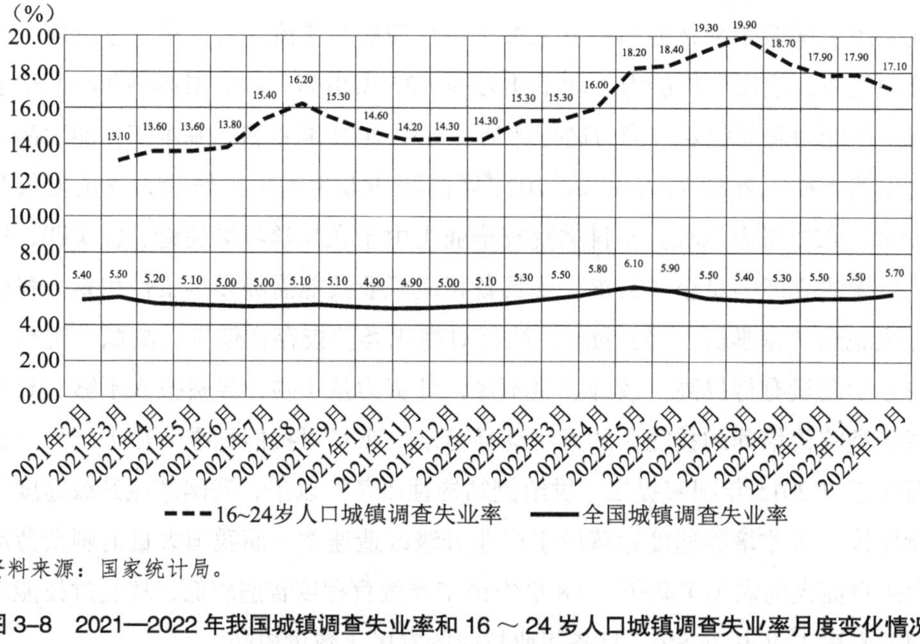

资料来源：国家统计局。

图 3–8　2021—2022 年我国城镇调查失业率和 16 ～ 24 岁人口城镇调查失业率月度变化情况

就业群体包括高校毕业生、高职院校毕业生及初高中毕业后未升学的人群。2022 年，我国新增劳动力约为 1600 万人，其中高校毕业生为 1076 万人，占比达到 67.25%。据人力资源社会保障部测算，2023 年，我国新增劳动力总数将达到 1662 万人，而高校毕业生也将达 1158 万人，我国每年新增就业人数一直维持在 1300 万人左右，劳动力供大于求的总量矛盾十分突出，青年就业问题迫切需要解决。

2. 高校毕业生就业难是青年失业率高的主要表现

高校毕业生就业难是青年失业率高的主要表现。其主要原因有以下三方面。一是受经济发展影响，大学生就业重要领域缩招明显。据智联招聘发布的《高校毕业生就业市场景气报告》，2022 年作为吸纳大学生主力的民营企业缩招明显，国有企业针对大学生的招聘比重只有 7.2%。民营企业是招聘大学生的主力，受经济发展周期影响，民营企业纷纷以缩小应届生招聘规模降低人力成本，其针对大学生的招聘比 2021 年下降了 20.3%。二是人才培养与市场需求存在偏差。受传统教育模式保守思想因素影响，一些高校专业设置不能与时俱进，教学基础设施相对落后，学生实践受限，无法满足劳动力市场对技能人才的需求。一些高校过度解读市场需求，不断扩招热门专业学生，导致人才培养趋同现象严重，同类专业在劳动力市场竞争压力增大。三是青年就业观念的转变与当前劳动力市场需求不匹配。00 后青年学生更加注重个人身心健康，毕业生择业时对薪酬待遇、工作环境、劳动强度要求较高，优质岗位竞争激烈，供需比例失衡，导致就业难度加大。加之高校毕业生对岗位薪酬期望较高，企业无法提供，造成高校毕业生摩擦性失业，大学生“慢就业”现象成为近两年热点话题。

（三）部分劳动制度仍需完善，就业服务水平亟待提高

1. 我国部分劳动制度有待进一步完善

我国部分劳动制度与经济发展需求不适应，有待进一步完善。例如，现行劳动法律、法规对新业态灵活用工的劳动者权益保护不够，在司法实践

中由于新业态平台劳动者的劳动关系用传统劳动法规很难清晰认定，新业态平台用工方与劳动者往往不签订劳动合同，或以民事合同约定权利义务，部分用工方利用法律、法规漏洞，规避和逃脱《劳动法》《劳动合同法》《安全生产法》《劳动保障监察条例》等法律、法规赋予劳动行政机关对用人单位监察职权，劳动者权益无法得到有效保障。又如，我国城乡劳动力市场不健全，受户籍制度和城乡二元经济体制限制，城乡间劳动力市场分割现象严重，劳动报酬、社会保障制度和就业政策差异对农村劳动者进城务工造成一定影响。

2. 我国公共就业服务水平地区差异较大，需加快推进就业公共服务均等化

我国不同地区经济基础差异较大，长期存在城乡二元结构差异，导致公共就业服务在不同地区间供给水平不平衡，需加快推进就业公共服务均等化。一是不同地区公共就业服务支出占财政总支出的总额及比重差异较大。二是求职人员人均拥有的公共就业服务资源数量极不均衡，包括职业技能鉴定机构及鉴定人员数、培训中心及培训工作人员数、技工学校数等。三是我国推行就业服务均等化还需完善的制度体系支持。国家对公共就业服务缺乏统一的标准，导致有关部门在财政经费和人员保障申请方面缺乏有效依据。各地政府将就业公共服务工作重点放在就业失业管理和劳动关系转移方面，在就业指导、职业技能培训等方面提供的服务仍需提质提量。四是劳动者和企业对公共就业服务内容和渠道知晓度较低。《中国就业发展报告（2022）》对全国77986个劳动者对公共就业服务需求的调查分析显示，超过60%的劳动者不知晓有哪些公共就业服务内容和如何获取公共就业服务；32.9%的企业不知道有哪些公共就业服务，近30%的企业对公共就业服务内容不够了解，26.5%的企业不知道到哪里或找谁可以获取公共就业服务。与此同时，各类市场用工主体对公共就业服务的更新和宣传需求程度很高。

三、促进我国劳动力市场和就业发展的意见和建议

（一）实施更加积极的人口调整政策

进入新发展阶段以来，我国积极应对人口老龄化战略日益完善，但由于我国人口老龄化发展迅速，政府政策制定和提供社会服务经验不足，战略过程中仍存在局限之处。尽管“全面二孩”和“全面三孩”政策相继出台，但政策实施并未达到预期的人口结构调整效果，一方面，生育和老年抚养成本过高、育龄男女工作与生育难平衡导致未能有效提高生育率。另一方面，对老年人力资源开发不充分，导致我国劳动力市场未来面临供给冲击，社保体系面临收支压力。为此应实施更加积极的人口调整政策，以降低生育成本，提升生育率，充分开发老年人力资源，缓解劳动力市场供给和社保体系收支压力。

1. 完善生育支持政策和婴幼儿发展政策

针对生育率下降的问题，通过降低育儿成本，改善年轻人生育意愿。一是政府通过经济支持政策为育儿父母提供直接或间接的经济补偿来缓解家庭育儿经济负担。例如，为育儿父母提供儿童津贴、生育津贴、税收减免、住房补贴，以及教育、医疗、公共交通等公共服务补贴。二是为育儿父母提供职业福利支持，以缓解育儿家庭与工作之间的冲突。例如，设立男女双方育儿假，延长生育奖励假等。三是为育儿父母提供配套服务支持，以降低婴幼儿照护成本。例如，为育儿家庭提供优质的婴儿照护和幼儿托育服务，提供充足的社区卫生和妇幼保健服务，以及为高龄、高危孕妇提供医疗技术服务，为不孕不育者提供治疗和辅助生殖技术服务。

2. 优化养老、医疗保障机制，完善养老服务体系

进入老龄化时代，老年抚养比不断提高，家庭用于照料老年人的劳动投资增加，导致适量劳动者就业机会成本大幅上升，进而打破劳动者家庭和工作之间劳动时间投入的平衡，降低劳动者生育和就业意愿。为此，应优化老

年人养老和医疗保障机制，为老年人提供更多社会保障和公共服务，为家庭提供老年抚养支持政策，对老年抚养比较高的家庭提供老人照料服务，以降低家庭对老年人抚养成本，促进生育和就业。

3. 积极开发利用老年人力资源，促进老年劳动力就业创业

我国老年人口结构主要以低龄老年人为主，不少退休的老年人依旧身强体壮，有强烈的意愿参与到社会经济活动之中。为缓解老龄化对劳动力市场供给和社会保险体系带来的压力，一是加强对老年人再就业的培训与扶持，构建成熟的终身教育体系，提升老年人群综合素质，强化老年人的就业能力，提高老年人的就业竞争力，发挥老年群体的潜能和优势。二是大力宣传老年人发挥余热的社会观念，引导社会培养积极正向的老龄观，消除对老年人的就业歧视。三是完善老年人再就业制度，通过延长退休年龄和改革养老金制度，为老年人提供再就业专项保障，鼓励专业技术领域人才延长工作年限，鼓励老年人就业。四是搭建老年人再就业保障工作平台，推进老年人劳动力市场信息系统建设，提高老年人工作质量，落实好相关经费支持，为老年人提供更好的再就业服务。

（二）不断增强经济发展创造就业岗位能力

就业问题的本质是经济发展问题，宏观经济的稳定增长是就业稳定的必要条件。坚持经济发展就业导向，扩大就业容量，提升就业质量，促进充分就业，是国家强化就业优先政策的总体要求。为此，提出以下几点建议。

1. 加快产业升级，促进就业结构调整

首先，要加快推进农业现代化转型升级，深入实施乡村振兴战略，发展农村地区劳动密集型产业，推动农村一、二、三产业融合，促进农民就业，大力推进农民工返乡创业，吸纳带动更多就业。其次，要加快数字技术在产业经济中的推广应用。积极为传统产业搭建数字化解决方案技术平台，为企业数字化转型提供财政补贴、税收优惠、技术支持等配套政策，推动工业互

联网建设，推广应用大数据、人工智能、云计算、物联网等新技术，提升传统产业，尤其是制造业竞争力和盈利能力，增强制造业就业吸引力，充分发挥传统产业和制造业吸纳就业的基础性作用。最后，要大力推动先进制造业和现代服务业融合。加快生产性服务业与先进制造业的深度融合，提升知识密集型服务业发展水平，推动生产性服务业向专业化、高端化发展，生活性服务业向高品质、多样化发展，进一步提高服务业吸纳就业的比例。

2. 支持民营企业发展，释放民营企业吸纳就业潜力

首先，减轻民营企业负担，增强民营企业活力。在充分尊重市场规律的前提下，构建常态化援企稳岗帮扶机制，完善促进民营企业发展的政策体系，为企业纾困提供精准财政金融帮扶政策。其次，深化“放管服”改革，推进涉企审批规范化、便利化，取消行政性收费，营造公平有序、竞争充分的营商环境，激发民营企业发展活力。最后，精细化民营企业帮扶政策。结合当前经济发展现状，深入调查研究民营企业所面临的困难，识别哪些是暂时性困难，哪些是因企业不能顺应发展趋势面临的结构性困难，更加有针对性地为民营企业减负纾困及转型再造提供精准帮扶措施。

3. 大力激发创业带动就业活力

创业是就业之源，不仅可以解决创业者本身就业问题，还可以创造更多就业岗位，增强就业市场活力，促进全社会充分就业。为此，要大力激发创业带动就业活力，发挥创业带动就业的倍增效应。一是持续优化营商环境，不断降低创业者的市场准入门槛和制度性交易成本；完善营商环境法治体系，构建职责明确、依法行政的制度体系；持续深化简政放权，简化市场主体登记变更材料和企业注销程序。二是完善创业政策支持体系，提升创业服务水平。为初创实体提供场地支持、租金减免、创业补贴等政策扶持，支持建设创业孵化载体、创业产业园和聚集区，提升对创业企业的服务能力，畅通创业带动就业链条。三是拓宽创业企业投融资渠道，降低企业融资成本。针对融资难的中小微企业实施降税减负和定向降准等措施；推动金融资源向创业企业倾斜，解决企业融资难、融资贵等问题。

（三）强化职业技能培训，提升劳动者素质

破解当前我国劳动力市场结构性矛盾的关键在于优化劳动力市场供给，培养高技能高素质人才，匹配劳动力市场需求，厚植人力资本优势。为此，提出以下两点建议。

1. 加强高等教育人才培养

一是加快高等教育改革，从改革高校学科专业设置和培养模式出发，注重专业性的同时，增加通识教育和技能教育在高等教育中的比重。学校应推进素质教育，创新教育方法，提高人才培养质量，在重视学生阅读、写作、计算、听、说等硬技能培养的同时，要更加注重沟通能力、人际能力、分析能力、组织能力、团队能力、责任心、服务意识等软技能培养。高校人才培养还应瞄准新技术革命和产业结构升级带来的新的劳动力需求，加强技术人才培养，突出战略性、前瞻性和“高精尖缺”人才培养导向，加快重点产业高层次创业创新人才培养。二是完善高校毕业生就业服务和培训体系。对高校在校生施行全面的职业生涯规划培养和就业指导体系。完善毕业生就业状况跟踪监测数据体系建设，提高就业服务针对性和时效性。

2. 推动职业教育发展

首先，全面提升职业教育质量。为职业学校配备优秀师资，提升教师待遇；加大财政政策在课题经费、学费补贴、实践课程方面的支持力度；推动校企深度合作，增强职业学校教育吸引力；创新“研学用”一体化人才培养模式，结合产业转型升级的人才需求，完善职业技能等级认证机制，提高职业学校人才培养能力。其次，提升职业教育技能培训与劳动力市场需求的匹配度。构建产教融合、校企合作新生态。推进职业学校和用人单位合作，提供职业技能培训基金和贷款支持，推进教育政策、产业政策、用人政策衔接配套。最后，正确引导社会舆论方向，为职业教育发展营造良好的社会氛围。加强社会对职业教育的认同感，引导更多青年从事职业技术类工作，让

青年感受到高水平职业技术类岗位的重要性，引导社会正面宣传，提高职业学校社会评价，提升社会对职业教育的认可度。

（四）进一步优化就业公共服务体系

实现更充分更高质量的就业，离不开统一开放、竞争有序的劳动力市场和灵活高效的就业服务。为此，提出以下两点建议。

1. 构建全国统一劳动力市场，推进公共就业服务均等化

第一，要统筹城乡劳动力市场和公共就业服务体系，完善城乡劳动者平等就业制度，要破除阻碍劳动力自由流动和劳动者公平享受就业服务的壁垒。推行户籍制度改革，打破体制、部门、地域等限制，重视外来劳动者与当地户籍人口享有平等的就业公共服务，重视不同地区劳动者或同一地区城乡劳动者享有均等的就业扶持政策。破除基本养老保险与基本医疗保险机制和政策障碍，建立一个全国统筹、运行制度统一、覆盖全体城乡劳动者的社会保障基础平台、医疗及保险服务平台。简化劳动力跨部门跨地区流动过程中社会保障权益的转移接续问题。破除迁移劳动者子女接受义务教育跨地区的机制和政策障碍，加大对教育的公共投入，使迁移劳动者的子女能够接受公平的义务教育。第二，要推动劳动力市场和就业服务信息化，提高人力资源配置效率。加大劳动力市场信息化经费支持，强化相关技术人员能力素质培养。

2. 搭建覆盖全国的劳动力市场和就业公共服务信息平台

将岗位需求和职位空缺、职业分类与就业展望、高校招生和毕业生总体结构信息、不同地区和不同类型失业人群信息、就业质量指标等纳入信息化平台发布范围。依托互联网、大数据、人工智能技术打造劳动力市场供需匹配平台，提升劳动力配置效率，提高劳动力市场智慧化、精准化服务水平，实现供求双方即时匹配、智能匹配。

第四章 企业劳动用工管理

2021—2022 年，随着新冠病毒持续蔓延和变异，全球疫情高位流行。我国高效统筹疫情防控和经济社会发展，保持了经济社会大局总体稳定。与此同时，受多重超预期因素冲击，部分地区新冠疫情多点散发、产业结构转型等因素影响，国内经济发展面临需求收缩、供给冲击、预期转弱三重压力。我国企业劳动用工也呈现一些新变化和新挑战，企业面临生产经营困难、企业合规用工存在隐患等，部分行业、企业加班超时问题比较严重，企业用工成本与用工风险凸显，造成劳动争议矛盾仍比较突出，应积极采取措施加以应对。

一、企业劳动用工的总体状况

（一）疫情形势变化对企业劳动用工管理带来一定影响

2021—2022 年，新冠疫情在全国范围内频发和不断反复，疫情重点地区采取针对疫情的临时封控措施不断升级，如延长假期、延迟复工等，造成大量企业面临无法正常复工、现金流突然断裂、供应链难以畅通、销售额大幅下降等诸多难题。疫情直接影响的接触性行业，如批发和零售业、住宿和餐饮业、交通运输业、文化旅游业等接触性、聚集性消费有所减少，给相关行业生产造成较大冲击和影响。许多企业面临生产经营困难、用工成本增加、招工难与缺工并存、企业合规用工存在隐患等挑战。在疫情下催生出的远程办公、弹性工作、安排年休假、带薪年休假、依法调剂年度内休息日、错时上下班和弹性上下班等灵活办公方式，逐渐成为工作模式的“新常态”。

当疫情进入稳定期，企业逐步全面恢复生产经营后，前期积累的潜在的劳动争议也纷纷浮出水面，相应的劳动争议案件也随之增加，主要表现在欠薪及经济补偿金、劳动合同变更、劳动合同解除等方面。

2022年12月26日，国务院应对新型冠状病毒感染疫情联防联控机制综合组发布的《关于印发对新型冠状病毒感染实施“乙类乙管”总体方案的通知》规定，2023年1月8日起，对新型冠状病毒感染实施“乙类乙管”。这标志着历时三年的新冠疫情防控进入到一个新阶段。新冠疫情防控政策的调整，对企业劳动用工管理势必会产生重大影响。依据《中华人民共和国传染病防治法》，对新冠病毒感染者不再实行隔离措施。用人单位可以根据自身企业经营情况，规定劳动者返岗复工的条件。

（二）新业态灵活用工呈现扩张趋势，企业用工形式更加多元化

近年来，伴随我国经济结构的调整，新业态经济应运而生。新业态经济是基于互联网平台所产生的一种新型经济运营形态。从宏观背景看，我国正处于经济深度转型期，钢铁、煤炭、化工等传统行业深度调整，互联网、人工智能、生产服务业等新经济蓬勃发展，这种经济深度转型必然带来社会就业、工作岗位、就业方式的诸多变革。新业态、新经济和新就业的背后，是新一轮信息技术革命所带来的生产要素智能化、数字化和信息化，在这种技术条件下劳动者与生产资料的结合方式发生了深刻变化，出现了多种分工体系相互协作、多种就业方式相互结合的新局面。《中国灵活用工发展报告（2022）》蓝皮书显示，2021年我国有61.14%的企业采取灵活用工的方式，企业更倾向于扩大而非缩减灵活用工规模。该报告显示，灵活用工在企业应用的普及度和深度均在增强；人力资源服务业发展态势良好，在市场规模、机构数量、从业人数上都有所增长，我国灵活用工市场呈现持续发展趋势。此外，企业内部的灵活用工规模也呈扩张趋势，总样本中稳定或扩大灵活用工使用规模的企业比例从2020年的29.32%上升至2021年的51.80%，缩减灵活用工使用规模的企业仅占9.34%。国家信息中心发布的《中国共享经济

发展报告（2022）》显示，2021 年我国共享经济继续呈现巨大的发展韧性和潜力，全年共享经济市场交易规模约为 36881 亿元，同比增长约 9.2%。从共享型服务的发展态势看，2021 年在线外卖收入占全国餐饮业收入的比重约为 21.4%，同比提高 4.5 个百分点；网约车客运量占出租车总客运量的比重约为 31.9%，共享住宿收入占全国住宿业客房收入的比重约为 5.9%。近年来，我国共享经济发展呈现一些新特点。一是受监管政策、企业上市、资本市场形势等多种因素影响，主要领域共享经济市场格局加快重塑，竞争更加激烈，多元化商业模式的扩充和创新更加重要。二是一系列加强新就业形态劳动者权益保障的政策措施出台，共享经济新就业群体权益保障持续完善。三是共享经济市场制度建设步伐加快，监管执法力度加大，市场秩序进一步规范。

2022 年，我国新产业、新业态、新模式仍在继续较快发展，各种灵活的就业模式吸纳了许多劳动力就业。国家统计局数据显示，2022 年我国灵活就业人员已经突破了两亿人左右。据调查，一些平台外卖骑手达到 400 多万人；在平台上从事主播及相关从业人员达 160 多万人，比 2021 年增加近 3 倍。《中国灵活用工发展报告（2022）》蓝皮书显示，当前企业灵活用工的岗位主要集中在一般性技能、基础性的岗位，但也出现了向专业性、技术性岗位扩展的趋势。蓝皮书显示，普通工人包括一线生产工、建筑工、服务员、环卫工、保安、保洁、家政、物业等，是企业使用灵活用工最为集中的岗位。调研显示，有 45.62% 的企业表示其使用灵活用工的主要岗位为普通工人，18.22% 的企业中灵活用工的主要岗位为“IT 及其他技术人员”，其后依次是“销售、地推、催收”“客服、审核、标注”和“技术工人”，灵活用工主要岗位为上述岗位的比例分别是 11.54%、7.23% 和 7.09%；而技术工人包括机器操作维护人员及建筑、运输等行业的熟练蓝领工种。灵活用工中“行政、人力、财务、法务”和“电商、影视娱乐从业人员、网络主播”等岗位占比较低，分别为总量的 3.20% 和 0.83%。总体而言，企业灵活用工的主要岗位多为技能单一、协作性不强的基础岗位，但一些技术性、专业性强的岗位也逐步进入灵活用工的范畴。

灵活用工具有一定的优势和特点，主要体现在以下几方面。一是提升企业用工的弹性，满足企业阶段性、季节性用工需求。在实践中，有些企业用工并非连续性、周期性的，一项业务做完，可能间隔几个月才会有新业务，也有可能短期内新进很多新业务。旅游业、农产品加工、水产等带有明显季节性的企业，用工需求也是随着季节性业务增减而变化。而灵活用工能够很好地解决这些问题。二是降低企业用工成本。按照规定，企业与员工签订劳动合同，建立劳动关系，就必须为员工缴纳五险甚至是五险一金，这对于企业来讲是项很大的成本开支。而在灵活用工的形态中，有些形态与企业之间构成的是民事上的法律关系，所以也就不存在缴纳社保的问题。三是降低企业用工风险。在当前法律环境下，劳动关系依法建立、依法解除，工作时间、加班、带薪休假、经济补偿金、劳动保护等严格受到法律限制，不符合法律要求，则会面临员工的投诉、仲裁、诉讼。从企业端角度来看，在灵活用工的模式之下，这些风险绝大部分能够得到避免或者降低。四是提升企业运营效率。对于灵活用工来说，主要以结果为导向，评价的主要标准是能否按时交付符合要求的成果。因此，相对来讲，就会极大提升运营效率。

（三）集体合同签订数量减少，劳动争议受理案件呈上升趋势

《2021 年度人力资源和社会保障事业发展统计公报》显示，2021 年年末全国报送人力资源社会保障部门审查并在有效期内的集体合同累计 132 万份，覆盖职工 1.2 亿人。经各级人力资源社会保障部门审批并在有效期内实行特殊工时制度的企业为 7.8 万户，涉及职工 1400 万余人。《2022 年度人力资源和社会保障事业发展统计公报》显示，2022 年年末全国报送人力资源社会保障部门审查并在有效期内的集体合同累计 121 万份，覆盖职工 1.1 亿人。经各级人力资源社会保障部门审批并在有效期内实行特殊工时制度的企业约为 8.9 万户，涉及职工 1790 万余人。初步分析来看，2022 年与 2021 年数据相比，集体合同数量减少 11 万份，覆盖员工约减少 1000 万人。实施特殊工时制度的企业数量增长 1.1 万户，涉及员工增加 390 万余人。

2021 年，全年全国各级劳动保障监察机构共主动检查用人单位 116.3 万户次，涉及劳动者 4298.9 万人次。书面审查用人单位 107.1 万户次，涉及劳动者 4484.21 万人次。2021 年全年共查处各类劳动保障违法案件 10.6 万件。

加大劳动保障监察执法力度，为85.3万名劳动者追发工资等待遇79.9亿元。督促用人单位与45.4万名劳动者补签劳动合同。督促3993户用人单位办理社保登记。依法查处人力资源市场违法行为，取缔非法职业中介机构1298户。2022年，全年全国各级劳动保障监察机构共主动检查用人单位70.2万户次，涉及劳动者3219.2万名，查处各类劳动保障违法案件11.5万件，保障84.5万名劳动者及时拿到工资95.4亿元。督促用人单位与37.2万名劳动者补签劳动合同，督促6991户用人单位办理社保登记，取缔非法职业中介机构1009户。

二、企业劳动用工方面存在的问题和面临的挑战

（一）劳动争议矛盾仍比较突出，争议类型呈现多样化

近年来，随着经济社会高速发展，创造了大量就业机会，劳动群体诉求复杂多样，维护劳动者劳动保障权益面临新情况、新问题。劳动争议呈现主体多元化、诉讼请求复合化，部分行业受新冠疫情影响案件数量增长明显等特点。与此同时，一些企业依法管理、依法用工的理念却相对滞后，为争议发生埋下隐患。近年来，涉诉劳动者范围不断扩大。随着用工形式多元化，外卖员、快递员、家政工作人员、网络主播等提起的劳动争议也不断涌现。用工主体也从传统企业扩展到网络平台经营者、劳务外包单位、共享用工单位、保险代理单位、民办非企业单位等。同时，随着劳动者维权意识的提升，发生劳动争议后，劳动者往往同时主张多项诉讼请求，包括确认劳动关系、解除劳动合同经济补偿金、拖欠劳动报酬、违法解除劳动合同赔偿金或恢复劳动关系、未签订劳动合同两倍工资差额、加班费等数种诉求。受新冠疫情影响严重的餐饮、旅游、住宿、教育培训、健身等聚集性消费行业劳动争议纠纷大幅增长。

2022年年底，北京市人力资源社会保障局发布2022年度劳动人事争议仲裁典型案例，其中涉及新就业形态用工、非全日制用工、不定时工作制、工伤待遇、年休假、竞业限制、女职工权益保护、事业单位违约金争议等劳动人事争议类型。这些典型案例是从2021年全市劳动人事争议仲裁机构办理

的 12 万余案件中精心筛选出来的，具有一定的代表性，可以引导用人单位依法合规用工、劳动者依法理性表达诉求，从源头上预防和减少劳动人事争议的发生。

广东劳动争议仲裁部门的数据统计分析，自 2008 年《劳动合同法》实施以来，劳动争议案件逐年增加。2008 年至 2021 年年底国内案件数量为 4303017 件。从地域分布来看，劳动争议案例主要集中在广东省、江苏省、四川省，分别占比 9.84%、7.90%、7.40%。其中广东省的案件量最多，达到 423534 件。

以深圳市为例，2021 年，全市劳动争议案件数为 113138 件，同比上升 22.57%；其中调解成功案件数为 85165 件，同比上升 39.39%；调解成功率为 75.28%，同比增加 9.09 个百分点。以北京市房山区为例，2018 年至 2021 年，北京房山法院共计审结劳动争议案件 2750 件，其中涉及企业规章制度类案件为 759 件，占劳动争议案件总数的 27.6%。

相关分析显示，劳动争议类案件呈现解雇事由复杂多样、用人单位败诉率较高、劳动者维权理性和能力不足、案件审理裁决难度较大四个特点。首先，在涉及企业规章制度类劳动争议案件中，因用人单位规章制度规定不具体、不合理，部分用人单位庭审中未提交规章制度，劳动者不知悉规章制度内容，规章制度适用上具有任意性及规章制度未经民主程序通过等致使规章制度不具有约束力，进而导致规章制度未被采纳。其次，在部分案件中，用人单位与劳动者解除劳动合同所依据的企业规章制度虽合法合理，但程序上存在解除决定未通知工会、未书面通知劳动者等程序瑕疵。最后，部分用人单位早已知晓劳动者违反企业规章制度的事实，或已处罚过，或不置可否，在与劳动者产生其他纠纷后又以该违纪事由对劳动者做出处理，导致解除劳动合同的时间超出合理必要的限度。

（二）就业人员周平均工作时间增加，部分行业、企业加班超时问题比较突出

2021 年，随着疫情防控长效化机制的形成，国内疫情逐渐好转，企业

经营生产恢复正常，生产需求继续回升。国家统计局数据显示，2021年1—2月就业人员周平均工作时间为46.3小时，较2020年1—2月增加了6.1小时，同比增长率约为15.17%。2021年上半年国民经济稳中向好，周平均工作时间逐步回升，至2021年6月中国就业人员周平均工作时间增加到47.6小时，较2020年6月增加0.8小时，同比增长1.71%。相关话题冲上微博热搜榜首，阅读次数短时破亿，足见其引发的社会反响之强烈。国家统计局数据显示，2022年全国企业就业人员周平均工作时间为47.9小时。如果按照8小时工作制计算，相当于一周工作5.99天。“周平均工作时间47.9小时”背后，更应注重没有被统计在内的企业员工面临的“隐形加班”“法定节假日被强制加班”“加班没有加班费”，过度加班导致员工身心受损却难以获赔，超负荷加班猝死后工伤认定难等问题。人们提倡“多劳多得”，但不等于不要健康，牺牲休息权（见图4–1）。

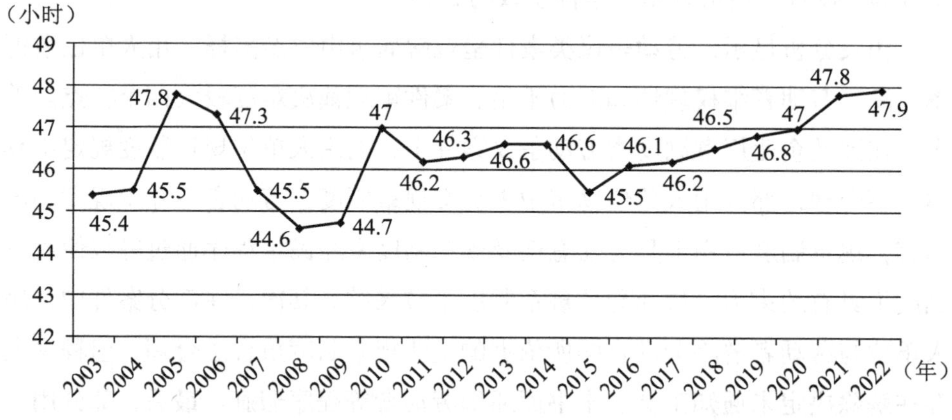

资料来源：国家统计局。

图4–1　企业就业人员周平均工作时间

近年来，特别是2021年，连续发生多起互联网行业员工在工作过程中猝死案件，“996”“007”“打工人”“码农”等词语频频登上热搜，以互联网企业为代表的平台用工或职业白领“过度加班”问题引发学术界的热切关注。加班现象在某些行业甚至存在普遍制度化和严重超时化问题，“996”“007”流行，让一些职工不堪重负，由高强度加班引发的悲剧并不鲜见。一些企业员工由于过度加班出现事故，社会对于劳动条件、劳动权益保障更加关注，而且年轻人就业谋求更好劳动条件的意识日益强烈。与此同时，随着劳动者法律意识、维权意识不断增强，劳动纠纷逐渐增多，企业用工成本与用工风险越来越高。在企业用工管理中通常面临合法用工与违法用工的边界不明晰；劳动仲裁及赔偿问题的引雷点过多，无法全面控制；面对不遵守公司管理规定的员工，合法辞退机制不健全等诸多难题。

一些行业、企业超时加班问题受到社会广泛关注。劳动者依法享有相应的劳动报酬和休息休假权益。遵守国家工时制度是用人单位的法定义务。超时加班极易引发劳动争议，影响劳动关系和谐与社会稳定。对此，人力资源社会保障部、最高人民法院高度重视，通过联席会议、联合培训等方式，加大仲裁机构和人民法院办案指导力度，统一裁判尺度。2021 年 6 月，为进一步明确工时及加班工资法律适用标准，人力资源社会保障部、最高人民法院联合发布了超时加班典型案例，对于切实提高劳动人事争议案件处理质效，及时纠正用人单位违法行为，有效保障劳动者休息权及劳动报酬权具有重要意义。一方面，提示用人单位违法行为的风险，促进其依法规范用工；另一方面，明确劳动者维权预期，引导劳动者依法理性维权。

（三）企业灵活用工仍面临相关挑战

《中国灵活用工发展报告（2022）》蓝皮书显示，36.86%的企业在灵活用工中遇到了管理困难的问题。灵活用工中出现管理困难有以下几点原因。第一，灵活用工员工与正式员工之间存在身份上的差异，不同身份员工甚至不同人力资源公司的灵活用工员工群体之间存在协调上的问题。第二，灵活用工员工在薪酬福利、发展晋升方面与正式员工有差别，这就导致了企业内部凝聚力不足，灵活用工员工身份认同模糊、组织归属感弱。第三，部分灵活用工类型是将业务和人事管理分割开，劳动者需要完成用工企业的业务，在人事管理上却不受其管控和约束，这就导致了二者的协同性不足。第四，由于用工的灵活性带来的不安全感和部分劳动者本身缺乏职业规划，员工流动性较高，因此很难长期在岗位上固定下来，这也给用工企业的管理带来挑战。企业信息泄露和劳动争议与员工维权的比例则分别是 11% 和 17.47%。

（四）女性劳动者就业和工作权益保障问题不断显现

2021 年 5 月，中共中央政治局召开会议，审议《关于优化生育政策促进人口长期均衡发展的决定》。会议指出，进一步优化生育政策，实施一对夫妻可以生育三个子女政策及配套支持措施。同年 8 月，全国人大常委会会议表决通过了《关于修改〈中华人民共和国人口与计划生育法〉的决定》，修改后的《中华人民共和国人口与计划生育法》（以下简称《人口与计划生育法》）规定，国家提倡适龄婚育、优生优育，一对夫妻可以生育三个子女。

实施三孩生育政策对国家实现可持续发展至关重要，但在实施过程中，用工企业不可避免地会遇到一些现实问题，如因员工休产假带来的空岗及隐性成本支出、招聘培训成本增加等。当前，我国多地提出延长产假，但落实起来有一定困难。一方面，企业会有额外支出；另一方面，职业女性考虑到工作上的衔接和未来的晋升，也担心会有影响，因此很多女性还是不会选择休太长的产假。

从劳动力需求的角度来看，生育增加了女性职工的雇用成本，许多女性面临招聘歧视、工资收入降低、就业稳定性下降、就业质量降低等问题。尽管近年来各地推行了加强对就业歧视的规制，但在招聘、晋升上仍存在一些“隐形歧视”。

智研咨询发布的《2022—2028 年中国招聘行业市场竞争状况及发展趋向分析报告》显示，职场女性生育意愿低，原因是怕生育会影响事业，有 57.10% 的职场女性认为生育对职场发展产生影响；有 37.79% 的职场女性认为生育对职场影响一般；仅有 5.11% 的职场女性认为生育对职场没有影响。

与此同时，职场性骚扰仍然是女性就业面临的潜在风险。2021 年我国正式实施的《民法典》在国家法律层面首次对性骚扰进行了明确界定。职场性骚扰是指发生在工作场所及与工作相关联的场合，违背劳动者意愿，以言语、文字、图片、肢体行为等方式实施的与性有关的侵权行为。此外,《民法典》第一千零一十条还规定:“机关、企业、学校等单位应当采取合理的预防、受理投诉、调查处置等措施,防止和制止利用职权、从属关系等实施性骚扰。”由此可以看出,企业在防范职场性骚扰中扮演着重要角色。然而,《中国职场性骚扰现状报告 2021》显示,在 2413 份调研问卷中,有近 80% 的女性经历过一次及以上的职场性骚扰,男性受访者中的被骚扰者约占 20%。职场性骚扰的实施者大多是每天在职场里密切接触的对象,其中由领导或上级实施的性骚扰占 70%。数据分析结果显示,女性是职场性骚扰的主要受害者,并且从业时间越长,越有可能经历过不同形式的职场性骚扰。在职场的等级秩序里,更高等级的人容易对更低等级的人实施不同形式的性骚扰。因涉及劳动者名誉和用人单位声誉,更因举证难、维权风险大等原因,70% 以上的受害者会选择沉默或隐忍,敢怒不敢言。目前我国《妇女权益保障法》规定了禁止对妇女进行性骚扰,《女职工劳动保护特别规定》中也提到了用工单位有防止性骚扰的义务,但是对义务的规定并不完善,而且没有罚则。

女职工劳动保护政策与从前相比不断完善,但仍面临新问题和新挑战。全国总工会有关研究表明,随着我国经济社会的发展、国家生育政策的调整、科学技术的进步,《女职工劳动保护特别规定》基于女职工生理特点对女职工进行特殊劳动保护的程度、范围等方面都面临诸多问题。一是女职工平等劳动就业面临新挑战;二是科技与理念发展对女职工禁忌劳动范围调整提出新要求;三是灵活就业女性劳动者权益保障成为新课题;四是用人单位预防职场暴力与性骚扰制度举措需进一步细化。此外,部分企业在落实女职工“四期”(经期、孕期、产期、哺乳期)保护规定方面存在差距,一些企业仍然存在限制女职工生育的现象,近两年来有关怀孕生育女职工被恶意调岗、被辞退和产后无法回到原岗位的案例时有发生。同时,企业对于分担女职工劳动保护成本反映强烈。

三、完善企业劳动用工管理的对策建议

（一）不断完善劳动用工相关法规，加大政策执行力度

2021 年，人力资源社会保障部、最高人民法院等八部门专门印发《关于维护新就业形态劳动者劳动保障权益的指导意见》，从多个方面提出了健全劳动者权益保障制度的相关政策，填补了相关规范的空白。但由于该文件为规范性文件，在实际操作中缺少硬性约束。建议司法部门及有关部门针对新业态劳动关系认定难等问题逐步推出法律适用规则，明确司法审判标准，尽快从司法和制度层面解决此类问题，并规避此类问题频繁发生。

随着我国三孩政策的实施，各有关部门及各地政策制定部门要科学规划落地配套措施，考虑配套措施的可行性和可持续性，综合运用财政、税收、保险、教育、住房、就业等生育支持措施，特别是涉及资金发放、假期安排等类政策措施，兼顾利益相关者的多方诉求精准施策，确保政策措施落地落实且在较长时期内可持续。与此同时，建议国家和社会在婴幼儿照料方面要为家庭提供高质量的托育、托幼服务。建议政府加大补贴力度，对招聘育龄女性员工达到一定比例的企业实施部分税收、生育保险减免。由父母共同承担婴幼儿照料责任，加强男女共担育儿责任的宣传。鼓励企业构建生育友好型工作场所。

与此同时，要在全社会形成尊重女性、保障女性就业权益的良好氛围，创造良好的环境和条件。相关执法部门要加大对用人单位的监督力度，对严重侵犯平等就业权的用人单位依法予以严厉处罚。在推进消除职场性骚扰方面，当前关于反性骚扰的法律规定都属于比较原则性的规定，建议相关立法对性骚扰的界定、案由、防治措施及责任主体、归责原则、责任类型（惩罚性赔偿）、举证规则等方面做出更符合社会实际需要的、操作性更强的法律规定，进一步解决性骚扰案件“立案难”“证明难”“赔偿难”问题。

（二）企业加强依法合规用工，加强多元化用工合规管理

受世界经济发展的影响，劳动关系领域将面临更复杂的挑战，企业要从各方面不断加大劳动用工管理。企业要不断完善相关制度，加强劳动用工规范化管理，加强内部建设，增强自身的法治意识和法治观念。依照法定程序建立和完善企业规章制度并及时组织员工学习，严格按照法律、法规规定及企业规章制度行使用工管理自主权，依法与劳动者签订书面劳动合同，及时足额为劳动者缴纳社会保险费用，注重保管与劳动者有关的用工管理的各项文件资料，强化证据意识，避免发生劳资纠纷。企业要建立健全民主管理机制，通过召开职工代表大会、劳资恳谈会等方式建立企业与职工对话沟通机制，搭建劳资双方沟通平台，就劳动条件、劳动报酬、工资福利、休息休假、职工培训、劳动纪律等涉及劳动者切身利益的问题与劳动者进行沟通和协商。随着电子劳动合同的不断普及，数据安全性及衍生的相关法律问题也需要注意。企业和劳动者要更新观念，根据实际情况使用电子劳动合同。

多元化用工形式是当前国有企业蓬勃发展的必然条件，其灵活性与多元化给予了企业更宽广的发展前景，但同时也会让企业面临内部风险与外部因素的挑战。对于企业而言，想要实现灵活用工的方式可以有很多种，如劳务派遣、业务外包、闲时兼职、退休返聘等，都可以为企业承担临时性或者非核心性的业务工作负担，为企业减轻用工负担，提升工作效率，实现传统用工向灵活用工的改良革新。企业需要审视自身的人力资本，对人才管理进行供给侧结构性改革，既强调供给又关注需求，核心是致力于提高供给端全要素效率和提高供给端产品与服务的品质，即人力资本的提效和节流。建议企业采用组合化的灵活用工方式，重新梳理自身业务及人员需求，如对于具备短期用人需求且相对专业化的项目制业务，可以组合应用外部顾问、平台派遣、兼职等多种灵活用工模式，分析相关风险，依法合规管理，以增效为主同时兼顾降本，增强企业的人力资本核心竞争力。新业态企业要加强内部治理和安全保障，强化社会责任担当，严格规范经营。对于直接用工关系的劳动关系或劳务派遣关系，企业可与从业者订立劳动合同，并按照劳动法律规定为劳动者缴纳社会保险，执行劳动基准保护；对于基于合意成立的民事关

系，更应订立书面协议，明确双方的具体合作细则及侵权责任承担问题。

为此，企业要及时认识到多元化用工管理方面存在的欠缺，在此基础上结合实际情况，满足员工各方面的需求，最大限度地消除员工差异性，激励员工积极地投入生产当中，有效地强化企业核心竞争力，促进企业发展。

（三）促进工作场所性别平等工作，加强女职工权益保护

推动企业工作场所性别平等工作不仅有助于营造一个更具包容性的工作环境，提升员工敬业度，激发员工的工作积极性和潜能，吸引和留住更多优秀人才，而且能助力企业提高生产效率和市场竞争力，实现健康可持续发展。企业领导层应明确承认对性骚扰零容忍，制定和完善公司禁止性骚扰的规章制度，明确负责机构或者人员，开展预防和制止性骚扰的教育培训活动，采取必要的安全保卫措施，并定期开展监督和自查。在女职工“三期”，即孕期、产期、哺乳期，法律、法规亦做出了特别保护，用人单位应注重对该期间女职工权益的保护，不能随意调岗降薪，甚至解除劳动合同。与此同时，企业要制定优化工作制度，营造有利于职工身心健康的工作环境，支持男女职工平衡工作、家庭和个人生活，不断完善男女职工薪酬待遇、职业发展、生育保护及帮助职工平衡工作和家庭责任等制度，构建家庭友好型工作场所。

（四）做好劳动用工法律风险管理与防控，加强劳动争议处理能力

企业应从源头上预防劳动争议，建立与职工多种方式的对话沟通机制，完善劳动争议预警机制，完善协商规则，建立内部申诉和协商回应制度。切实增强企业自身预防、处理劳动争议能力，提升调解效能，促进劳动关系更加和谐、稳定、长远地发展，为企业营造遵纪守法、和谐有序的用人环境提供良好的保障。

企业法务部门应定期梳理企业劳动用工中存在的风险，建立合规风险库，分析风险发生的可能性、影响程度、发生后果等，对典型性、普遍性和

可能产生严重后果的风险及时发布预警。发生风险后，高层管理者作为统筹领导，人力资源部配合法务部制定风险应对措施，最大限度地化解风险，降低损失。劳动用工是企业面临的最为常见的法律风险，尤其在员工离职后，常常发生索要劳动报酬、经济补偿金、经济赔偿金的劳动仲裁，甚至引发劳动保障监察大队的监管处罚。为降低劳动用工风险，建议企业结合自己用工情况，建立健全员工管理规范，完善公司规章制度，避免陷入违法解除风险。在用工管理中，最难的问题是如何对员工的过错行为做出适用的管理，如处罚、辞退。在司法实践中，最常见的纠纷就是公司将员工辞退后，员工提起劳动仲裁要求公司给付违法解除劳动合同的经济赔偿金。由于公司管理不规范等原因，辞退员工的事由、程序通常情况下被劳动仲裁机构、法院认定为违法，进而判令公司进行赔偿。因此公司规章制度的制定、修改必须遵循《劳动合同法》的民主程序，要注重保障劳动者的知情权和参与权，向劳动者公示或告知，内容需符合法律规定，否则规章制度将不能作为公司用工管理的依据。同时，用人单位亦需保留好相关材料。

企业劳动用工管理是一项影响企业长远发展的非常重要的基础性工作，企业要从战略发展的角度高度重视，不断规范各项制度，及时管控有关用工风险，采取各类有效措施，不断增加员工对于企业的归属感，构建和谐劳动关系，提高企业工作质量和工作效益，促进企业的持续发展和效益提升，以达到推动经济社会稳定发展的目的。

第五章　企业工资收入与分配

2021—2022 年，就业市场承压，但伴随着各地稳经济一揽子政策的接连落实，有力地支持了经济发展。全国居民可支配收入增速有所回升，助企纾困政策不断落实，企业营商环境进一步优化，工资性收入和经营净收入增长较快。但从工资收入来看，还存在不同行业、区域、岗位间工资差距较大的问题。

一、我国企业工资收入与分配的现状

（一）居民收入持续增长，城乡间差距缩小

国家统计局发布的数据显示，2021 年，全国居民人均可支配收入为 35128 元，比上年名义增长 9.1%，扣除价格因素，实际增长 8.1%。2022 年，全国居民人均可支配收入为 36883 元，比上年名义增长 5.0%，扣除价格因素，实际增长 2.9%，与经济增长基本同步（见图 5–1）。2021 年，全国居民人均可支配收入中位数为 29975 元，增长 8.8%。其中，城镇居民人均可支配收入中位数为 43504 元，增长 7.7%；农村居民人均可支配收入中位数为 16902 元，增长 11.2%。2022 年，全国居民人均可支配收入中位数为 31370 元，比上年名义增长 4.7%。其中，城镇居民人均可支配收入中位数为 45123 元，增长 3.7%；农村居民人均可支配收入中位数为 17734 元，增长 4.9%。

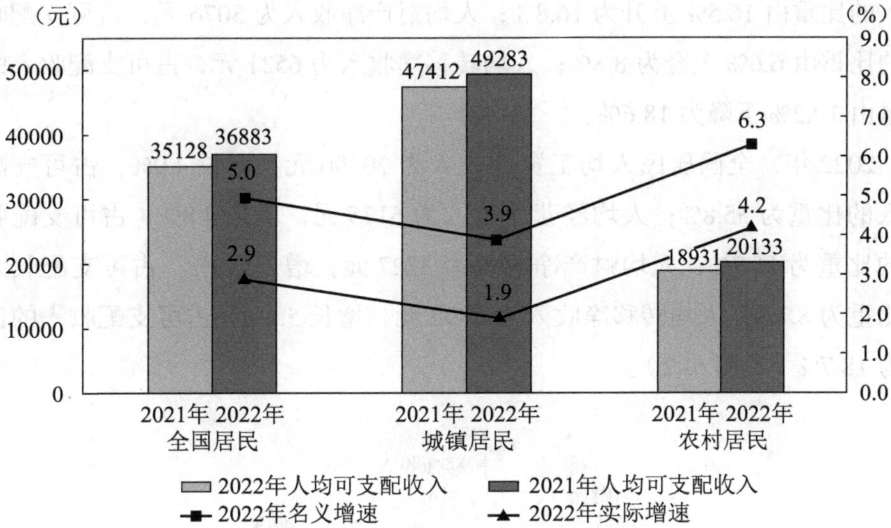

资料来源：国家统计局。

图 5-1 2021—2022 年全国及城乡居民人均可支配收入与增速

分城乡看，农村居民收入增长的速度快于城镇居民。2021 年，农村居民人均可支配收入为 18931 元，实际增长 9.7%；城镇居民人均可支配收入为 47412 元，实际增长 7.1%。2022 年，农村居民人均可支配收入为 20133 元，首次突破 2 万元，比上年增长 6.3%，扣除价格因素，实际增长 4.2%；城镇居民人均可支配收入为 49283 元，比上年增长 3.9%，扣除价格因素，实际增长 1.9%。城乡居民收入比值由 2020 年的 2.56 缩小至 2022 年的 2.45，城乡居民收入相对差距持续缩小。从各省份来看，也普遍呈现农村居民收入增速更高，城乡收入差距缩小的情况。以浙江为例，2022 年浙江城乡居民收入比为 1.90，比上年缩小 0.04，已连续 10 年呈缩小态势，收入分配格局不断优化。这说明共同富裕三大核心目标之一的缩小城乡差距取得实质性成效。

（二）全国居民人均工资性收入占可支配比重平稳上升

与 2020 年相比，2021 年全国居民人均工资性收入为 19629 元，占可支配收入的比重由 55.7% 上升为 55.9%；人均经营净收入为 5893 元，占可支配收入的比重由 16.5% 上升为 16.8%；人均财产净收入为 3076 元，占可支配收入的比重由 6.6% 上升为 8.8%；人均转移净收入为 6531 元，占可支配收入的比重由 19.2% 下降为 18.6%。

2022 年，全国居民人均工资性收入为 20590 元，增长 4.9%，占可支配收入的比重为 55.8%；人均经营净收入为 6175 元，增长 4.8%，占可支配收入的比重为 16.7%；人均财产净收入为 3227 元，增长 4.9%，占可支配收入的比重为 8.7%；人均转移净收入为 6892 元，增长 5.5%，占可支配收入的比重为 18.7%（见图 5–2）。

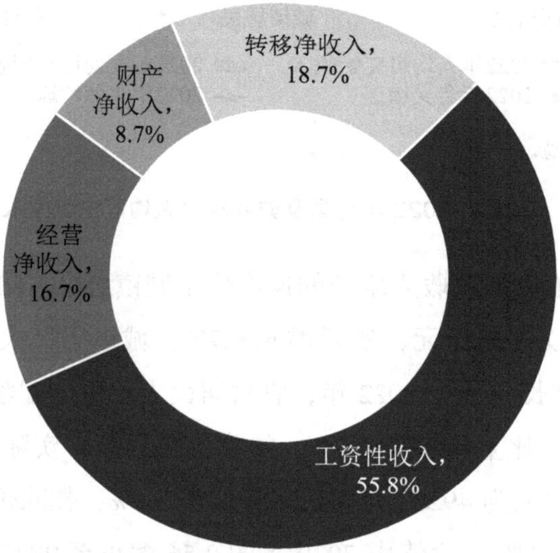

资料来源：国家统计局。

图 5–2　2022 年居民人均收入来源占可支配收入比重

（三）消费支出持续增长，增速有所波动，城乡间差距基本稳定

我国居民消费支出稳定增长。2021 年，全国居民人均消费支出为 24100 元，比上年名义增长 13.6%，扣除价格因素影响，实际增长 12.6%；比 2019 年增长 11.8%。2022 年，全国居民人均消费支出为 24538 元，比上年名义增长 1.8%，扣除价格因素影响，实际下降 0.2%。以 2015 年为基期进行对比，

2015年我国居民人均消费支出为15712元，2022年较2015年增加了8826元，增长了56.17%。

分城乡看，城乡间差距基本稳定。国家统计局数据显示，2021年我国城镇居民人均消费支出为30307元，增长12.2%，扣除价格因素，实际增长11.1%；农村居民人均消费支出为15916元，增长16.1%，扣除价格因素，实际增长15.3%。2022年城镇居民人均消费支出为30391元，名义增长0.3%，扣除价格因素，实际下降1.7%；农村居民人均消费支出为16632元，名义增长4.5%，扣除价格因素，实际增长2.5%。2022年城乡间支出差距为13759元，2021年为14391元，2020年为13294元，2019年为14735元，2015年为12169元，城乡间差距基本稳定（见图5–3）。

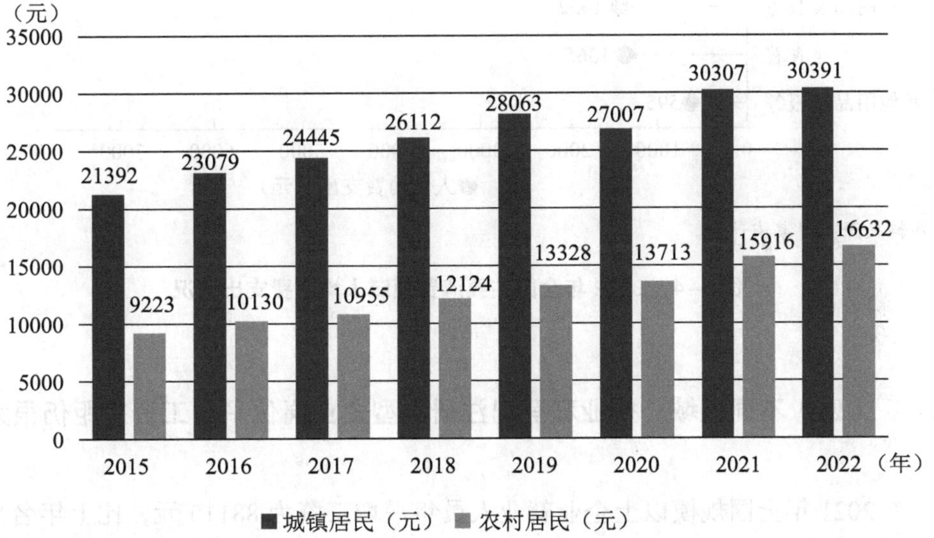

资料来源：国家统计局。

图5–3　2015—2022年城镇及农村居民人均可支配支出

从主要消费领域看，2022年全国居民人均食品烟酒消费支出为7481元，增长4.2%，占人均消费支出的比重为30.5%；人均衣着消费支出为1365元，下降3.8%，占人均消费支出的比重为5.6%；人均居住消费支出为5882元，增长4.3%，占人均消费支出的比重为24.0%；人均生活用品及服务消费支出为1432元，增长0.6%，占人均消费支出的比重为5.8%；人均交通通信消费支出为 3195 元，增长 1.2%，占人均消费支出的比重为 13.0%；人均教育文化娱乐消费支出为 2469 元，下降 5.0%，占人均消费支出的比重为 10.1%；人均医疗保健消费支出为 2120 元，增长 0.2%，占人均消费支出的比重为 8.6%；人均其他用品及服务消费支出为 595 元，增长 4.6%，占人均消费支出的比重为 2.4%（见图 5–4）。

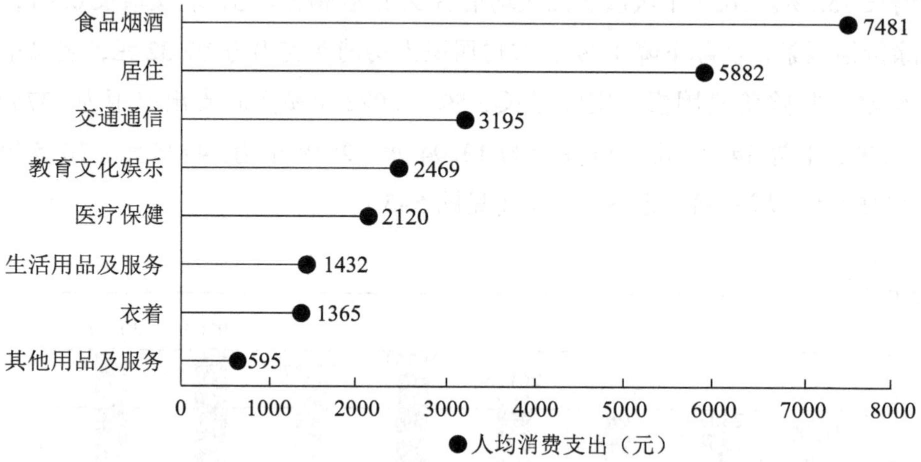

资料来源：国家统计局。

图 5–4　2022 年全国主要消费领域人均消费支出情况

（四）不同区域、行业和登记注册类型企业岗位平均工资差距仍很大

2021 年全国规模以上企业就业人员年平均工资为 88115 元，比上年名义增长 10.3%。其中，中层及以上管理人员为 180630 元，增长 9.5%；专业技术人员为 125035 元，增长 11.1%；办事人员和有关人员为 82512 元，增长 9.8%；社会生产服务和生活服务人员为 68022 元，增长 9.8%；生产制造及有关人员为 68506 元，增长 9.4%。

2022 年全国规模以上企业就业人员年平均工资为 92492 元，比上年名义增长 5.0%。其中，中层及以上管理人员为 189076 元，增长 4.7%；专业技术人员为 133264 元，增长 6.6%；办事人员和有关人员为 85881 元，增长 4.1%；社会生产服务和生活服务人员为 70234 元，增长 3.3%；生产制造及有关人员为71147元，增长3.9%。

不难看出，与2021年相比，2022年全国规模以上企业就业人员年平均工资虽然有所增长，但增长幅度明显下降。

分区域看，东部地区规模以上企业就业人员年平均工资仍然最高，为102891元；中部地区最低，为72713元。另外，西部地区为82447元，东北地区为80546元。

五类岗位年平均工资最高的区域均为东部，其中，中层及以上管理人员为221242元、专业技术人员为153798元、办事人员和有关人员为97340元、社会生产服务和生活服务人员为77365元、生产制造及有关人员为74054元。五类岗位年平均工资最低的区域均为中部，中层及以上管理人员、专业技术人员、办事人员和有关人员、社会生产服务和生活服务人员、生产制造及有关人员分别为132044元、93297元、65128元、55907元和63485元（见表5-1）。

表5-1 2022年分区域、分岗位就业人员年平均工资

单位：元

区域	规模以上企业就业人员	岗位				
		中层及以上管理人员	专业技术人员	办事人员和有关人员	社会生产服务和生活服务人员	生产制造及有关人员
东部地区	102891	221242	153798	97340	77365	74054
中部地区	72713	132044	93297	65128	55907	63485
西部地区	82447	154811	109831	72819	61662	71522
东北地区	80546	152354	96119	77411	66998	68996
合计	92492	189076	133264	85881	70234	71147

资料来源：国家统计局。

分行业门类看，信息传输、软件和信息技术服务业以213089元排在第一，科学研究和技术服务业以159653元排第二，电力、热力、燃气及水生产和供应业以135666元排第三。另外，超过10万元的还有文化、体育和娱乐业，采矿业，交通运输、仓储和邮政业，卫生和社会工作及教育行业。批发和零售业，租赁和商务服务业，制造业，房地产业，建筑业，居民服务、修理和其他服务业，水利、环境和公共设施管理业及住宿和餐饮业排名相对靠后。

从行业岗位情况来看，中层及以上管理人员、专业技术人员、办事人员和有关人员、社会生产服务和生活服务人员四类岗位年平均工资最高的行业均为信息传输、软件和信息技术服务业；生产制造及有关人员年平均工资最高的行业是电力、热力、燃气及水生产和供应业；中层及以上管理人员、专业技术人员、办事人员和有关人员、生产制造及有关人员四类岗位年平均工资最低的行业均为住宿和餐饮业；社会生产服务和生活服务人员年平均工资最低的行业是水利、环境和公共设施管理业（见表 5-2）。以上情况与 2021 年保持一致。

表 5-2　2022 年分行业、分岗位就业人员年平均工资

单位：元

行业	规模以上企业就业人员	岗位				
		中层及以上管理人员	专业技术人员	办事人员和有关人员	社会生产服务和生活服务人员	生产制造及有关人员
采矿业	113834	214742	147690	118752	76542	102317
制造业	86933	176313	124960	90322	88294	70642
电力、热力、燃气及水生产和供应业	135666	231729	156049	112710	99670	121961
建筑业	70264	125926	84671	59184	56684	62406
批发和零售业	97679	187987	123550	87218	70288	64315
交通运输、仓储和邮政业	109674	215876	159437	93699	100192	90029
住宿和餐饮业	51886	100384	61335	49885	44447	44111
信息传输、软件和信息技术服务业	213089	424956	244283	143006	138323	92223
房地产业	84845	185018	110405	78385	53910	58914
租赁和商务服务业	90540	282697	146861	88182	62361	68825
科学研究和技术服务业	159653	302069	160812	109588	97502	93225
水利、环境和公共设施管理业	53099	168833	107887	69730	37257	54835
居民服务、修理和其他服务业	55130	119137	79732	66787	45294	56489

续表

行业	规模以上企业就业人员	岗位				
		中层及以上管理人员	专业技术人员	办事人员和有关人员	社会生产服务和生活服务人员	生产制造及有关人员
教育	100580	183013	105383	87210	79988	60809
卫生和社会工作	100796	179072	102868	77107	62659	85646
文化、体育和娱乐业	119581	217339	169342	97846	64048	57221
合计	92492	189076	133264	85881	70234	71147

资料来源：国家统计局。

按照登记注册类型来看，2022年外商投资规模以上企业就业人员年平均工资以134438元排名第一，其次为港澳台商投资企业以121930元排名第二，国有企业以115149元排名第三，股份有限公司以114718元排名第四，有限责任公司、私营企业、集体企业及其他不足10万元。

分登记注册类型、分岗位看，中层及以上管理人员、办事人员和有关人员、社会生产服务和生活服务人员三类岗位年平均工资最高的企业类型均为外商投资企业；专业技术人员年平均工资最高的是港澳台商投资企业；生产制造及有关人员年平均工资最高的是国有企业；中层及以上管理人员、专业技术人员、办事人员和有关人员、社会生产服务和生活服务人员、生产制造及有关人员五类岗位年平均工资最低的企业类型均为集体企业（见表5-3）。以上情况与2021年保持一致。

表5-3　2022年分登记注册类型、分岗位就业人员年平均工资

单位：元

登记注册类型	规模以上企业就业人员	岗位				
		中层及以上管理人员	专业技术人员	办事人员和有关人员	社会生产服务和生活服务人员	生产制造及有关人员
国有企业	115149	239338	148287	107646	80434	93962
集体企业	59243	112955	69823	56315	51479	52858
有限责任公司	98435	206961	140057	86700	73383	76716
股份有限公司	114718	265630	150796	105793	86526	85871
私营企业	71775	127537	94304	66842	55036	61646

续表

登记注册类型	规模以上企业就业人员	岗位				
		中层及以上管理人员	专业技术人员	办事人员和有关人员	社会生产服务和生活服务人员	生产制造及有关人员
港澳台商投资企业	121930	308957	216165	130019	98242	74656
外商投资企业	134438	379651	205114	142722	99116	84492
其他	86364	159045	100730	71984	61990	60368
合计	92492	189076	133264	85881	70234	71147

资料来源：国家统计局。

（五）城镇单位就业人员平均工资保持增长，但增速放缓

2022 年全国城镇非私营单位就业人员年平均工资为 114029 元，比上年增加 7192 元，名义增长 6.7%。扣除价格因素，2022 年全国城镇非私营单位就业人员年平均工资实际增长 4.6%。2022 年全国城镇私营单位就业人员年平均工资为 65237 元，比上年增加 2353 元，名义增长 3.7%。扣除价格因素，2022 年全国城镇私营单位就业人员年平均工资实际增长 1.7%（见图 5–5、图 5–6）。

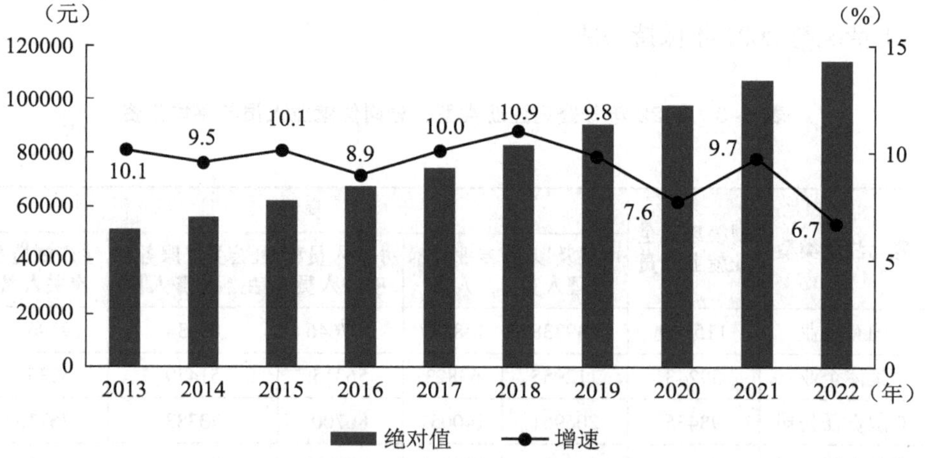

图 5–5　2013—2022 年城镇非私营单位就业人员年平均工资及名义增速

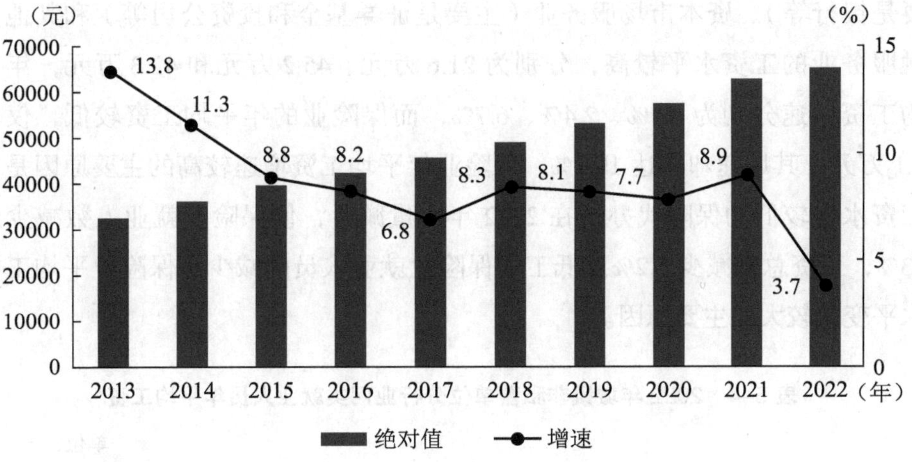

图 5-6 2013—2022 年城镇私营单位就业人员年平均工资及名义增速

与 2021 年相比，2022 年平均工资水平排在前三位与后三位的行业保持不变，无论是在城镇非私营单位还是私营单位（以下简称两类单位）中，排在前三位的行业均为技术含量较高的信息传输、软件和信息技术服务业，金融业，科学研究和技术服务业。工资水平排在后三位的行业略有不同，在城镇非私营单位中为住宿和餐饮业，农、林、牧、渔业，居民服务、修理和其他服务业；在私营单位中为农、林、牧、渔业，水利、环境和公共设施管理业及住宿和餐饮业。城镇非私营单位工资水平行业高低倍差达 4.08；城镇私营单位工资水平行业高低倍差为 2.91。

在 19 个行业门类中，有 18 个行业的就业人员年平均工资保持增长。其中，采矿业，信息传输、软件和信息技术服务业，金融业等行业两类单位年平均工资增速均相对较高；房地产业年平均工资水平下降，部分人员密集型或接触型服务业年平均工资增速较低。

受国际能源价格上涨等因素影响，2022 年，采矿业两类单位就业人员年平均工资分别增长 12.0% 和 9.3%；受人们对互联网学习、工作、社交和网络购物需求量较大等因素影响，信息传输、软件和信息技术服务业两类单位年平均工资分别增长 9.4% 和 8.1%；金融业两类单位年平均工资增速均为 15.6%，主要受行业结构调整、减员增效等因素影响（见表 5-4、表 5-5）。以城镇非私营单位金融业包含的四个行业大类为例，货币金融服务业（主要是银行等）、资本市场服务业（主要是证券基金和投资公司等）和其他金融服务业的工资水平较高，分别为21.6万元、45.2万元和42.3万元，年平均工资增速分别为6.1%、2.4%、6.7%，而保险业的年平均工资较低，仅为9.1万元，其增速却高达19.1%。保险业年平均工资增速较高的主要原因是，工资水平较低的保险代办员在2022年大量减少，使保险业就业人数减少近23%，工资总额减少8.2%。低工资保险业就业人员的减少是保险业平均工资水平变化较大的主要原因。

表5-4　2022年城镇非私营单位分行业门类就业人员年平均工资

单位：元，%

行业	2022年	2021年	增长速度
农、林、牧、渔业	58976	53819	9.6
采矿业	121522	108467	12.0
制造业	97528	92459	5.5
电力、热力、燃气及水生产和供应业	132964	125332	6.1
建筑业	78295	75762	3.3
批发和零售业	115408	107735	7.1
交通运输、仓储和邮政业	115345	109851	5.0
住宿和餐饮业	53995	53631	0.7
信息传输、软件和信息技术服务业	220418	201506	9.4
金融业	174341	150843	15.6
房地产业	90346	91143	–0.9
租赁和商务服务业	106500	102537	3.9
科学研究和技术服务业	163486	151776	7.7
水利、环境和公共设施管理业	68256	65802	3.7
居民服务、修理和其他服务业	65478	65193	0.4
教育	120422	111392	8.1
卫生和社会工作	135222	126828	6.6
文化、体育和娱乐业	121151	117329	3.3
公共管理、社会保障和社会组织	117440	111361	5.5
合计	114029	106837	6.7

表 5–5　2022 年城镇私营单位分行业门类就业人员年平均工资

单位：元，%

行业	2022 年	2021 年	增长速度
农、林、牧、渔业	42605	41442	2.8
采矿业	68509	62665	9.3
制造业	67352	63946	5.3
电力、热力、燃气及水生产和供应业	61870	59271	4.4
建筑业	60918	60430	0.8
批发和零售业	60630	58071	4.4
交通运输、仓储和邮政业	66059	62411	5.8
住宿和餐饮业	47547	46817	1.6
信息传输、软件和信息技术服务业	123894	114618	8.1
金融业	110304	95416	15.6
房地产业	56435	58288	–3.2
租赁和商务服务业	65731	64490	1.9
科学研究和技术服务业	81569	77708	5.0
水利、环境和公共设施管理业	44714	43366	3.1
居民服务、修理和其他服务业	47760	47193	1.2
教育	52771	52579	0.4
卫生和社会工作	71060	67750	4.9
文化、体育和娱乐业	56769	56171	1.1
合计	65237	62884	3.7

（六）白领年终奖有所下降，但满意度提升

2022 年，受大环境影响，白领的年终奖整体状况偏向保守。根据智联招聘发布的《2022 年白领年终奖调研报告》显示，2022 年确定能拿到年终奖的白领占 26.9%，与 2021 年的 36.6%、2020 年的 27.6% 相比有所下降。此外，16.7% 的白领表示年终奖“据说有，不确定”，而表示拿不到年终奖的白领占比 38.2%，比 2021 年的 32.6% 有所上升。白领年终奖均值为 8428 元，同

比下降 17.6%，研发岗年终奖均值以 11487 元登顶，人力资源岗垫底，采购岗逆势增长。

整体来看，白领年终奖满意度指数为 2.40，较 2021 年的 2.34 有所提升。虽然 2022 年能获得年终奖的白领占比、年终奖均值都低于 2021 年，但白领们的主观满意度更高。

（七）多地调整最低工资标准

面对疫情冲击，多地通过调整最低工资标准对劳动者权益进行有效保障。2021—2022 年，各地纷纷上调最低工资标准。

从月工资标准看，第一档月最低工资标准在 2000 元及以上地区有 15 个。这些地区分别是上海（2690 元）、北京（2320 元）、广东（2300 元，其中，深圳，2360 元）、江苏（2280 元）、浙江（2280 元）、河北（2200 元）、天津（2180 元）、山东（2100 元）、四川（2100 元）、重庆（2100 元）、安徽（2060 元）、福建（2030 元）、湖北（2010 元）、河南（2000 元）、陕西（2160 元）。其中，上海月最低工资标准达到 2690 元，全国居首。第二名是深圳，月最低工资标准达到 2360 元。第三名是北京，月最低工资标准达到 2320 元。

河北取消了第四档月最低工资标准，且第一档由 1900 元增长至 2200 元，第二档由 1790 元增长至 2000 元，第三档由 1680 元增长至 1800 元。湖南同样取消了第四档月最低工资标准，同时第一档由 1700 元增长至 1930 元，第二档由 1540 元增长至 1740 元，第三档由 1220 元增长至 1550 元，涨幅明显。另外，福建、重庆、四川、云南等地区月最低工资标准均有上涨，涨幅多为 200 ～ 300 元。

从小时最低工资标准看，北京小时最低工资标准为 25.3 元，为全国最高。河北取消了第四档小时最低工资标准，且前三档均有所提高。福建的小时最低工资标准均提高了 2.5 元。湖南、四川、重庆、云南等地区小时最低工资标准均有不同程度的提高，加班工资与社保费用的计算基数均相应提高，在一定程度上促进了企业上调基层员工的薪资（见表 5-6）。

表 5–6　全国各省、自治区、直辖市最低工资标准情况

（截至 2023 年 7 月 1 日）

单位：元

地区	月最低工资标准				小时最低工资标准			
	第一档	第二档	第三档	第四档	第一档	第二档	第三档	第四档
北京	2320				25.3			
天津	2180				22.6			
河北	2200	2000	1800		22	20	18	
山西	1980	1880	1780		21.3	20.2	19.1	
内蒙古	1980	1910	1850		20.8	20.1	19.5	
辽宁	1910	1710	1580	1420	19.2	17.2	15.9	14.3
吉林	1880	1760	1640	1540	19	18	17	16
黑龙江	1860	1610	1450		18	14	13	
上海	2690				24			
江苏	2280	2070	1840		22	20	18	
浙江	2280	2070	1840		22	20	18	
安徽	2060	1930	1870	1780	21	20	19	18
福建	2030	1960	1810	1660	21	20.5	19	17.5
江西	1850	1730	1610		18.5	17.3	16.1	
山东	2100	1900	1700		21	19	17	
河南	2000	1800	1600		19.6	17.6	15.6	
湖北	2010	1800	1650	1520	19.5	18	16.5	15
湖南	1930	1740	1550		19	17	15	
广东	2300	1900	1720	1620	22.2	18.1	17	16.1
其中：深圳	2360				22.2			
广西	1810	1580	1430		17.5	15.3	14	
海南	1830	1730	1680		16.3	15.4	14.9	
重庆	2100	2000			21	20		
四川	2100	1970	1870		22	21	20	
贵州	1890	1760	1660		19.6	18.3	17.2	
云南	1900	1750	1600		18	17	16	
西藏	1850				18			

续表

地区	月最低工资标准				小时最低工资标准			
	第一档	第二档	第三档	第四档	第一档	第二档	第三档	第四档
陕西	2160	2050	1950		21	20	19	
甘肃	1820	1770	1720	1670	19	18.4	17.9	17.4
青海	1880				18			
宁夏	1950	1840	1750		18	17	16	
新疆	1900	1700	1620	1540	19	17	16.2	15.4

资料来源：人力资源社会保障部。

在实践中，最低工资标准看似与大部分劳动者实际收入关联不大，但最低工资标准调整有利于分配结构的调整，对劳动者的利益有着实质性的影响。随着最低工资标准的调整，与之挂钩的劳动者其他待遇水平也会产生相应变动。比如企业在计算员工加班费、社保缴纳基数等方面，会参照最低工资标准予以调整。当最低工资标准提高，意味着社会保障水平相应有所提升，有利于让劳动者普遍受益。

（八）多数地区坚持发布工资指导线

工资指导线是政府根据当年经济发展调控目标，向企业发布的年度工资增长水平的建议，是市场经济条件下政府宏观调控国民收入分配的一种基本方式。工资增长基准线适用于生产正常发展、经济效益增长的企业，这类企业应按工资指导线基准线的要求，妥善安排职工工资的正常增长。工资增长下线适用于经济效益下降或亏损企业，但企业必须严格遵守国家有关最低工资规定。

全国绝大多数省份坚持每年或间隔 1 ～ 2 年发布省级层面的工资指导线，用于指导非国有企业工资集体协商和国有企业工资总额管理。据不完全统计，北京、上海、天津、内蒙古、陕西、西藏、江西、山西、福建、四川、甘肃、湖南、湖北、河南、广西、宁夏 16 个省、区、市相继发布了 2022 年企业工资指导线。梳理各地公告发现，尽管企业工资指导线并非硬性规定，但其具有工资集体协商的导向作用，发挥着一定的影响力，是当地收入水平、生活状况的指针之一。多地也要求，充分发挥工资指导线的导向作用，努力提升工资指导线的实施效果和社会影响力。

从企业方面看，企业调整职工工资，除了要纵向依据企业自身的经营状况，与职工协商出合理的工资区间，还应当横向与当地的收入水平、物价指数等社会因素相比较，让劳动者能够安心在企业发展。

二、我国企业工资收入与分配存在的主要问题

（一）半数企业调薪计划受影响，短期内调薪率很难提高

2022 年企业调薪的主要策略为差异化调薪，这是企业的经营难度增加不得不加大对人工成本的管控导致的。34.3% 的企业针对核心员工倾斜调薪，47.6% 的企业按照绩效评估结果差异化调薪。

中智咨询公司发布的 2022 年各行业最新人力资本调研结果显示，2022 年有 53% 的企业调薪计划受影响，78% 的企业在 2022 年有调薪计划。在实施调薪的企业中，整体调薪率平均为 6.2%。35% 的企业在 2023 年有明确的调薪计划，调薪率平均为 6.3%，和 2022 年基本持平或略有上浮。

从近十年市场整体调薪率来看，疫情之前企业调薪率整体较高。其中，2014 年调薪率高达 8.6%，2019 年调薪率为 7.0%。2020 年以来，调薪率呈现下滑态势，2020 年和 2021 年的调薪率分别为 6.3% 和 6.7%，且根据预测，短时间内这一数据很难重返 7%。

值得一提的是，关于调薪率，不同城市、行业、资本属性企业和不同类型岗位的调薪率有所差异。报告显示，2022 年，包含成都、重庆、杭州、西安等在内的新一线城市调薪率为 6.7%，高于一线和二线、三线城市。在一线城市中，深圳、北京的调薪率高于广州和上海。

从行业来看，2022 年高科技、医药和医疗健康行业调薪率位居前列，分别为 7.5% 和 7.4%。从企业类型来看，2022 年民营企业调薪率为 6.5%，较上年下滑 0.7 个百分点，略高于国有企业。另外，外资企业调薪率相对较高，

平均为5.5%。从工作岗位来看，研发技术人员2022年调薪率为7.0%，高于其他类型岗位。

（二）薪酬差距有所缩小，但是职场性别歧视现象依然存在

国际劳工组织在新披露的简报中指出，全球劳工市场仍存在明显性别就业差距，主要体现在就业机会和劳动收入方面，且在过去20年里，减少性别失衡的进程十分缓慢。劳动收入的差异反映了劳工市场的性别失衡现象。在全球范围内，男性每赚取1美元，女性只能赚取51美分。不同地区间劳动收入性别差距显著。在低收入和中低收入国家，劳动收入的性别差距更为严重，男性每赚取1美元，女性的相对劳动收入分别为33美分和29美分。在高收入和中高收入国家，男性每赚取1美元，女性的相对劳动收入分别为58美分和56美分。

智联招聘发布的《2023中国女性职场现状调查报告》显示，2022年女性的平均薪酬为8689元/月，而男性的平均薪酬为9942元/月，差距为1253元。总体来看，男女薪酬差距呈逐年缩小的趋势。然而，尽管薪酬差距有所缩小，但是在职场上很多女性仍然面临着巨大的困境。例如，在升迁晋升方面，很多女性往往由于性别原因被忽视或歧视。在工作时间和工作强度方面，女性也常常被认为不够“适合”进行高强度的工作。这些问题的存在，阻碍了女性的职业成长和发展。

（三）关于工资形成和工资激励的体制机制障碍仍然存在

随着社会主义市场经济体制各项改革的不断深入，劳动力工资形成和激励机制难以充分、合理地反映各类劳动者诉求的问题逐渐凸显。首先，关于劳动力流动的制度性障碍依然存在。城镇化过程中仍存在明显的二元经济特征，户籍、土地等改革需要持续深化。社保、教育、医疗等公共政策实施仍存在不同地区、不同群体的基础权利差异，影响劳动力工资的合理形成。其次，体现知识、技术、管理等人力资本要素特点的贡献评价机制尚不完备。

一些企业无法对各类要素贡献进行合理衡量判定，依然采用简单粗放式的薪酬管理制度，按年限“论资排辈”在工资决定中仍起主要作用，没有形成激发企业家管理才能的薪酬分配体系。虽然收入分配相关改革的大方向被广泛认同，但对诸如“职务发明”归属等难以达成共识。最后，以集体协商为代表的工资制度在推动劳动者工资增长上效果有限。劳动者集体合同发挥作用不够，参与协调主体不成熟、集体协商程序不规范、集体合同内容空洞等现象普遍存在。

（四）经济飞速发展，但贫富差距进一步扩大

《中华人民共和国2022年国民经济和社会发展统计公报》数据显示，2022年中国国内生产总值（GDP）首次超过120万亿元，达到121.02万亿元，同比增长3%。其中有24座城市的GDP突破1万亿元，与上年持平，占全国经济总量的37.99%。

GDP的突破无疑代表着我国经济的飞速发展，不过贫富差距也逐渐显现，毕竟，“财富通常掌握在少数人手中”是亘古不变的道理。如今，许多行业的发展势头非常迅猛，与此同时也有许多富豪诞生。虽然老百姓的衣食住行不成问题，但许多家庭的生活质量并没有提高。他们仍然需要勤俭节约，面临着不同的经济问题。

针对贫富差距这个问题，我国提倡的政策是实现共同富裕。但为什么在这样的政策下我国的贫富差距反而增大了呢？分析原因，主要有以下几个方面。一是经济发展不均衡。由于工业化和城市化的快速发展，一些地区城乡之间的收入差距变大，导致贫富差距加剧。同时，随着中产阶级的兴起，富人的财富增长速度远远高于一般劳动者，而贫困人口的生活水平却没有特别明显的改善，导致贫富差距进一步扩大。二是教育和技能水平的差异。教育和技能水平的差异在收入分配中起着重要作用，高学历和高技能的人往往能够获得更高的收入，而低学历和低技能的人则很难获得高收入。还有教育资源分布不均，发达地区的教育资源相对丰富，而欠发达地区的教育资源相对匮乏。这使那些生活在贫困地区的孩子们失去了获得更优秀的教育资源的机

会，从而限制了他们的发展。三是区域发展不平衡。我国地域辽阔，不同地区的经济发展水平和收入水平存在较大差异，一些地区的人口和企业资源稀缺，发展受到限制，导致贫富差距增大。

（五）最低工资标准测算方法未能全面体现经济社会发展成果分享理念

目前，最低工资标准的测算方法主要为比重法和恩格尔系数法，它们在实际操作中存在如下不足。一是缺乏对经济发展因素的测算，没有充分将经济社会发展的动态因素考虑进去，如经济增长、社会职工的平均工资、消费支出等。二是部分统计口径不明确且获取困难，缺乏各地级市层面关于恩格尔系数、抚养比和最低生活支出的可靠、可用的公开数据，人均生活费支出和赡养系数等指标的统计口径也不统一。三是未考虑区域差异，由于人口性流动，落后地区生活支出成本虽然偏低，但是社会抚养比更高，两种方法均没有考虑恩格尔系数和社会抚养比的区域差异。

（六）工资指导线制度顶层设计相对滞后，客观上需要尽快修订完善

目前工资指导线在制度上仍然局限于省级、市级层面按照年度发布工资指导线，国家层面没有对地方的指导线进行横向平衡，也没有对地方出台行业性工资指导线进行指导。各地工资指导线在功能定位、调控导向、发布内容要件等方面存在较大差别，难以形成合力。此外，在疫情等重大突发事件打破经济和工资增长规律的特殊情况下，对于工资指导线制度如何调整，国家层面应当如何发挥总体协调的作用，1997 年在总结试点经验的基础上由劳动部制定并发布的《试点地区工资指导线制度试行办法》（劳部发〔1997〕27 号）没有做出规定。同时，它在企业工资分配宏观调控中的效力、功能有限，已经不能满足客观需要，需要尽快修订完善。

三、我国企业工资收入与分配的对策建议

（一）建立健全以工资为主体的收入形成机制

我国目前多种薪酬制度并存局面既是垄断行业收入水平超常规增长的原因，也是国有企业内部收入差距扩大的原因，因而规范收入形成机制对缩小居民收入差距至关重要。

在建立以工资为主的收入形成机制的同时，需要建立工资的稳定增长机制。观察近几年的工资增长率变动情况，不难发现，工资增长率呈现较为明显的波动现象，与 GDP 增长率的相对稳定形成了鲜明的对照。因而在以国有经济为主的正规部门，需要建立稳定的工资增长机制，稳定劳动者的收入预期，同时也为有效解决劳动者报酬比重偏低问题做出贡献。与此同时，国有企事业单位工资稳定增长机制的建立将会对非国有部门的薪酬制度建立产生影响。

（二）调整政府与居民收入分配关系，增加居民收入

税收是调节收入分配不均最为有力的工具，但并非所有的税收都具有这种作用。一般而言，作为间接税的流转税，其调节收入分配的作用就非常有限。个人所得税在西方国家被称为“罗宾汉税种”，在调节收入分配方面发挥着最主要的作用。这可以从两方面来说明，一是个人所得税调节收入分配的效力；二是个人所得税调节收入分配的公平性。因此，应适度提高个人所得税起征点，完善个人所得税制度，减少税级，降低税率，建立以家庭为基本单位的个人所得税扣除制度。在现阶段我国劳动收入份额较低的情况下，个人所得税的起征点过低实际上加剧了劳动收入份额下降的趋势。在我国当前的发展阶段，个人所得税征收的主要对象应该是中等偏上收入人群，起征点应该在职工平均工资之上，且应该随着平均工资的增长而动态调整。

（三）通过财税手段调整政府与企业收入分配关系

随着我国经济体制改革的不断深入，分配方式也逐步由政府主导过渡到市场机制自发调节。经济的快速发展及收入分配方式的变革在不断提高人们收入水平的同时，也使收入分配差距逐渐拉大。在市场经济条件下，市场本身无力解决收入再分配问题，只有政府运用财税政策在全社会范围内对收入再分配活动进行长期的、系统的和规范的调节，才能实现收入分配社会意义上的相对公平。政府加强对资源税、国有企业利润的征缴，减少劳动密集型中小企业的税费，为劳动资本收益分配比例的改善提供条件。进一步改革和完善薪酬分配制度。建立健全企业工资决定机制和正常增长机制，对特定类型的劳动密集型中小企业，如果因实施工资协商造成生产经营困难的，经财税部门认定给予一定的企业所得税、营业税、增值税减免优惠。切实抓好垄断行业过高工资收入的调控，完善垄断行业工资总额和工资水平的双重调控。

（四）积极促进就业，增强劳动者话语权，提高劳动者报酬水平

在我国当前的发展阶段，提高劳动者报酬水平，最重要的仍然是保持经济较快发展，积极扩大就业，加快农村劳动力转移，这是提高劳动者劳动报酬的根本措施。增强劳动者在工资决定中的话语权，在企业层面建立工资正常合理增长机制。

在宏观分配格局中劳动者报酬偏低的问题是当前收入分配问题的主要矛盾，因而最为直接的一个考虑就是在政府的经济发展目标中，明确提出居民收入增长率超过 GDP 增长率这样一个目标。因为从宏观格局变动情况来看，只有居民收入增长率超过 GDP 增长率，劳动者报酬比重才会渐次提高。而如果居民收入增长率始终低于 GDP 增长率，则无法想象劳动者报酬占比会上升。提高中低收入劳动者报酬，实施工资与 GDP 同步增长计划，尤其要通过制定政策使企业的利润能够转化为社会保障缴费，从而减轻职工的社保缴费负担，提高他们的可支配收入。

（五）探索建立最低工资评估长效机制，不断优化最低工资保障制度

一是建立完备的最低工资评估数据库。整合丰富的人工成本数据、薪酬调查数据和最低工资评估数据，搭建完备的数据平台，为长期开展最低工资评估和研究奠定基础。二是建立稳定的最低工资评估制度。依据最低工资标准调整周期，每 2 ～ 3 年大规模评估一次；在最低工资标准调整后，针对最低工资标准执行情况开展效果评估。三是形成完善的第三方评估机制。建立最低工资评估专家委员会，形成稳定的评估学术团队和工作机制。四是探索制定最低工资评估指南。开发科学合理的最低工资标准调整模型，形成一套完整的评估办法和可操作的评估指南，规范评估工作。

（六）健全工资指导线制度，促进工资增长与宏观经济发展协调

工资指导线是社会主义市场经济条件下，国家对企业工资分配进行宏观调控和指导的重要制度。要打破工资指导线就是“一条线”的概念，国家可根据工资分配宏观调控的要求，提出工资增长指导性原则，理顺地区之间、行业之间工资增长关系，从宏观上提出重要领域、重点行业甚至重要职业的工资水平和工资增长目标，为各地区、各行业乃至企业制定工资指导线提供参考。首先，国家应对地方工资指导线内容、程序、水平合理性、政策衔接度等方面建立统一评估机制。其次，适时提高制度的立法层次，适时出台“工资指导线（意见）办法”，增强制度的法律效力。最后，完善企业薪酬调查和信息发布制度，探索建立包括薪酬调查、招聘平台和上市公司等薪酬数据在内的全国各类企业工资收入分配大数据系统，强化薪酬数据的挖掘和应用，为企业合理确定工资水平提供更具针对性的信息引导。加强工资指导线和企业薪酬调查与信息发布制度的衔接。强调工资指导线制定的历史延续性，监测其现实符合性、针对性，提高其预测性、指导性。强化工资指导线的分类适用，发挥其指导企业在经济增长基础上与职工成果共享的积极作用。

第六章　劳动保障与企业福利

2021—2022年，抗击新冠疫情、全力推动复工复产深刻影响着劳动保障与企业福利等方面的工作。在较为困难的环境下，我国社会保障水平持续提升。同时，不断优化完善的社保制度也为抗击疫情、助企纾困、复工复产做出了重大贡献。社会保险收入快速恢复并稳健发展，养老保险三支柱体系进一步完善，职业技能培训取得新进展。

一、我国劳动保障与企业福利的总体状况

（一）我国社会保险保障水平不断提高

党的十八大以来，我国社会保障事业进入新的发展阶段，出台了一系列重大改革措施，改革的整体性、系统性极大增强。我国已经建立了独立于用人单位之外，资金来源多渠道、管理服务社会化、适应社会主义市场经济体制的社会保险制度体系，为城镇职工提供基本养老保险、基本医疗保险、失业保险、工伤保险和生育保险，为城乡所有居民提供养老和医疗保障。建立和完善了城乡居民最低生活保障制度和城乡医疗救助制度，并实现制度全覆盖和人群全覆盖，守住社会底线。此外，鼓励并扶持发展各种补充养老保险和补充医疗保险，大力发展商业保险，逐步建立多层次的社会保障体系，社会保障水平逐步提高。

人力资源社会保障部相关资料显示，截至2022年年底，全国养老保险参保人数达到10.53亿人。在医疗保障方面，我国在2011年就已基本实现全

民医保。到 2022 年年底，全国基本医疗保险参保人数达 13.4 亿人。职工医保政策范围内住院费用基金支付比例已经提高到 85%，城乡居民医保政策范围内住院费用基金支付比例也提高到 70%。

按照“社会保障兜底一批”的要求，各地政府采取为贫困人员代缴保费、对贫困老人按规定发放养老金等多种措施，将 5427 万建档立卡贫困人口及其他困难群体纳入城乡居民基本养老保险、基本医疗保险的保障范围，困难人员参保率稳定在 99% 以上，基本实现应保尽保、应发尽发的目标。

截至 2022 年年底，全国参加失业保险人数增加到 2.38 亿人，参加工伤保险人数增加到 2.91 亿人，基本覆盖了绝大多数用人单位及其职工，各项保险待遇水平也逐步提高。

在城乡医疗保障领域，通过全面推行城镇居民基本医疗保险制度与新型农村合作医疗制度的整合，建立了统一的城乡居民基本医疗保险制度，全面实施城乡居民大病保险制度，有利于城乡居民公平享有医疗保障。

在社会保障经办服务方面，按照打造服务型政府的要求，推动社会保障经办服务模式转型，精简服务流程和手续，改进待遇领取资格认证方式，全面普及社会保障卡的广泛应用，建立全国各地医保异地就医直接结算系统，加强部门间的业务协同和数据共享网络体系建设，并加强社保领域行风建设，提高社保管理服务水平，为广大群众提供方便快捷的公共服务。

（二）不断优化的社会保险制度为企业恢复生产做出重要贡献

新冠疫情是中国历史上传播速度最快、感染范围最广、防控难度最大的一次重大公共卫生事件。在此次疫情防控中，社会保险发挥了至关重要的作用，在助企纾困、恢复生产等方面展现了其积极功能与效应。

1. 有效的医疗保障措施为企业恢复生产奠定了坚实的基础

在新冠疫情突袭而至后，国家医疗保障局与财政部联合发布文件，将相关药品和医疗服务项目及时纳入医保基金支付范围，实施综合保障政策。在基本医保、大病保险、医疗救助等按规定支付后，个人负担部分由财政给予补助，以最大限度地降低患者及其家庭的医疗负担。此后，又将该项政策扩展到疑似患者。这些措施充分体现了以人民群众为中心的理念，为经济社会恢复发展、企业恢复生产奠定了重要的基础。

2. 积极调整工伤政策，保障抗疫一线人员合法权益

有关部门明确将在疫情防控中因履行工作职责而感染新冠病毒死亡的医护等各界工作人员认定为工伤，并开通了绿色通道，简化了认定程序，保障了其合法权益。

3. 失业保险积极发挥稳岗等功能

由于新冠疫情造成了大量企业无法按时复工复产，大量劳动者无法及时回到工作岗位，对劳资双方都产生了不利的影响。针对于此，相关部门出台规定，进一步发挥失业保险稳岗作用。创新实施对不裁员或少裁员的参保企业发放稳岗返还政策，加大稳岗返还支持力度，将大型企业稳岗返还比例由30% 提至 50%。拓宽一次性留工培训补助受益范围，对取得职业资格证书的参保职工发放技能提升补贴，由出现中高风险疫情地区的中小微企业扩大至该地区的大型企业，有条件的省份可进一步拓展至未出现中高风险疫情地区的餐饮等 5 个特困行业企业。对主动辞职、参保不足 1 年的失业人员阶段性发放失业补助金或临时生活补助，深入推进失业保险待遇“畅通领、安全办”行动，保障范围不断扩大，保障质量不断提升。企业招用高校毕业生，签订劳动合同并参加失业保险的，可按每人不超过 1500 元的标准发放一次性扩岗补助，实施期限截至 2022 年年底。

4. 优化社会保险缴费政策，帮助企业渡过难关

2022 年 5 月，人力资源社会保障部等四部门发布《关于扩大阶段性缓缴社会保险费政策实施范围等问题的通知》，将阶段性缓缴企业职工基本养老保险费、失业保险费、工伤保险费政策实施范围，在餐饮、零售、旅游、民航、公路水路铁路运输 5 个特困行业基础上，再增加汽车制造业、通用设备制造业等 17 个其他特困行业。该通知明确，缓缴扩围行业所属困难企业可申

请缓缴以上三项社保费的单位缴费部分。其中，养老保险费缓缴实施期限到2022年年底，工伤保险费、失业保险费缓缴期限不超过一年。原明确的5个特困行业缓缴养老保险费期限相应延长至年底。此外，对疫情影响严重地区生产经营困难的所有中小微企业、以单位方式参保的个体工商户，阶段性缓缴以上三项社保费单位缴费部分，缓缴实施期限到2022年年底。

（三）社会保险收入快速恢复并稳健发展

1. 社会保险收入快速回升并创新高

人力资源社会保障部数据显示，2020年，基本养老保险、失业保险、工伤保险三项社会保险基金收入为50666亿元，与2019年相比出现较大回落。2021—2022年因经济持续恢复等原因，该三项社会保险基金收入分别为68205亿元、71583亿元，呈现快速回升态势并创新高。其中，2022年该三项社会保险基金收入与2021年相比，增加3378亿元，增长5.0%（见图6–1）。

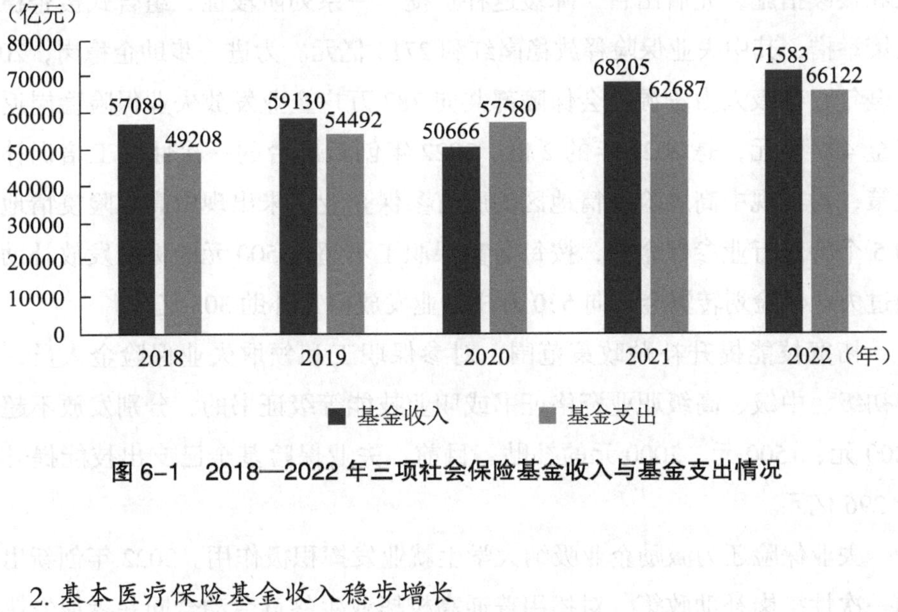

图6–1　2018—2022年三项社会保险基金收入与基金支出情况

2. 基本医疗保险基金收入稳步增长

2021年，全国基本医疗保险（含生育保险）基金总收入为28727.58亿元，比上年增长15.6%；2022年，全国基本医疗保险（含生育保险）基金总收入为30922.17亿元，比上年增长7.6%。

2022年，职工医疗保险（含生育保险）基金收入为20793.27亿元，比上年增长9.4%。2022年，职工医疗保险统筹（含生育保险）基金收入为13160.17亿元，比上年增长10.9%；统筹（含生育保险）基金当期结存为3601.77亿元，累计结存（含生育保险）为21393.11亿元。2022年，职工医疗保险个人账户收入为7633.10亿元，比上年增长6.9%；个人账户当期结存为1947.71亿元，累计结存为13712.65亿元。

2022年，居民医疗保险基金收入为10128.90亿元，比上年增长4.2%；支出为9353.44亿元，比上年增长0.6%。2022年，居民医疗保险基金当期结存为775.46亿元，累计结存为7534.13亿元。

3. 失业保险基金收支平衡压力持续增大

（1）失业保险支出持续增长

2022年，人力资源社会保障部贯彻落实党中央、国务院稳经济一揽子政策和接续措施，先后出台“降缓返补扩提”一系列阶段性、组合式援企稳岗政策举措，其中失业保险释放稳岗红利2713亿元。为进一步助企稳岗，2022年全年，各级人力资源社会保障部共向787万户企业发放失业保险稳岗返还资金497亿元，是2021年的2倍。2022年创新出台的一次性留工培训补助政策，对出现中高风险疫情地区的所有参保企业、未出现中高风险疫情地区的5个特困行业参保企业，按每名参保职工不超过500元的标准发放补助。通过失业保险划转资金，向530万户企业发放留工补助303亿元。

拓宽技能提升补贴政策范围，对参保职工和领取失业保险金人员，取得初级、中级、高级职业资格证书或职业技能等级证书的，分别发放不超过1000元、1500元、2000元的补贴。目前，失业保险基金已支出技能提升资金296亿元。

失业保险还为激励企业吸纳大学生就业发挥积极作用。2022年创新出台的一次性扩岗补助政策，对招用普通高校毕业生签订劳动合同并参加失业保险的企业，按每人不超过1500元的标准发放扩岗补助，并根据就业形势将范围放宽到离校两年内未就业高校毕业生和16～24岁登记失业青年。2022年共向 52 万户企业发放扩岗资金 27 亿元，惠及高校毕业生 192 万人。

（2）失业保险基金收支持续逆差但运行基本平稳

随着国家对于失业人员的关注和扶持力度的加大，失业保险基金的支出不断增长。人力资源社会保障部数据显示，五年来，失业保险基金 2019 年首次出现收支逆差。2020 年，受新冠疫情冲击，基金收支逆差大幅扩大，当年收入为 952 亿元，支出为 2103 亿元，逆差为 1151 亿元。2021—2022 年，基金收支情况迅速改善，逆差收窄，分别为 40 亿元、422 亿元（见图 6–2）。

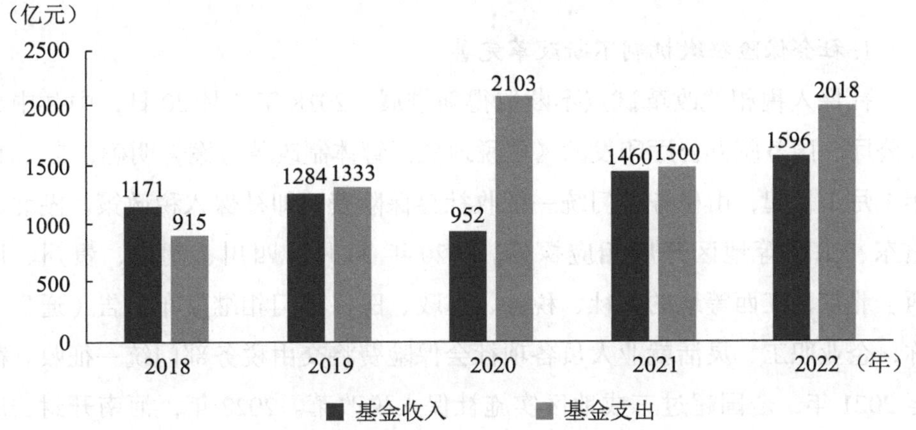

图 6–2　2018—2022 年失业保险基金收入与基金支出情况

近年来，国家坚持实施了更加完善和系统的就业指导措施，以及定期的职业培训计划，借此帮助失业群体掌握新技能，拓宽就业渠道，更加高效地就业与再就业，减少对失业保险基金的依赖，减轻基金负担。同时，得益于前些年我国经济持续稳定增长，失业保险参保人数不断增多，尽管 2021—2022 年失业保险基金收支延续了收支逆差态势，但失业保险基金累计结存仍有 3000 亿元左右，其运行基本平稳。

（四）养老保险三支柱体系进一步完善

我国养老保险体系有三大支柱。第一支柱为基本养老保险，包括城镇职工基本养老保险和城乡居民基本养老保险，立足于保基本。基本养老保险采取社会统筹与个人账户相结合的模式，体现社会共济。基金运行总体平稳，待遇按时足额发放。第二支柱为企业年金、职业年金，由用人单位及其职工建立，主要发挥补充作用，已有良好的发展基础。第三支柱为个人储蓄性养老保险和商业养老保险。在三支柱养老体系中，第二支柱和第三支柱的意义尤为关键，它承载着为第一支柱（国家基本养老保险）提供补充和支持的重任，使得整个养老体系更加完善和可持续，具有重要意义。同时，第一支柱也在不断改革，三支柱体系进一步完善。

1. 社会保险征缴机制不断改革完善

社保入税相关改革试点不断取得新进展。2018 年 7 月 20 日，中共中央办公厅、国务院办公厅印发的《国税地税征管体制改革方案》明确，自 2019 年 1 月 1 日起，由税务部门统一征收社会保险费，即社保入税政策。湖北、山东、山西等地区开展相应探索。2020 年 10 月，四川、湖南、贵州、广西、北京、江西等地的人社、税务、财政、医保部门相继发布公告（通告）称，企业职工、灵活就业人员各项社会保险费将交由税务部门统一征收。截至 2021 年，全国超过三成地区实施社保入税改革。2022 年，河南开封、广东东莞等地区进一步推进改革，明确将“社保核定、税务征收”的“社保入税”模式转变为“税务全责征收”。这也意味着从原先的人社、医保、税务等部门联合，转向由税务部门全责征收，包括登记、申报、审核、征收、追欠等在内的全部工作均划转到了税务机关。税务部门可以透过税务稽查等手段，加大稽查力度，加快推动中国社会保险体系由制度全覆盖向人群全覆盖发展。

社会保险信息化征缴机制进一步改革完善。近年来，我国积极推进社会保险制度改革，为建立起覆盖全民的多层次、综合性社会保障体系，不断加强对各类社会保险费的征缴管理。2021—2022 年，受新冠疫情影响，为更好地保障人民群众的基本生活需求和社会福利，在信息化技术的支持下，中国社会保险征缴实现了电子化申报、电算化支付等便捷操作方式，极大地简化了企业和个人办理的手续和流程。在监管方面，利用信息化手段，打通各部门数据接口，全面实现数字化监管，加强了对单位和个人参保情况的核查力度，确保所有符合条件的人员都能及时纳入社会保险范围。在欠缴、断缴方面也利用信息化手段，加大了稽查执法。

2. 企业年金持续发展

人力资源社会保障部数据显示，截至 2022 年年底，参加企业年金职工已超过 3000 万人，领取人数接近 280 万人，人均领取金额约为每月 2100 元，补充养老作用初步显现。

2021 年全国企业年金积累资金总规模为 26406.39 亿元，相比 2020 年年末的 22496.83 亿元增长了 3909.56 亿元，增幅为 17.38%。2021 年年末全国范围内参加企业数量达到 11.75 万个，参与职工人数达到了 2875.24 万人，同比分别增长 11.69%、5.8%。相比 2020 年，企业年金实际运作资产金额创了 26077.44 亿元的历史新高。不过从总体业绩来看，2021 年全年企业年金投资收益为 1241.98 亿元，全年加权平均收益率为 5.33%，相比 2020 年 10.31% 的收益率有所下降。

2022 年全国企业年金积累资金总规模为 28717.92 亿元，相比 2021 年年末增长 2311.53 亿元，增幅为 8.75%。2022 年年末全国范围内参加企业数量达到 12.80 万个，参与职工人数达到了 3010.29 万人，同比分别增长 8.94%、4.70%。2022 年企业年金投资资产净值为 28323.18 亿元。从总体业绩来看，全年企业年金投资收益为 –478.97 亿元，全年加权平均收益率为 –1.83%（见表 6–1）。

表 6–1　2021—2022 年全国企业年金情况

	2021 年	2022 年
总体情况		
建立企业（万个）	11.75	12.80
参加职工（万人）	2875.24	3010.29
积累基金（亿元）	26406.39	28717.92
投资管理情况		
投资资产净值（亿元）	26077.44	28323.18
当年投资收益（亿元）	1241.98	–478.97
当年加权平均收益率（%）	5.33	–1.83

3. 专属商业保险试点进一步扩大

随着移动互联网技术快速迭代，以及经济社会发展，灵活就业已成为一种重要趋势。而灵活就业人员的权益保障问题，特别是养老保险保障水平提升问题，引起社会各界普遍关注。为贯彻落实党中央、国务院关于规范发展第三支柱养老保险的重要部署，推动商业养老保险加快发展，更好地服务多层次、多支柱养老保险体系建设，积极满足人民群众多样化的养老保障需求，中国银保监会决定开展专属商业养老保险试点。

2021 年 5 月，中国银保监会印发的《关于开展专属商业养老保险试点的通知》明确，自 2021 年 6 月 1 日起，在浙江省（含宁波市）和重庆市开展专属商业养老保险试点。试点期限暂定一年。首批参与试点的保险公司包括中国人寿、人保寿险、太平洋寿险、新华保险、太平人寿、泰康人寿 6 家寿险公司。

试点内容包括创新开发投保简便、交费灵活、收益稳健的专属商业养老保险产品。消费者达到 60 周岁及以上方可领取养老金，且领取期限不少于 10 年。试点内容还包括积极探索服务新产业、新业态从业人员和各种灵活就业人员养老需求。允许相关企事业单位以适当方式，依法合规为上述人员投保提供交费支持。

保险责任包括身故责任、年金领取责任，鼓励保险公司以适当方式提供重疾、护理、意外等其他保险责任。其中，消费者在保险合同期内身故，赔付金额在积累期内不得低于账户价值，在领取期内不得低于保证领取剩余部分与年金转换时账户价值减去各项已领取金额的较大者，累计赔付给付金额不得低于领取期与积累期转换时的账户价值。对于其他长期养老金领取方式，累计赔付给付金额不得低于消费者尚未领取权益部分。

截至 2022 年上半年，专属商业养老保险承保保单合计超 12 万件，累计保费近 9 亿元，快递员、网约车司机等新业态从业人员投保超过 1.5 万人。作为初始试点地区之一，浙江省民营经济发达，互联网产业领先，是不折不扣的新产业、新业态从业人员大省。在试点扩大前，浙江省（不含宁波市）灵活就业人员保单件数已超过 6000 件，约占浙江全省保单总件数的 21%。截至 2022 年 6 月 1 日，重庆市专属商业养老保险实现保费收入 4499.26 万元，惠及参保人员 10465 人，其中，灵活就业人员 6362 人，占比超过60%。灵活就业人员参保比例较高是重庆市专属商业养老保险试点所呈现的突出特点之一。重庆市专属商业养老保险试点的另一个突出的特点，体现在人均缴费较低。人均年化保费约为4299元，其中，灵活就业人员人均月交保费约为200元，充分反映出专属商业养老保险产品低保费门槛的惠民属性。

2022年3月1日起，专属商业养老保险业务试点区域扩大到全国，养老保险公司被纳入试点范围。随后，太平养老、国民养老、平安养老、恒安标准养老等专业养老保险公司的专属商业养老保险产品先后上市。

公开资料显示，各试点公司推出的专属商业养老保险产品均采取“双账户”管理模式，提供稳健型、进取型两种不同的投资组合。稳健型账户专为风险保守型客户设计，更多配置固收类资产、收益稳健，最低保证利率大多为2.5%；进取型账户在保证资金安全的基础上对多种资产进行平衡配置，最低保证利率大多为0.5%。

监管披露数据显示，2022年年底，具有养老属性的商业保险业务累计责任准备金超过6万亿元。其中，专属商业养老保险规模保持增长，累计保费规模超50亿元，投保件数超40万件，其中新产业、新业态从业人员和灵活就业人员投保超过6万件。已有32款专属商业保险产品获批上架。

从各试点公司2022年专属商业养老保险的收益数据来看，该类产品稳健型账户2022年年化结算利率为4%～5.15%，进取型账户年化结算利率为4.5%～5.7%，总体表现较为亮眼，具有较强的竞争力。

专属商业保险因平台经济发展而诞生，对于提高灵活就业人员社会保障水平，特别是养老保险保障水平意义重大。

（五）职业技能培训取得新进展

职业技能培训是职工福利的重要内容之一，对于企业和员工都具有重要意义。通过提供职业技能培训，企业可以提高员工的专业素质和综合能力，从而增强企业的竞争力；也可以帮助员工掌握最新的行业知识和技术，并提升他们在岗位上的表现。

1. 产业工人队伍建设改革促职业技能提升

党中央历来高度重视产业工人队伍建设，特别是党的十八大以来，习近平总书记站在党和国家工作全局的战略高度，就产业工人队伍建设做出一系列重要论述，明确要求就新时期产业工人队伍建设改革提出总体思路和系统方案，为推进新时期产业工人队伍建设改革提供了基本遵循和行动指南。2017 年 2 月 6 日，习近平总书记主持召开中央全面深化改革领导小组第三十二次会议，审议通过《新时期产业工人队伍建设改革方案》（以下简称《改革方案》）。《改革方案》明确了新时期产业工人队伍建设改革的指导思想、基本原则、目标任务及改革举措，厘清了为什么改、怎么改、通过什么途径、达到什么目标等一系列重大问题。同时，《改革方案》明确提出，要把产业工人队伍建设作为实施科教兴国战略、人才强国战略、创新驱动发展战略的重要支撑和基础保障，纳入国家和地方经济社会发展规划，造就一支有理想守信念、懂技术会创新、敢担当讲奉献的宏大的产业工人队伍。另外，《改革方案》还明确提出，改革职业技能培训制度，加强职业技能培训工作，是构建产业工人技能形成体系的关键环节，要“改革职业技能培训制度，推进职业技能培训市场化、社会化、多元化改革，强化和落实企业培养产业工人的主体责任等”。

2022 年是产业工人队伍建设改革 5 周年。5 年来，财政部会同人力资源社会保障部指导各地从失业保险基金中提取资金 1139 亿元统筹用于实施职业技能提升行动，人力资源社会保障部开展补贴性培训 8300 多万人次。全国总工会制定《关于充分发挥工会在建设知识型、技术型、创新型技术工人队伍中作用的意见》；会同教育部开展农民工“求学圆梦行动”，培训各类农民工 600 万人次；建设“技能强国——全国产业工人学习社区”，培训职工 1.86 亿人次；加强新时代工匠学院建设，实施高技能领军人才境外培训计划。

未来，国家将从加强职业教育、加大财政投入、支持企业加强职工教育培训、提供社会培训资源等方面入手，认真落实《“十四五”职业技能培训规划》和《制造业技能根基工程实施方案》，大力开展企业职工岗位技能提升培训，指导企业建设高技能人才实训基地，着力提升产业工人的数字素养与技能，每年举办一届大国工匠创新交流大会等，为产业工人队伍技术技能提升提供全方位的支持保障。

2. 新职业技能培训稳步推进

近年来，随着新技术、新产业、新业态、新模式的不断产生和发展，新职业不断涌现。党的十九届五中全会提出，发展战略性新兴产业，推动互联网、大数据、人工智能等同各产业深度融合，推动先进制造业集群发展，构建一批各具特色、优势互补、结构合理的战略性新兴产业增长引擎。开展新业态劳动者职业技能培训有助于加快培养大批高素质劳动者和技术技能人才，改善新职业人才供给质量结构，支持战略性新兴产业发展，推动数字经济与实体经济深度融合。

2021 年 4 月，人力资源社会保障部办公厅印发《关于加强新职业培训工作的通知》（人社厅发〔2021〕28 号）。该通知明确提出要组织开展新职业培训。一是要根据各地区域经济社会发展需要，满足市场需求，坚持就业导向，突出能力建设，大力开展新职业培训特别是数字经济领域人才培养。二是鼓励培训机构依据国家职业标准，采取多种形式开展培训。三是对于数字技术技能类职业，要探索引入现代化手段和方式开展培训。四是积极组织举办新职业领域的专家论坛、专题研修等，广泛组织开展新职业技能竞赛活动，充分发挥以赛促学、以赛促训作用。五是要结合新经济、新产业、新职业发展，建立职业与教育培训专业（项目）对应指引，修订技工院校专业目录，完善专业技术人才继续教育专业科目内容，增设与新职业对应的新专业（项目），加强新职业人才培养。

为进一步维护产业发展和就业稳定大局，在新职业技能培训的基础上，江苏无锡等地区随即开始新业态职业技能培训工作，旨在加快构建新业态职业技能培训体系，以新技能拓展就业新空间，促进人才链与产业链高效匹配。试点地区与各大互联网平台企业合作，突出市场急需紧缺导向，大力培养快递小哥、网约车司机、网约家政，在培训范围、补贴条件、培训模式、组织管理等方面进行系统性探索，创新推动新业态职业技能培训。一是放宽培训补贴条件。突破现有补贴政策要求企业与劳动者“签合同、缴保险”的传统模式，以获取劳动报酬相关凭证作为依据，将与试点企业未建立劳动关系，但通过企业平台提供服务的灵活就业人员纳入培训补贴范围，按规定享受同等培训补贴政策。二是由试点企业结合岗位需求和人员类型，自主开发培训课程。组织开展岗前培训和岗位技能提升培训，突出实操技能训练和职业素质培养，提供有针对性、多样性的培训菜单，依托平台企业自有平台和App，大力开展“互联网+培训”，构建线上线下相结合、理论实践相融合的学习体系。三是加强事中、事后监管。对参训对象实行实名制管理，按照“双随机、一公开”原则，进行随机抽查或委托第三方进行核查，将培训合格率和满意度纳入评估指标。

3. 中国特色企业新型学徒制全面推行

企业新型学徒制是按照政府引导、企业为主、院校参与的原则，采取“企校双制、工学一体”的模式，即由企业与技工院校、职业院校、职业培训机构、企业培训中心等教育培训机构采取企校双师带徒、工学交替培养等模式共同培养学徒。

企业新型学徒制旨在引导企业建立技能人才工作新机制，通过在企业推行以“招工即招生、入企即入校、企校双师联合培养”为主要内容，组织企业新招用人员和新转岗人员参加新型学徒培训，可建立长期、稳固的企校合作模式，探索企业职工培训新方式，完善培训政策措施和培训服务体系，加快企业青年技能人才的培养。

2021年6月，人力资源社会保障部、财政部、国务院国资委等5部门为全面推行中国特色企业新型学徒制，加强新时代技能人才培养，联合印发《关于印发〈关于全面推行中国特色企业新型学徒制 加强技能人才培养的指导意见〉的通知》。该意见指出，要以企业新型学徒制培训为引领，促进企业技能人才培养，不断提升企业技术创新能力和企业竞争力。要力争使企业技能岗位新入职员工都有机会接受高质量岗前职业技能培训；力争使企业技能岗位转岗员工都有机会接受转岗转业就业储备性技能培训，达到“转岗即能顶岗”。该意见特别提出，对开展学徒培训的企业按规定给予职业培训补贴，补贴资金从职业技能提升行动专账资金或就业补助资金列支，并可按规定程序向企业预支补贴资金。补贴标准由各市（地）以上人力资源社会保障部会同财政部确定，学徒每人每年的补贴标准原则上是5000元以上，补贴期限按照实际培训期限（不超过备案期限）计算，可结合经济发展、培训成本、物价指数等情况定期调整。企业可按照学徒社保缴纳地或就业所在地申领职业培训补贴。企业按照与培训机构签订的合作协议约定，向培训机构支付学徒培训费用，所需资金从企业职工教育经费列支。承担带徒任务的企业导师享受导师带徒津贴，津贴标准由企业确定，津贴由企业承担。企业对学徒开展在岗培训、业务研修等企业内部发生的费用，符合有关政策规定的，可从企业职工教育经费中列支。

2022年12月，在总结前期工作的基础上，人力资源社会保障部办公厅印发《关于印发〈加强和改进新时代中国特色企业新型学徒制工作方案〉的通知》。该通知进一步明确了企业新型学徒的培养以符合企业岗位需求的中高级技能人才为重点，以工学一体为主，通过实施工作项目、完成工作任务、解决工作问题等培训方式，提升学徒专业素质和解决问题能力。同时，该通知还对开发学徒培训课程、师资队伍和学徒培训场所建设、考核评价工作、完善支持保障政策、培训过程管理和监督检查、学徒培训工作指导服务等方面提出具体要求。

二、我国劳动保障与企业福利存在的问题

（一）社会保障体系面临人口老龄化带来的风险

国家统计局数据显示，2022年年末我国60岁及以上人口有28004万人，占全国人口的19.8%，其中65岁及以上人口有20978万人，占全国人口的14.9%。自2000年中国进入老龄化社会以来，我国老年人口规模和比重总体呈上升趋势，人口老龄化进程加速发展，高龄化趋势日益凸显。与2010年第六次全国人口普查相比，过去10年我国老年人口规模和人口老龄化程度都在加速发展。2021年中国65岁及以上老年人口比例超过14%，老龄化社会进入新阶段。

老年人口数量的持续增长增加了社会保障体系所面临的长寿风险。《2021年我国卫生健康事业发展统计公报》显示，我国居民人均预期寿命由2020年的77.93岁提高到2021年的78.2岁。寿命的增长使退休人员拥有更长的社会福利领取周期，导致现有体系下养老金供给承受压力，也可能造成未来的资金需求大幅偏离精算预测数值。长寿的风险也表现在人均卫生费用增长方面。2020年第七次人口普查结果显示，随着年龄的增加，老年人口健康状况变差，生活不能自理比例在80岁以后明显提高。国家统计局数据显示，近年来我国人均卫生费用增长百分比有所放缓，但受基数影响，增长额度均保持较高水平，医保基金也面临着越来越大的支付压力。

（二）员工心理健康关爱不足

随着社会生产的快速发展，人们的生活节奏明显加快，竞争压力不断加剧，职工作为家庭的顶梁柱、社会的生力军，已经承受着业务绩效、职业发展、人际关系等多重压力，而疫情恰恰又对此起到了催化、加剧的作用。职工心理健康问题已经成为一个亟待关注的问题。

首先，工作压力的增加是导致职工心理健康出现问题的一个重要原因。由于疫情的影响，很多企业面临着生产和经营的困难，而职工面临着巨大的工作压力。这样的工作压力，不仅影响了职工的身体健康，更对职工的心理健康产生了负面影响。其次，对疫情的担忧也是影响职工心理健康的重要因素。疫情的反复和不确定性，让职工对未来充满了担忧，这种长期的心理压力，容易导致职工出现焦虑、抑郁等心理问题。最后，生活和经济的不确定性，也给职工的心理健康带来了压力。由于疫情的影响，很多职工的收入减少，生活压力增大，这使他们更加担忧未来，心理压力也随之增大。

《2022年全球风险报告》显示，受访企业机构普遍面临员工身心健康方面的双重挑战，新冠疫情不仅对员工身体健康造成威胁，还在很大程度上引发了心理健康危机。超过1/3的受访者认为，2022年，心理健康问题将成为降低员工生产力的主要因素。据《2020中国企业员工心理健康蓝皮书》显示，职工的焦虑和抑郁水平随疫情严峻而恶化，职工的社会功能也随之表现出显著受损水平。这种情绪状态的变化也体现在了心理咨询时数上。虽然大部分人都可以迅速调整并适应，但对于那些本身就身心健康状况不佳，或本身工作生活压力较大的职场人，在疫情防控期间承受了更大的压力，以至于诱发（或复发）心理疾病。

（三）养老体系社会平均工资替代率有待提升

替代率指劳动者退休时领取的养老金与退休前工资的比例。尽管第一支柱基金养老的总量和金额不断提升，但国家统计局数据显示，自1997年中国城镇居民基本养老体系改革以来，养老金社会平均工资替代率从71.51%降至45.92%。前文显示，第二支柱发展迅速，补充养老效果显著，但参加年金职工数占比仅为6%左右，比例依然较低。个人养老保险、专属商业保险试点等作为第三支柱的有力探索，在一定范围内取得了较好效果，但仍处于起步阶段。

（四）新业态劳动者社会保障仍需加强

新冠疫情突袭而至后，全国各地的快递员、保安员、货运司机等新就业形态劳动者主动加入抗疫队伍，有的协助社区开展工作，有的在封控小区运送物资，有的日夜兼程保供运输，用实际行动彰显了一名普通劳动者强烈的社会责任感，为抗击疫情贡献了“新”力量。这些年来，国家各有关部门围绕新业态劳动者权益保障颁布了一系列政策，推动了众多试点，社会各方力量也参与其中，取得了显著进展，但仍需进一步加强。

分群体观察，新就业形态不仅指以外卖、快递、司机为主的劳动密集型就业，也包括依赖网络平台承接编程、文案创作、音频或视频编辑、项目数据分析等技术密集型就业群体，而后者的关注度相对较低。

分保险领域观察，现有对于新业态劳动者权益保障的讨论与试点，多集中在养老保险、工伤保险方面，在失业保险、生育保险、医疗保险等方面关注较少。然而，这些方面同样是新业态劳动者所需关注和重视的问题。

失业保险对于新业态劳动者来说也是非常重要的一项社会福利制度。在新经济形式下，劳动者可能会更加主动或被动地进行工作转换，抑或更多地从事临时性质工作。新业态劳动者可能会更需要失业保险保障，建立健全的适于新就业形态的失业保险制度，能够为新业态劳动者提供更多的经济安全感，并帮助他们度过失业期间的困难。新业态劳动者生育保险相关问题也应该成为关注焦点之一。生育保险是由国家和社会对生育的劳动妇女给予必要的物质帮助和生活保障的一项社会保险制度，为生育妇女提供生育津贴、医疗服务和产假待遇，保障其身体健康，并为婴儿的哺育和成长创造良好的条件，对社会劳动力的生产与再生产具有十分重要的保护作用。中青年是新业态劳动者的主力军，也是婚育适龄主体。目前，生育保险和职工基本医疗保险合并实施，但对于灵活就业人员参加的城镇职工基本医疗保险中，是否包含生育保险，各地情况不尽相同。

当前，法律、法规对新业态从业人员参加城镇职工养老保险仅做出了选择性参保的规定。有研究显示，部分新业态从业人员由于收入不够稳定、流动性大、风险意识弱，参加城镇职工基本养老保险和城镇职工基本医疗保险的意愿并不强烈。

三、我国劳动保障与企业福利的对策建议

（一）加速推进改革，积极应对老龄化对社会保障的冲击

我国人口老龄化加速是不可逆转的趋势，为积极应对这一趋势对我国社会保障体系的冲击，社会各界应高度重视，并积极推进相关改革，确保社会稳定与可持续发展。

首先，建议加大公共投入力度，探索进一步拓宽资金来源，壮大社会保障支出的物质基础。其次，完善养老保险基金投资法律制度，突出社保基金的公共财产属性和信托属性，进一步明晰养老保险基金的产权属性和权能结构，强化风险控制、信息披露、受托人责任、投资担保等方面的制度建设，在货币市场和资本市场优化投资组合，最大限度地实现基金的保值增值。最

后，建议重新审视老年人就业、养老金、家庭赡养三要素在老龄社会持续深化过程中的意义，进一步优化调整有关政策。

（二）注重加强员工心理健康关爱，助力企业软福利提升

员工心理健康关爱是提升员工心理素质，促进员工全面发展的重要工作。新冠疫情的突袭而至更加凸显员工心理健康关爱的重要性。企业应当重视员工的心理健康，采取一系列有效措施关爱员工的心理健康，确保员工在良好的心理状态下为企业发展贡献力量。

首先，企业应加强员工心理健康教育，通过举办心理健康知识讲座、心理技能培训等方式，帮助员工了解心理健康的重要性，提高员工的心理素质。同时，企业还应提供心理健康咨询服务，设立专门的心理咨询室，聘请专业的心理咨询师为员工提供心理辅导，帮助员工解决心理问题。

其次，企业应关注员工心理健康问题的预防与干预，建立完善的员工心理健康档案，定期对员工进行心理健康检查，以便及时发现并解决员工心理健康问题。此外，企业还可以通过组织丰富多彩的团队活动，增进员工之间的沟通与交流，营造积极向上、团结协作的企业文化氛围，从而减轻员工的心理压力。

最后，企业应关注员工心理健康与生理健康的结合，提供健康的工作环境和生活条件，关注员工身体健康，为员工提供定期的健康体检，确保员工在身心健康的基础上为企业发展做出贡献。

（三）进一步推动“三支柱”体系建设，提高养老体系综合替代率

积极应对养老体系社会平均工资替代率问题，应当坚持问题导向，秉持法治理念、整体化思维和社会本位立场，倡导多元价值共融、多层利益共存，推动多方共治。

首先，要提高企业年金覆盖率，提升普惠性。目前，企业年金制度存在对个人缴费激励有余，对企业缴费激励不足的问题。建议加大税收激励力

度，进一步优化扣除限额、加计扣除等税收优惠政策，鼓励民营企业、小微企业加入年金计划。

其次，在兼顾普惠性、公平性的基础上，应进一步突出第三支柱的自愿性、效率性和补充性。2022 年 11 月，人力资源社会保障部等五部门联合发布《个人养老金实施办法》，与 2018 年推出的税延养老险相比，个人养老金制度范围更广，产品选择更多，税收抵扣也更方便。建议进一步加大个人养老金试点力度，同时进一步提升个人养老金对个人的激励和吸引力。

最后，建议进一步完善统筹三大支柱的相关政策。一方面，建议采取渐进式发展策略，使基本养老金的替代率更加平滑稳定；另一方面，建议着眼第一支柱发展中造成的代际不公平问题，在第二支柱、第三支柱的税制激励上适当做出有利于年轻一代的调整。

（四）加强新业态劳动者社会保障，推动平台经济高质量发展

平台经济和新业态劳动者已经成为我国经济社会发展的重要力量。近年来，各部门、各地区围绕新业态劳动者社会保障水平提升，开展了一系列的探索与尝试，取得了积极成效。为了进一步提升新业态劳动者社会保障水平，推动平台经济实现高质量发展，建议进一步完善相关制度、措施。一是进一步探索新业态劳动者的失业、生育等方面社会保障路径，加快养老、医疗、工伤等方面的试点与探索。二是优化社会保障服务方式。充分利用互联网、大数据等技术手段，简化流程，提高社会保障服务水平和效率，实现线上线下一站式服务，让新业态劳动者享受到更加便捷、高效的社会保障服务。三是加强新业态劳动者的职业培训。针对新业态劳动者的技能需求，开展有针对性的职业培训，提高新业态劳动者的职业素质和就业竞争力，帮助他们更好地适应经济发展的新形势。四是鼓励平台企业创新发展，提升平台经济质量和效益，为新业态劳动者提供更多的就业机会和发展空间。同时，要强化平台企业的社会责任意识，引导平台企业关爱新业态劳动者，为他们提供良好的工作环境和待遇。

第七章 劳动争议处理

2021—2022年，我国统筹推进疫情防控和经济社会发展，国内经济稳定加快恢复，各级劳动行政部门、司法行政部门深入贯彻落实党中央决策部署，坚决扛起防范化解劳动关系领域矛盾风险政治责任，担当作为，扎实工作，加大劳动人事争议案件办理力度，增强重大争议案件处置能力，提升易发多发争议案件化解效果，健全完善争议处理多元机制，提高办案指导工作水平，不断强化自身建设，有效促进市场主体合法经营，切实维护劳动者合法权益和劳动关系总体和谐稳定。

一、我国劳动争议处理的现状及特点分析

（一）劳动争议处理工作取得明显进展

1. 强化预防调解见实效

（1）案件办理平稳可控

《人力资源和社会保障事业发展统计公报》显示，2021年，全国各级劳动人事争议调解组织和仲裁机构（以下简称各级调解仲裁机构）共办理（含上期未结、当期受理、当期不予受理）劳动争议（以下简称争议）案件262.6万件，（其中，基层调解组织办理争议案件115.4万件，仲裁机构办理争议案件147.2万件），涉及劳动者258.5万人。其中，受理10人以上集体争议案件1.6万件，涉及劳动者35.1万人。2022年，全国各级调解仲裁机构共办理（含上期未结、当期受理、当期不予受理）争议案件316.2万件，比上一年

度增加 53.6 万件；涉及劳动者 341.3 万人，比上一年度增加了 82.8 万人。工作中，各级调解仲裁机构深入贯彻党中央“六稳”“六保”精神，落实防范化解劳动关系风险要求，加强争议源头治理，强化预防调解工作，加大仲裁办案力度，虽然争议案件数量上涨，但两年来争议办理形势总体平稳可控，2021 年调解成功率达 73.3%，仲裁结案率达 97.0%，仲裁终结率达 71.1%（其中终局裁决率达 40.1%）。2022 年办结争议案件 303.3 万件，结案金额达 682.2 亿元。调解成功率达 75.1%，仲裁结案率达 96.9%，仲裁终结率达 72.5%，将大多数争议案件化解在调解仲裁阶段。

（2）发挥稳定就业积极作用

各级调解仲裁机构围绕稳就业、保民生大局，树立正确的裁判导向，明确法律政策适用标准，发挥调解仲裁高效、便捷、低成本优势，统筹新冠疫情防控和助力稳定就业，认真落实新就业形态劳动者权益保障政策，及时将大量争议案件柔性化解，保障援企稳岗政策落实落地，促进劳动者返岗和企业复工达产，稳定劳动者现有岗位。广东等地区将调解仲裁工作与“稳就业”服务有机结合起来，在化解争议过程中，主动提供岗位招聘、技能培训等服务，帮助失业劳动者再就业。

（3）促进劳动关系进一步和谐稳定

强化矛盾纠纷源头治理，通过以案释法、发送仲裁建议书、开展仲裁员志愿者服务企业活动等方式，加强劳动保障法律政策宣传，推动企业规范用工管理，引导劳动者依法理性维权。2021 年，人力资源社会保障部与相关部门组织开展了“法治人社 志愿青春”千名青年仲裁员志愿者联系万家企业活动，共组织 1500 多名青年劳动人事争议仲裁员，为 1.4 万多家企业提供包括人力资源保障领域法律政策宣传咨询、劳动争议预防调解工作机制建设等在内的志愿服务，对企业进行教育，提高其自主预防化解劳动争议的能力，在促进劳动关系和谐、维护就业稳定等方面颇具成效。同时，坚持依法裁判，纠正不规范解除和终止劳动合同等用工行为，及时修复破损的劳动关系。2021 年，各级调解仲裁机构受理解除和终止劳动合同争议案件 52.2 万件，受理确认劳动关系争议案件 12.8 万件。纠正假外包、真派遣的违法行为，受理劳务派遣争议案件 4.6 万件。在北京、上海、江苏、浙江、贵州等地试点建立新就业形态争议调解组织，加强对新型用工形式引发的争议案件的调查研究和矛盾纠纷化解工作，坚持“事实优先”原则认定劳动关系，仲裁机构对平台企业诱导劳动者注册为个体工商户引发的劳动争议，裁判平台企业败诉。

（4）劳动者合法权益得到有效保障

2021 年，各级调解仲裁机构共受理劳动者提出的劳动报酬类争议案件 123.5 万件，占案件总量的 51.5%；会同多部门持续开展“护薪”行动，加强调解仲裁与劳动保障监察机构协调联动，建立裁审证据衔接、相互查证等制度。受理劳动者有关社会保险争议 25.6 万件。浙江省将工伤待遇赔付纳入终局裁决范围，推进工伤速裁改革试点，探索打通工伤认定、鉴定、争议办理、待遇领取各环节，缩短了工伤劳动者的维权时间。在全国审结的仲裁案件中，劳动者胜诉及部分胜诉率为 73.4%，劳动者合法权益得到了有效保障。

（5）联动机制作用充分发挥

健全完善党委领导、政府主导、政法协调，人力资源社会保障部牵头与法院、司法、工会、企业代表组织等有关部门及单位发挥职能作用的争议多元处理机制。2022 年 10 月，人力资源社会保障部与中央政法委、最高人民法院、工业和信息化部、司法部、财政部、中华全国总工会、中华全国工商业联合会、中国企业联合会 / 中国企业家协会九部门联合印发《关于进一步加强劳动人事争议协商调解工作的意见》（人社部发〔2022〕71 号）。人力资源社会保障部与最高人民法院通过联合发布典型案例等方式，不断加强仲裁与诉讼衔接，逐步统一法律适用标准，进一步畅通劳动者维权渠道。北京市扩大争议多元处理机制部门范围，发挥联合约谈、现场处突、资金监管、舆情管控等方面综合优势，推动以和解、调解方式结案，妥善办理了一批涉及“双减”、新就业形态的重大集体争议案件。福建、山东、四川等地区建立联合调处中心，整合专业性调解组织、人民调解委员会、仲裁机构、劳动保障监察机构、法院服务中心、法律援助中心、工会维权中心等优势资源，发挥争议办理整体效能。京津冀、长三角、粤港澳大湾区等地区建立健全区域争议办理交流协作机制，劳动者跨地区权益维护更加便利。

（6）基层基础建设持续推进

截至 2021 年年底，全国共有乡镇（街道）劳动就业社会保障服务所（中心）调解组织近 4 万家，仲裁院 2977 家，仲裁员 2.96 万人，其中专职 1.49 万人。人力资源社会保障部会同全国总工会、全国工商联、中国企联通报表扬 2021 年度工作突出的 106 家基层调解组织，推动符合条件的仲裁院纳入参公管理。人力资源社会保障部还积极创新调解仲裁办案方式，落实“调解仲裁不停摆、公平正义不止步”要求，实施“互联网 + 调解仲裁”，在新冠疫情防控期间经争议双方当事人同意采用在线视频方式开庭审理案件，全年依托全国争议调解平台调解争议案件 2.78 万件，为当事人提供便捷的“不见面”维权服务。

2. 劳动争议诉讼接案量略有下降

全国法院司法统计公报显示，2021 年，全国法院共接收劳动人事争议案件 533204 件，与 2020 年相比增加约 21.27%；结案 499546 件，与 2020 年相比结案率提升了约 11.78%。其中，调解结案为 115379 件。2022 年，全国法院共接收劳动人事争议案件 506858 件，与 2021 年相比减少了 26346 件，约 4.94%；结案 508852 件，与 2021 年相比结案率提升了约 1.86%（见图 7–1）。其中，调解结案为 115090 件。近两年，劳动人事争议诉讼案件总量呈递减趋势，这与司法服务前移，有效加强用人单位预防指导，做好风险监测预警和隐患排查化解工作密切相关。

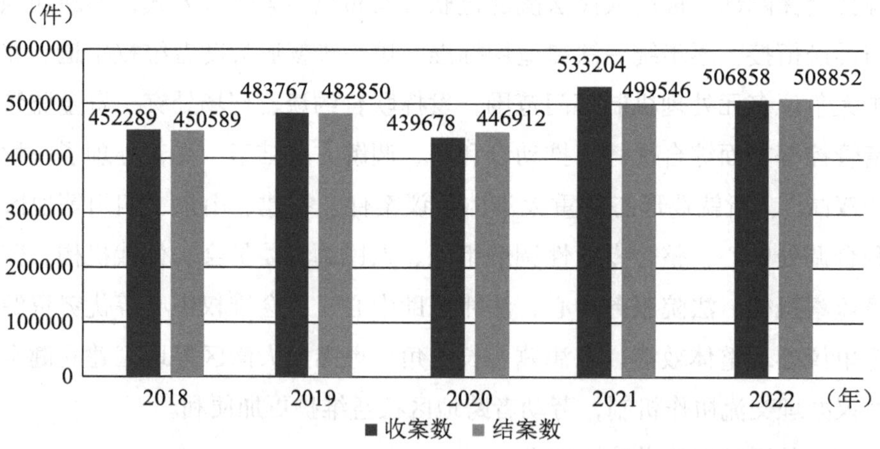

资料来源：全国司法统计公报。

图 7–1　2018—2022 年劳动人事争议案件数量

通过对2022年全国法院接收劳动人事争议案件进行数据分析发现，其中，针对工资报酬类的案件占47.6%，针对解除劳动合同类的案件占15.9%，针对社保福利类的案件占11.3%，针对劳动合同纠纷类的案件占9.2%，针对劳动安全类的案件占7.0%，针对人事争议类的案件占4.8%，其他类案件占4.2%。占比最高的工资报酬类案件中，多涉及未支付的工资、社会保险费、残疾人就业保障金、经济补偿金等问题。在解除劳动合同类案件中，主要包括无正当事由解除劳动合同、合同期限届满等案由。在社保福利类案件中，以生育保险、工伤认定、退休金等问题为主。

为进一步加强劳动人事争议调解和诉讼衔接工作，增强劳动人事争议多元化解质效，2022年1月，最高人民法院办公厅与人力资源社会保障部办公厅联合印发《关于建立劳动人事争议“总对总”在线诉调对接机制的通知》，对完善劳动人事争议调解与诉讼实质化衔接机制，推动劳动人事争议“总对总”在线诉调对接工作提出明确要求。最高人民法院依托人民法院调解平台、人力资源社会保障部依托劳动人事争议在线调解服务平台，通过系统对接与机构、人员入驻相结合的方式，共同推进“总对总”在线诉调对接机制建设，畅通线上线下调解与诉讼对接渠道。指导全国劳动人事争议调解组织与各级人民法院开展劳动人事争议全流程在线委派委托调解、音视频调解、在线申请司法确认调解协议等工作，有效建立各地人民法院与同级人力资源社会保障部的工作协调和信息共享机制，落实建设应用要求。

（二）劳动争议案件的主要特点

1. 劳动争议案件发生呈现“一高三集中”的特点

“一高”指案件总量保持高位运行。各级调解仲裁机构办理争议案件数同比上升19.6%，受理10人以上集体争议案件数同比上升7%，与近年来争议案件发生趋势大体一致。虽然2022年各级法院接收劳动争议诉讼案件数比2021年略有下降，但总量仍处于高位。“三集中”指争议主要类型集中、发生地区集中和发生争议用人单位集中。从各级调解仲裁机构办理争议案件类型看，2022年涉劳动报酬、解除和终止劳动合同、社会保险争议案件是最主要的类型，共计 201.4 万件，占受理争议案件总量的 83.6%。从争议发生地区看，广东、江苏、北京、上海、山东、浙江 6 个地区受理争议案件数量居全国前 6 位，共受理争议案件 144.2 万件，占争议案件总量的 60.1%。从争议发生的用人单位类型看，涉及私营企业争议案件数量最多，达到 201.6 万件，占争议案件总量的 85.9%。

2. 劳动争议案件办理呈现“一增加两提升”的特点

“一增加”指调解组织受理争议案件占争议案件总量的比重增加。2021 年，各地以“打造百家金牌调解组织”为契机，大力推进调解组织建设，各类调解组织受理争议案件数量同比上升 25.4%，占争议案件总量的比例增加 2.3 个百分点。其中，乡镇（街道）调解组织受理争议案件 59.9 万件（其中，通过“互联网 + 调解”平台调解成功 2.78 万件），占各类调解组织受理争议案件数量的 51.8%，是基层调解的主渠道。部分地区通过做实调解组织，有效控制了争议案件上升率，例如，北京、上海两市大力推进乡镇（街道）调解组织实体化建设，做到有矛盾早发现、早介入、早化解，同时依托“互联网 + 调解”平台拓展“不见面”服务，争议案件受理数量同比分别下降 0.3%、5.9%。“两提升”指调解成功率提升和终局裁决率提升。结案方式方面，2022 年通过调解方式结案的争议案件占所有结案案件的比例为 75.1%，较 2021 年增加 1.8 个百分点，反映出当事人调解意愿和基层调解仲裁机构调解能力增强。终局裁决方面，2021 年全国审结的仲裁案件中，终局裁决率达到 40.1%，较 2020 年提升 0.6 个百分点，仲裁准司法制度优势得到进一步发挥。

3. 新就业形态争议案件更受关注

2021 年 7 月，人力资源社会保障部、国家发展改革委等八部门共同印发的《关于维护新就业形态劳动者劳动保障权益的指导意见》（人社部发〔2021〕56 号，以下简称《指导意见》）提出，按照符合确立劳动关系情形、不完全符合确立劳动关系情形，但企业对劳动者进行劳动管理、民事法律关系等三种情形对劳动者权益予以分别保障。虽然新就业形态争议案件总量暂时还不大，但新就业形态劳动者群体不断扩大，平台算法设置不合理、劳动者职业伤害保障缺失等问题受到社会广泛关注。

（三）劳动争议案件数量高位运行主要原因

1. 市场主体总量快速增长

国家市场监督管理总局数据显示，我国市场主体数量由2017年的0.98亿户增长到2022年年末的1.69亿户，年均增长14.49%。同期，各级调解仲裁机构办理争议案件数量由2017年的166.5万件上升至2022年的316.2万件，年均增长17.98%，两者增幅比例基本一致，争议案件数量略高。这与近年来市场主体中的小微市场主体数量日益增多、日渐活跃有关，2022年年末，个体工商户达1.14亿户，占市场总量的2/3。小微市场主体劳动用工合规意识不足，或缺乏相应管理经验，较易出现相关争议风险。

2. 劳动者维权意识和能力不断增强

随着全面依法治国的不断深化，劳动保障法律、法规进一步健全，宣传执行力度进一步加大，对劳动者合法权益的保护越来越全面，劳动者的依法理性维权意识和自我保护能力进一步提高，调解仲裁机构受理案件数随之增多。

3. 调解仲裁维权渠道进一步畅通

企业、乡镇（街道）、行业商（协）会等基层各类调解组织更加健全，仲裁效能建设不断加强，仲裁办案方式进一步优化，调解仲裁与诉讼衔接机制不断完善，“互联网＋调解”平台有效提升了维权便利度，更多劳动者选择通过调解仲裁渠道维护自身合法劳动权益。

4. 司法系统强化诉前调解，助力多元解纷

最高人民法院的数据显示，截至2022年年底，对接人民法院的调解组织达9.6万家，调解员多达37.2万名，有9677家人民法庭入驻调解平台，与派出所、街道办、村委会、司法所等75511家基层治理单位对接，进行诉

前调解。通过诉前调解方式解决的劳动关系相关案件数量为 44508 件，占比为 11.96%。坚持将非诉讼解纷机制挺在前面，让多元解纷方式“再向前走一步”，推进矛盾纠纷诉前化解、源头化解。

5. 新冠疫情、经济发展等因素影响

2021 年，虽然我国经济总体稳步恢复，但经济出现新的发展压力，同时面临疫情多地散发、大宗商品价格快速上涨、全球供应链不稳定因素增加等多重挑战，大量市场主体特别是私营企业受到较大冲击，成本上涨、利润下滑、资金紧张，影响生产经营，致使劳动关系不稳定因素增多。

6. 部分企业劳动用工不规范

部分企业特别是小微型民营企业的劳动合同签订率、履行率相对较差，不能及时足额发放工资和缴纳社保，工作和休息时间不明确且执行比较随意，劳动条件和劳动保护水平较低，导致争议案件多发。

二、我国劳动争议处理工作面临的形势和存在的问题

劳动关系状况深受经济环境的影响。经济发展变化、经济结构调整及国际产业分工、全球投资贸易规则的变化等，都对劳动关系产生重要影响。经济增长态势向好时，企业效益增长，如果劳动者不能合理分享发展成果，发生工资增长等利益争议的风险就会加大；经济增长缓慢时，企业特别是中小微型企业生产经营困难，裁员、降薪欠薪、欠保等带来的风险就会凸显。当今世界正经历百年未有之大变局，新冠疫情全球大流行使这个大变局加速演进，劳动争议案件调解处理工作将面临两大问题。一是争议总量持续增多。我国经济发展多年来未见的需求收缩、供给冲击、预期转弱三重压力及其边际变化对就业、劳动关系、社会保险等工作带来深刻影响，外部环境依然复杂多变，不稳定不确定因素增多，再加上疫情散发、自然灾害、能源供应紧张等因素加剧部分行业企业生产经营困难，劳动关系矛盾风险积聚，劳动争议发生“燃点”降低，争议案件总量呈一路走高、快速上涨态势。二是争议

办理难度不断加大。近年来，争议越来越呈现主体多元化（申请仲裁的劳动者不仅局限于基层一线职工，不少专业技术人员、高级管理人员、企业股东甚至前法定代表人、外国在华就业人员也通过仲裁来解决争议，这些劳动者往往会形成一定的社会影响和示范作用）、诉求多样化（争议诉求往往涵盖法定权益和非法定权益，争议诉求也逐渐从劳动报酬、经济补偿金、赔偿金等经济利益向确认劳动关系、享受休息休假、提供劳动保护等非经济利益的多诉求转变）的趋势，争议办理的难度越来越大。

结合近年来国内外经济形势、国际环境和争议案件数据综合分析，预计“十四五”时期，争议案件将持续呈现总量快速增长与办理难度加大并存的态势，劳动争议调解处理工作面临的形势将更加严峻复杂。与此同时，劳动争议调解处理工作还存在一些困难和问题。例如，调解仲裁制度优势有待充分发挥、仲裁办案三方机制落实不到位、部分地区机构队伍等基层基础建设相对薄弱、争议办理效能离国家治理体系和治理能力现代化要求还有较大差距等，这些都需要相关部门精准分析把握工作形势，坚持底线思维，发扬斗争精神，准确识变，科学应变，主动求变，在危机之中寻新机，于变局之中开新局。

三、我国劳动争议处理工作的对策建议

劳动人事争议办理是一项重要的社会治理工作，是我国社会矛盾纠纷多元预防调处化解综合机制的重要组成部分，在维护劳动关系和谐与社会稳定中发挥着不可替代的作用。党的二十大报告对未来一个时期党和国家事业发展做出重要战略安排，提出了“支持中小微企业发展，优化营商环境”“健全以职工代表大会为基本形式的企事业单位民主管理制度，维护职工合法权益”“完善劳动关系协商协调机制，完善劳动者权益保障制度”“健全共建共治共享的社会治理制度，提升社会治理效能。”“在社会基层坚持和发展新时代‘枫桥经验’，完善正确处理新形势下人民内部矛盾机制”“畅通和规范群众诉求表达、利益协调、权益保障通道”等重点任务。这对依法高效办理争议案件，切实提升调解处理工作规范化、标准化、专业化、智能化

水平，进一步促进就业质量提升与劳动关系和谐稳定等提出了更高的目标和要求。

（一）进一步强化争议源头治理

加强源头治理是预防化解社会矛盾纠纷的根本途径，是劳动人事争议办理的治本之策，也是防范化解劳动关系风险的关键所在。在争议源头治理中，用人单位发挥着非常重要的作用。一是加强对企业的指导服务。对受疫情冲击严重、用工人数较多的企业，要主动上门服务，及时掌握企业用工等方面难题，采取多种措施帮助企业减轻稳岗负担，助力企业尽快复工达产。落实好《指导意见》，指导平台企业区分不同用工形式，依法合规用工。二是充分发挥协商协调机制作用。以受疫情影响严重企业为重点，鼓励企业和劳动者围绕企业劳动用工中的难点和劳动者关心的热点开展集体协商，引导双方合理分担责任，及时解决矛盾纠纷，共渡难关。鼓励新业态行业或头部平台企业就订单分配原则、计件单价、劳动定额、工作和休息时间、法定节假日劳动报酬标准、奖惩办法等与平台劳动者开展协商，保障新就业形态劳动者权益，促进新业态规范健康发展。着力培育用人单位和劳动者协商意识，引导当事人主动开展协商，指导用人单位畅通劳动者利益诉求表达渠道，建立健全与劳动者沟通对话机制，完善协商规则，建立内部申诉和协商回应制度，及时回应劳动者协商诉求，推动工会、企业代表组织、行业商（协）会、中小企业服务机构等组织进一步发挥作用，通过参与协商、提供协商咨询服务、督促履行和解协议等方式，积极促成当事人和解，着力降低争议案件发生率。三是加强宣传引导。开展劳动法进企业等宣传活动，引导企业经营者增强依法合规用工意识，劳动者增强依法理性维权意识，引导企业和劳动者正确看待当前遇到的困难和问题，增强发展信心。引导企业努力承担社会责任，尽量稳定工作岗位，不裁员、少裁员；引导劳动者主动关心企业的生存和发展，积极履行劳动义务，依法理性维权。

（二）进一步强化争议监测预警

一是加强大数据监测。各级协调劳动关系三方（以下简称三方）要依托各自的系统监测信息网络，通过纳税变化、社保欠费、案件受理、投诉举报等指标数据，提高对各类风险的动态监测和实时预警能力，分析风险发生的原因和规律，科学把握争议发展态势，加强信息交流共享和及时会商研判，做到早识别、早预警、早发现、早处置，真正把问题解决在萌芽状态。二是完善争议形势动态监测和预警机制，密切关注经济社会发展形势和相关政策实施效果，加强与有关部门的信息交流。坚持定期进行数据梳理研究，分析争议发生的原因和规律，掌握争议发生的动态与趋势，及时解决苗头性、倾向性问题。三是突出防范化解重点风险。要以房地产、互联网、教育培训、劳动密集型加工制造行业和受疫情影响较大的企业为重点，全面排查因欠薪、规模裁员、不规范用工等引起的风险隐患，依法打击恶意欠薪行为，规范企业用工和裁员行为。四是完善制度机制。健全劳动关系领域群体性突发事件的应急处置机制和规模裁员及时报告制度，一旦发生重大突发性事件，三方共同及早介入、快速稳妥处置。在坚持依法依规处置劳动关系矛盾纠纷的同时，尽量柔性化办理，降低问题处置的冲突性。

（三）进一步完善劳动关系协调机制

一是深化劳动关系“和谐同行”能力提升行动，做好选树“百家金牌争议调解组织”等工作，提高企业争议调解员专业化水平，提供更有针对性的劳动用工指导和争议预防调解服务。二是抓好新就业形态劳动者权益保障政策落实，通过发布行业用工示范文本、典型案例等方式，压实平台企业责任。加强类案指导和重大案件办理指导协调，保证案件办理质量，确保“同案同裁”。强化裁审衔接配合，特别是对于“不符合确立劳动关系情形”的纠纷，做好裁审程序衔接，引导劳动者通过民事诉讼程序依法维权。三是推行劳动维权“一件事”集成改革，加强调解仲裁与劳动保障监察等机构联动配合，落实首问负责制，推动劳动维权“一口受理”；加强信息共享，实现事实共认，建立热点、难点问题会商机制，强化争议与劳动保障违法行为协调处置。建立、健全调解仲裁与促进就业服务联系机制，推行“劳动维权＋就业帮扶”工作模式，会同就业服务机构，为有需求的劳动者提供招工就业帮扶。

（四）进一步健全争议多元处理机制

一是积极协调中央政法委细化争议多元处理机制建设工作在平安建设考核中的考评标准，通过督导、考评推动工作。二是加强争议协商调解，制定实施加强争议协商调解工作指导意见，发挥人力资源社会保障部在争议多元处理机制中的牵头作用，积极争取各部门支持，提高争议多元处理机制运行质效，实现争议办理效能的最大化。三是强化仲裁办案指导，出台仲裁办案指导工作规范，依法依规快办快结拖欠农民工工资、新就业形态等争议案件。指导仲裁机构按照“属地管辖、依法依规、调解为主、裁审一致”的办理原则，落实仲裁办案规则规定，提高案件办理效率，妥善办理集体争议案件。四是落实重大争议应急处理机制，完善工作预案，压实属地化解责任，坚持协商调解优先原则，发挥三方合力办理重大争议案件，防止出现极端事件和群体性事件。

（五）进一步提升社会服务能力

一是持续推进乡镇街道调解组织建设。加大与有关部门协调力度，推动解决人员、办案场所和经费等问题，提高基层调解工作效能。二是推动符合条件的仲裁院纳入参公管理，指导各地落实仲裁员职业保障措施，稳定仲裁员队伍，提升仲裁办案效能。三是推进“互联网＋调解仲裁”，推广全国“互联网＋调解”服务平台和仲裁在线庭审方式，将线下线上维权结合起来，满足劳动者对高效、便捷、智能调解仲裁服务的新需求。四是加强调解仲裁行风建设，坚持问题导向，系统梳理调解仲裁信访和行风投诉问题，并采取针对性措施纠正弥补，不断提升人民群众对调解仲裁工作的满意度。

第八章　协调劳动关系三方机制

2021—2022年是党和国家历史上极为重要的时期，面对风高浪急的国际环境和艰巨繁重的国内改革发展稳定任务，在以习近平同志为核心的党中央坚强领导下，庆祝中国共产党成立一百周年，实现第一个百年奋斗目标和“十四五”良好开局，迎接党的二十大胜利召开，擘画了全面建设社会主义现代化国家、以中国式现代化全面推进中华民族伟大复兴的宏伟蓝图。各地区各部门坚持以习近平新时代中国特色社会主义思想为指导，按照党中央、国务院决策部署，统筹国内国际两个大局，统筹疫情防控和经济社会发展，统筹发展和安全，坚持稳中求进工作总基调，完整、准确、全面贯彻新发展理念，加快构建新发展格局，着力推动高质量发展，加大宏观调控力度，应对超预期因素冲击，经济保持增长，发展质量稳步提升，创新驱动深入推进，改革开放蹄疾步稳，就业物价总体平稳，粮食安全、能源安全和人民生活得到有效保障，经济社会大局保持稳定，全面建设社会主义现代化国家新征程迈出坚实步伐。在劳动关系领域，国家协调劳动关系三方相互配合密切合作，全力应对劳动关系领域风险挑战，面对不断反复的新冠疫情、纷繁复杂的国际形势、艰巨繁重的发展任务，坚决扛起维护劳动关系大局稳定的政治责任，加强企业用工指导服务，制定出台维护新就业形态劳动者权益的执行政策，有效预防和化解了劳动关系领域的突出矛盾，促进了劳动关系总体和谐稳定，为高效统筹疫情防控和经济社会发展做出了积极贡献。

2021—2022年，国家协调劳动关系三方会议以习近平新时代中国特色社会主义思想为指导，深入贯彻落实党的二十大和十九大历次会议精神，立足新发展阶段，贯彻新发展理念，构建新发展格局，促进高质量发展，扎实做好“六稳”工作，落实“六保”任务，积极应对疫情多点散发、国内经济恢复不稳定不平衡等对构建和谐劳动关系带来的严峻挑战，主动担当作为，加大协调协作力度，加强构建和谐劳动关系制度机制建设，及时预防和化解突出矛盾风险，促进企业发展，依法维护劳动者权益，各项工作取得积极成效，有力保持了全国劳动关系总体和谐稳定。

一、我国协调劳动关系三方机制的主要工作

2021—2022 年，国家三方领导高度重视，成员单位密切配合、勠力同心，通过下发系列文件、密切关注劳动关系态势、组织系列活动，切实发挥了国家协调劳动关系三方机制在特殊时期的重要作用。

（一）有效防范风险，全面构筑劳动关系风险防火墙

1. 建立并完善劳动关系风险监测预警与分析研判机制

2021 年，国家三方全国劳动关系风险会商研判机制正式运行，组建专家委员会，制订工作方案，定期梳理有关情况，及时对全国劳动关系形势进行分析研判。全国总工会劳动关系监测平台对覆盖全国 31 个省（区、市）、154 个主要城市、近 3000 家企业的劳动关系发展态势开展季度监测研判。全国工商联依托网络调查，完成全国 1.8 万余家民营企业年度劳动用工监测。中国企联利用大数据手段监测企业劳动关系舆情信息，分析劳动关系热点话题，形成中国企业劳动关系形势研判分析报告。加强对劳动关系领域矛盾风险的监测和排查，实行劳动关系情况运行月报告制度，在重大时间节点实施每日“零报告”。实时监测涉劳动关系舆情，及时调查核实和妥善处置舆论反映的重要劳动关系问题线索，完善网络舆情信息涉欠薪案件反馈制度。2022 年 6 月 17 日召开的国家协调劳动关系三方会议第二十七次会议上，“新时代和谐劳动关系创新研究基地”在中国人民大学、中国劳动关系学院、首都经济贸易大学正式挂牌，旨在进一步加强国家三方的理论研究能力，持续深化和谐劳动关系创建活动。

2. 有效预防劳动争议风险

2021年1月，人力资源社会保障部、全国总工会等四部门联合印发《关于做好严寒天气下劳动者权益维护有关工作的通知》。针对社会上出现的超时加班、欠薪欠保等侵害劳动者权益的舆情事件，开展清理整顿人力资源市场秩序专项行动，严厉打击非法劳务派遣、招聘欺诈等违法行为，在7省市集中治理违法超时加班问题。开展2021年“尊法守法·携手筑梦”服务农民工公益法律服务行动。发布2022年第一批拖欠劳动报酬典型案件。以“规范用工·和谐同行”为主题，举办5期《劳动法》进民营企业“云”讲堂活动，编印《劳动关系领域法律法规政策汇编》推送给民营企业，引导企业依法规范用工。推动企业与职工“双关爱”的和谐文化建设。将和谐劳动关系标准纳入中国企联企业信用评价与全球契约企业最佳实践活动。

2022年10月13日，为深入贯彻党的二十大精神，落实党中央、国务院关于“坚持把非诉讼纠纷解决机制挺在前面”的重要决策部署，人力资源社会保障部与中央政法委、最高人民法院、工业和信息化部、司法部、财政部、全国总工会、全国工商联、中国企业联合会/中国企业家协会联合印发《关于进一步加强劳动人事争议协商调解工作的意见》。该意见坚持以习近平新时代中国特色社会主义思想为指导，明确“人民至上、源头治理、创新发展、灵活高效”的基本原则，提出了持续加强制度机制和能力建设的目标任务。强调加强源头治理，强化争议预防指导，健全风险监测预警机制；强化协商和解，指导用人单位建立内部争议协商机制，强化和解协议履行和效力；做实多元调解，推进基层调解组织建设，建设市、县级争议仲裁院调解中心和职工法律服务工作站；加强工作联动，健全争议调解与人民调解、行政调解、司法调解联动工作体系，参与社会矛盾纠纷调处中心建设，强化调解与仲裁、诉讼衔接；提升服务能力，加强队伍建设，加大保障力度。2022年12月19日，人力资源社会保障部、公安部、民政部、司法部、交通运输部、文化和旅游部、国家卫健委、国家乡村振兴局、国家疾控局、全国总工会、共青团中央、国铁集团12个部门联合印发《关于开展2023年春节期间“春暖农民工”服务行动的通知》，对春节期间农民工服务保障工作做出部署安排，提出一系列暖心举措，让广大农民工安心、舒心、开心过个好年。“春暖农民工”服务行动时间从2022年12月至2023年2月。

3. 妥善处理劳动关系领域突出矛盾纠纷

国家协调劳动关系三方指导地方建立人社系统和信访系统合力化解信访突出问题的工作机制，指导有条件的试点地区开展“一调一裁一审”体制改革研究。2021年，全国各级劳动人事争议调解仲裁机构处理劳动人事争议案件263.1万件，调解成功率为73.3%，仲裁结案率为97.4%，仲裁终结率为71%。2022年，全国各级劳动人事争议调解仲裁机构处理劳动人事争议案件316.2万件，涉及劳动者341.3万人。全年办结争议案件303.3万件，结案金额为682.2亿元。调解成功率为75.1%，仲裁结案率为96.9%，仲裁终结率为72.5%。积极推进“法院＋工会”劳动争议多元化解试点工作，编写《劳动争议多元化解工作指南》。推动商会调解信息服务平台建设，为商会调解组织提供线上线下解纷技术支撑。开展第一批“百家金牌调解组织”评选，推广劳动人事争议调解模式。

国家协调劳动关系三方印发《农民工工资专用账户管理暂行办法》《工资保证金规定》《欠薪失信联合惩戒对象名单管理办法》，完善欠薪线索反映平台功能，畅通举报投诉渠道，建立根治欠薪保障冬奥会工作机制，扎实推进根治欠薪冬季专项行动。2021年，全国各级劳动监察部门查处工资类违法案件6.3万件，为85.3万名劳动者追发工资待遇79.9亿元。2022年，全国各级劳动保障监察机构共查处各类劳动保障违法案件11.5万件，保障84.5万名劳动者及时拿到工资95.4亿元。组织实施2020年度全国工会中央专项彩票公益金法律援助项目，为职工挽回经济损失9800余万元。2021—2022年，全国没有发生重大集体劳动人事争议案件和极端个案。

（二）加强源头治理，推动劳动关系治理精准化

1. 全力促进劳动关系和谐

国家协调劳动关系三方贯彻党中央部署，总结评估中共中央、国务院《关于构建和谐劳动关系的意见》落实情况，召开全国工会协调劳动关系工作座谈会。举办全国就业与社会保障先进民营企业暨关爱员工实现双赢表彰大会。深入推进全国和谐劳动关系创建示范活动。全面实施劳动关系“和谐同行”能力提升行动，出台金牌劳动关系协调员、金牌协调劳动关系社会组织选树指引，举办全国劳动关系协调员示范培训班，推进全国劳动关系协调员队伍建设。开展“援企稳岗政策进民企，促和谐、助发展”宣传季活动，覆盖 40 多万家企业，推动纾困政策直达基层、直惠企业。2021—2022 年，持续开展“和谐同行”千户企业培育共同行动，在全国范围内共培育定点企业 4309 户，吸引广大企业积极参与和谐劳动关系创建活动，有力推动各级协调劳动关系三方、各类行业企业协调劳动关系能力进一步提升。

2022 年 9 月 22 日，全国和谐劳动关系创建示范经验交流会以电视电话会议形式在北京召开。会议总结了近年来和谐劳动关系创建工作取得的成绩，研究部署今后一个时期的重点工作。会议强调，各级协调劳动关系三方要坚持稳中求进的工作总基调，抓牢重点任务，汇聚共建合力，促进企业发展，维护职工权益，推动构建中国特色和谐劳动关系行稳致远。会上，人力资源社会保障部、全国总工会、中国企业联合会 / 中国企业家协会、全国工商联命名 350 家企业为“全国和谐劳动关系创建示范企业”，命名 50 个工业园区为“全国和谐劳动关系创建示范工业园区”。会议指出，构建和谐劳动关系事关广大职工和企业的切身利益，事关经济发展和社会和谐稳定。近年来，各级协调劳动关系三方广泛深入开展和谐劳动关系创建活动，推动中国特色和谐劳动关系的建立和完善，促进了经济持续健康发展和社会和谐稳定。会议强调，要以习近平新时代中国特色社会主义思想为指导，全面落实党中央、国务院关于构建和谐劳动关系的决策部署，不断提高劳动者权益保障水平，全力推进中国特色和谐劳动关系高质量发展。会议要求各级协调劳动关系三方要提高政治站位，增强新时代构建中国特色和谐劳动关系的责任

感紧迫感，紧扣目标任务，压实主体责任，主动担当作为，确保各项工作任务落地见效。广大企业和工业园区要以和谐劳动关系创建示范单位为榜样，坚持企业和职工共建共享，自觉履行社会责任，维护就业大局稳定。会上，山东、重庆等地方协调劳动关系三方机构代表，以及首都航天机械有限公司、广西柳州高新技术产业开发区（柳东新区）等示范企业、工业园区代表发言，分享经验做法。会议向全国广大企业和企业家发出构建和谐劳动关系倡议书。

2. 持续推进集体协商工作提质增效

国家协调劳动关系三方贯彻落实集体协商“稳就业、促发展、构和谐”行动计划，指导各地积极开展集体协商“春季集中要约行动”，推进开展集体协商质效评估工作。加强专职集体协商指导员队伍建设，举办全国工会集体协商和协调劳动关系工作培训班，分别印发集体协商职工方、企业方培训教材。举办第二届全国城市工会集体协商竞赛，26个省（区、市）和新疆生产建设兵团的31个城市代表队参加，有效扩大集体协商社会影响，宣传共建、共享、共治的协商理念。

3. 大力推动劳动关系领域制度机制改革创新

国家协调劳动关系三方深入开展构建和谐劳动关系综合配套改革试点工作，在完善和创新党委领导、政府负责的劳动关系工作体制、劳动关系风险监测预警和矛盾化解机制、基层和谐劳动关系创建党建引领和社会协同机制，以及劳动关系公共服务等方面形成一批可复制、可推广的经验，有力带动全国构建和谐劳动关系工作创新发展。

2021年7月，人力资源社会保障部办公厅印发《电子劳动合同订立指引》，指导用人单位和劳动者依法规范订立电子劳动合同。稳步推进特殊工时管理改革试点工作。结合深圳建设中国特色社会主义先行示范区等工作要求，支持指导深圳、广州不断探索适应新技术、新业态、新产业、新模式发展的特殊工时管理制度。在听取行业协会等多方意见的基础上，探索制定行业特殊工时管理岗位清单。召开“规范召开企业职工代表大会现场经验交流会”，各地进一步探索职工代表大会新的实现方法和路径，搭建职工和新就业形态劳动者理性表达合理利益诉求的渠道。

（三）抓住重点领域，维护新就业形态劳动者劳动保障权益取得突破性进展

国家有关部门出台《关于维护新就业形态劳动者劳动保障权益的指导意见》《关于落实网络餐饮平台责任 切实维护外卖送餐员权益的指导意见》《关于做好快递员群体合法权益保障工作的意见》《关于加强货车司机权益保障工作的意见》等文件，推动落实快递员、交通运输新业态从业人员、货车司机、外卖员等群体的权益保护政策，部署实施专项行动，召开头部平台企业行政指导会。

国家协调劳动关系三方积极推动和配合修改《工会法》，明确新就业形态劳动者参加和组织工会的权利。2021 年 7 月，全国总工会部署开展了新就业形态劳动者入会集中行动，推动货运、快递、网约车、外卖配送等重点行业头部平台企业及其关联企业工会组织建设，各级工会大力推行“重点建、行业建、兜底建”模式，其中“兜底建”在吸纳新就业形态劳动者入会方面发挥了重要作用。截至 2022 年 6 月底，全国新发展新就业形态劳动者会员 687 万人。滴滴、美团等 12 家代表性头部平台企业全部实现组建工会突破，一批平台企业纷纷建立工会组织。将京东、饿了么、顺丰、唯品会纳入全国总工会品质企业试点，引导企业履行社会责任，加强职工关心关爱。推动新就业形态劳动者帮扶服务项目纳入中央财政专项帮扶资金支持范围，启动“工会进万家 · 新就业形态劳动者温暖行动”服务月，共发放款物 3.77 亿元，慰问新就业形态劳动者 386.79 万人次，慰问新就业形态企业近 3 万家。

国家协调劳动关系三方探索新就业形态劳动者权益协商协调机制，推动建立网约送餐行业、快递行业集体协商机制。总结推广顺丰建立协商协调机制和维权机制的经验做法，指导京东建立集体协商制度，召开首次集体协商会议和职工代表大会，审议通过《京东集团集体合同》《京东物流集体合同》并备案。2022 年 12 月 29 日，全国总工会以视频会议形式召开顺丰“工

会代表”建制十周年经验交流会，推广顺丰“工会代表”制度经验，为推进快递行业工会工作拓展思路、提供借鉴。

（四）完善工资分配宏观调控，加强产业工人队伍建设

2021年1月26日，人力资源社会保障部办公厅发布《技能人才薪酬分配指引》，引导企业建立健全符合技能人才特点的工资分配制度。完善最低工资标准调整批复程序，加强最低工资标准评估，2021年指导21个地区合理调整最低工资标准，指导22个地区发布了工资指导线。2022年指导31个地区合理调整最低工资标准。发布年度全国企业从业人员工资价位信息，指导25个地区发布省级工资价位信息，为企业和职工协商确定工资水平提供科学信息指引。

2022年11月24日，为深入学习贯彻党的二十大精神和习近平总书记关于产业工人队伍建设改革的重要指示精神，全国总工会和国务院国资委党委联合印发《关于充分发挥国有企业在推进产业工人队伍建设改革中带动作用的意见》，要求充分发挥国有企业在推进产业工人队伍建设改革中的带动作用，造就一支有理想守信念、懂技术会创新、敢担当讲奉献的宏大产业工人队伍。充分发挥产业工人主力军作用，促进国有企业高质量发展。

二、我国协调劳动关系三方机制发展存在的问题

党的二十大报告指出，健全劳动法律、法规，完善劳动关系协商协调机制。这不仅深刻反映出构建和谐劳动关系是新时代重要而紧迫的政治任务，而且充分强调了协调劳动关系工作需要三方各成员单位间的密切配合、齐心协力、共同推进。同时，也是对我国协调劳动关系三方既往工作成效的有力肯定，更是对新时代构建和谐劳动关系提出了更高要求。2021—2022年，我国协调劳动关系三方在构建和谐劳动关系、保护劳动者合法权益、引导企业规范发展、防范劳动关系领域风险、助推社会和谐稳定发展等方面做了大量

工作，发挥了积极作用。但在实践运行中，我国协调劳动关系三方工作仍然存在一些困难和问题。

（一）数字经济的蓬勃发展为协调劳动关系工作带来挑战

随着科学技术的不断进步与数字经济的迅速发展，劳动已经发生了重要变化，与传统工业时代有着很大不同。数字经济提供了更多的就业机会，如在家办公、自由职业、平台雇用等多种方式，这些新的方式突破了以往全日制工作模式，工作时间和工作地点都可以不受限制。劳动法律体系需要不断完善，适应数字经济的发展，更好地为劳动者提供保障。同时，在尚无相关劳动法律、法规条款参考的前提下，协调劳动关系工作面临着如何妥善处理好新就业形态下劳动争议等具体问题。

（二）协调劳动关系三方机制工作内容范围有待突破

我国协调劳动关系三方机制尚未解决协商内容单一，以及协商范围过于狭窄的问题。主要协商内容局限于制定部分劳动法律、法规，调整最低工资标准，确定工资指导线等，一些如职业培训、社会保障、职业安全与卫生、劳动监察、就业和再就业等都未纳入协商范围。这也与诸如就业等领域都有各自的协商协调机制有关。同时，在国家协调劳动关系三方工作实践中，特别是深化和谐劳动关系创建活动，迫切需要行业的加入。当前，建立行业协调劳动关系三方机制的只有建筑和海运两个领域，这就导致很多具体工作无法通过行业进行覆盖。

（三）三方机制自身建设有待进一步健全

随着各项工作的深入开展，越来越需要基层组织的支撑，但很多乡镇、街道、工业园区等都没有设立相应的协调劳动关系三方机制，很多工作无法得到充分协商。同时，中共中央、国务院《关于构建和谐劳动关系的意见》明确要求，“建立健全协调劳动关系三方委员会”，“充分发挥政府、工会和企业代表组织共同研究解决有关劳动关系重大问题的重要作用”。但在实践中，只有少部分省（区、市）设立了相应的三方委员会，并由省委、省政府领导担任三方主席。国家三方委员会还一直在不断地探索中。此外，协调劳动关系三方工作经费目前都是各成员单位分别承担，各级三方没有统一的专项经费，不利于深入开展联合调研督察、立法执法、宣传推广等工作。

三、我国协调劳动关系三方机制下一步的主要任务

2023 年是全面贯彻落实党的二十大精神的开局之年，是实施“十四五”规划承上启下的关键一年。随着新冠疫情防控优化政策和稳经济各项举措进一步落实，我国经济将持续稳定恢复。协调劳动关系工作要继续坚持以习近平新时代中国特色社会主义思想为指导，全面贯彻落实党的二十大精神和中央经济工作会议精神，坚持稳字当头、稳中求进，以和谐劳动关系创建为重要抓手，注重防范和化解劳动关系领域系统风险，全力做好劳动关系各项工作，促进社会和谐稳定和经济持续健康发展，为我国全面建设社会主义现代化国家新征程做出积极贡献。

（一）做好预防化解劳动关系领域重大风险相关工作

国家协调劳动关系三方定期开展劳动关系风险分析研判，密切关注房地产、教育培训、互联网等重点行业，在党的二十大、重大纪念日等关键时间节点，加强劳动关系风险隐患排查，有效防范化解易发酵、易蔓延、苗头性、倾向性劳动关系风险。完善劳动关系群体性事件应急处置机制，加强劳动人事争议调解仲裁能力建设，以民营企业为重点加大劳动争议预防调解，及时调整处理劳动争议案件。加强法治民营企业建设，发布民营企业劳动关系报告。继续利用大数据手段进行舆情监测，做好企业劳动关系形势大数据分析研判报告。鼓励引导各地企联采取设立企业联系人、定期召开企业座谈

会等多元化方式开展企业劳动关系形势研判工作。加大劳动保障监察执法力度，强化重点领域监管，查处欠薪、超时加班、侵害女职工劳动保障权益等违法行为，牢牢守住不发生劳动关系系统性、区域性风险底线。

（二）不断完善国家协调劳动关系三方机制

在现有“新时代和谐劳动关系创新研究基地”基础上，国家协调劳动关系三方进一步探索与高校、研究机构的合作，推动中国特色和谐劳动关系理论与实践深度融合。充分发挥国家协调劳动关系三方会议专家委员会作用，为劳动关系政策研究和理论研究、劳动关系领域改革创新等方面提供智力支持。继续研究国家协调劳动关系三方会议顶层设计，完善中国特色协调劳动关系三方机制。

（三）扎实推进和谐劳动关系创建活动

国家协调劳动关系三方贯彻落实《关于推进新时代和谐劳动关系创建活动的意见》，集中力量做好全国和谐劳动关系创建工作先进集体和先进个人表彰工作，组织好表彰大会，推动创建活动扩面向纵深发展。切实发挥新时代创建和谐劳动关系活动专栏宣传阵地的作用，及时更新各地在劳动关系创建过程中好的经验做法，讲好企业“和谐创建”故事。深入打造“劳动关系基层公共服务示范站点”，探索开展“创建和谐劳动关系市（区、县）”，支持行业开展和谐劳动关系创建工作，共同开展劳动法进民营企业“云”讲堂活动。指导各地积极参与表彰推荐工作，组织好同步宣传活动。进一步做好和谐劳动关系企业培育工作，通过点对点、面对面指导，帮助企业健全内部劳动关系管理。注重挖掘企业和谐劳动关系实践案例，通过宣传，以点带面，引导更多企业重视劳动关系工作。加强企业合规工作，特别是劳动用工领域合规建设，制定企业合规系列标准，组织企业合规培训，挖掘相关企业最佳实践，搭建企业合规信息平台，从合规角度，促进企业劳动用工合规管理。继续引导企业加强诚信建设、和谐文化建设，积极履行社会责任。继续开展妇女权益保护、性别平等项目，开展相关政策宣传和专题培训。

（四）全面提升劳动关系治理能力

全面总结劳动关系“和谐同行”能力提升三年行动计划成果并进行评估，研究制定加强劳动关系协调员队伍建设指导意见，鼓励并指导地方开展地区或区域性劳动关系协调员职业技能竞赛，推进劳动关系协调员队伍建设。选树金牌劳动关系协调员、金牌协调劳动关系社会组织、金牌调解组织，梳理总结金牌协调员与金牌组织具有共性的工作方法和工作模式，供各地学习、参考、交流。贯彻落实《关于维护新就业形态劳动者劳动保障权益的指导意见》，发布典型行业用工示范文本，压实平台企业责任，切实维护新就业形态劳动者劳动保障权益。推动用人单位完善协商规则，建立劳动人事争议内部申诉和协商回应制度。总结《集体协商“稳就业、促发展、构和谐”行动计划（2019—2021年）》实施情况，选树推广一批开展集体协商、促进企业发展、维护职工权益、稳定劳动关系的优秀案例。

（五）加强对劳动关系领域重大问题的研究

国家协调劳动关系三方加强规范灵活用工问题研究，稳妥推进特殊工时管理改革试点，积极推进基本劳动标准、集体协商、民主管理等方面的立法研究，开展企业社保扩面意向调查，研究建立企业和谐劳动关系指数测评体系，预判劳动领域敏感问题。做好产业工人队伍建设改革评价考核标准（团体标准）研究工作。

第二部分

专题调研报告

司法裁判对企业薪资决定权的干预研究①

上海企联委托劳动保障研究青年学者委员会课题

2022年7月，最高人民法院发布了第32批共7件指导性案例，主要为保护劳动者合法权益类案例。其中182号、183号指导案例体现了司法机关可以直接审查绩效考核流程和规则的裁判指向，两案的裁判思路体现出司法裁判对企业薪资决定权的干预。在最低工资保障效果不明显、集体合同举步维艰、劳动合同约定严重滞后的情况下，关于薪酬的劳动争议焦点集中于浮动薪资，最典型的便是各类奖金。为持续建立和谐、稳定、良性互动的劳动关系，司法裁判有权适当干预企业薪资决定权，但干预的前提条件、干预的程度、干预的程序及干预后的法律后果等，尚需进一步探究、明确和规范。

一、司法裁判对企业薪资决定权的干预

奖金问题是劳动纠纷中高频发生的争议之一，2022年7月最高人民法院发布的182号、183号指导案例均与奖金有关，且明确体现出司法裁判对企业薪资决定权的干预。

182号指导案例对奖金发放的审批程序提出了突破规章制度的要求。裁判要点指出：用人单位规定劳动者在完成一定绩效后可以获得奖金，其无正当理由拒绝履行审批义务，符合奖励条件的劳动者主张获奖条件成就，用人单位应

① 本课题为“《劳动法》对企业薪资决定权的干预研究”，因研究的视角为实务的裁审态度，因此成果聚焦于司法裁判的影响。

当按照规定发放奖金的，人民法院应予支持。换言之，项目奖励申请未经审核或审批程序尚未完成，不能成为公司拒绝支付项目奖金的理由。

183号指导案例对年终奖发放时需要在职这一常见的规章制度规定，同样提出了突破性的要求。裁判要点指出：年终奖发放前离职的劳动者主张用人单位支付年终奖的，人民法院应当结合劳动者的离职原因、离职时间、工作表现及对单位的贡献程度等因素进行综合考量，用人单位的规章制度规定年终奖发放前离职的劳动者不能享有年终奖，但劳动合同的解除非因劳动者单方过失或主动辞职所导致，且劳动者已经完成年度工作任务，用人单位不能证明劳动者的工作业绩及表现不符合年终奖发放标准，年终奖发放前离职的劳动者主张用人单位支付年终奖的，人民法院应予支持。本案情况较为特殊，员工最后工作日为2017年12月29日，此后两日系双休日，表明该员工在2017年度确已在公司工作满一年，但指导案例体现出的裁判倾向是较为明确的。

对于奖金争议，司法实践的态度一直存在一定争议。部分法院认为，奖金性质不同于工资，奖金发放规则属于企业经营自主权范畴，在不违反法律强制性规定和公序良俗的情形下，司法机关不宜过度干预；也有部分法院认为，一些企业的奖金发放规则或绩效考核评估显失公平，不合理地免除公司责任、排除劳动者权利，司法机关有责任、有义务进行适当干预。奖金争议的司法审查边界主要焦点在于用人单位经营自主权和劳动者司法救济权之间的关系，也是用人单位合法用工自主权和劳动者合法权益的平衡体现，最高人民法院182号、183号指导案例凸显了保护劳动者权益的价值取向，体现了劳动法的倾斜保护原则。

二、企业薪资决定权的法律经济分析

（一）企业薪资决定权是企业经营自主权的重要表现

根据我国相关法律，企业具有广泛的经营自主权。《中华人民共和国公司法》及其司法解释仅对少数事项进行了强制规定，公司可以在法律允许的范畴内自由制定公司章程，对公司管理制度、具体规章、经营范围等进行细致的规定。《企业国有资产监督管理暂行条例》(2019)第十条还强调了国有企业的经营自主权:“所出资企业及其投资设立的企业,享有有关法律、行政法规规定的企业经营自主权。国有资产监督管理机构应当支持企业依法自主经营,除履行出资人职责以外,不得干预企业的生产经营活动。”

企业的经营自主权在《劳动法》中也有明确体现。《劳动法》(2018)第四十七条明确了企业对人事薪酬体系的自主权,企业可以根据自身生产经营特点和经济效益加以确定。《劳动合同法》(2012)第四条明确规定企业有权依法制定“保障劳动者享有劳动权利、履行劳动义务”的规章制度,内容包括但不限于“劳动报酬、工作时间、休息休假、劳动安全卫生、保险福利、职工培训、劳动纪律以及劳动定额管理等”,除了上述内容外,规章制度还可以涵盖企业工作流程、业务指导、管理架构等内容。

在目前的劳动实践中,多数劳动者都依赖企业规章制度而非法律、法规确定工作规范,规章制度在某种程度上可谓是劳动者的“法律”;而薪酬福利这一无法被法律、法规统一的部分就是这部“法律”中最为劳动者所重视的。企业薪资决定权是企业经营自主权的重要表现,也是劳动者所期盼的劳动交换成果。

(二)企业薪资决定权是劳动力市场定价机制的体现

新制度经济学的创始人罗纳德·科斯在1937年发表的论文《企业的性质》[①] 中提出了市场成本即运用价格机制的成本这一概念,并提出企业自上而下的资源配置机制能够节约市场交易过程中的信息成本、谈判成本和保护成本。经营意味着预测和通过签订新的契约、利用价格机制进行操作。管理则恰恰意味着仅对价格变化做出反应,并在其控制下重新安排生产要素。科斯认为,企业就是作为替代市场交易组织生产的代表,在企业“内部化”市场交易的过程中,企业管理费用随之增加,市场缔约成本却随之下降,两者

① Coase R. The Nature of the Firm[J]. Economica, 1937, 4(1): 386–405.

趋于平衡时企业的边界就能明确、稳固下来。①

科斯在 1960 年发表的《社会成本问题》②一文中，进一步明确提出了交易成本的概念，并探讨了交易成本与权利界定对经济制度运行效率的影响：企业内部，个人与种种协同生产要素之间的谈判消失了，市场交易被管理决策取而代之，进而生产的重新安排则无须通过生产要素所有者之间的讨价还价。

上述两篇文章表达的都是同一个议题，即交易成本是如何影响资源配置的。当交易成本为零时，无论产权如何规定，资源配置的效率总能达到最优。现实中交易费用不可能为零，往往还十分高昂，因此产权安排往往对资源配置效率起到决定性作用。

在劳动力市场这一场景下，企业作为需求方决定符合市场行情的价格，劳动者作为劳动力提供方选择对自己最有利的机会，双方根据市场价格机制进行交易，权利义务平衡对等。而包含薪酬体制的企业规章制度就是劳资双方交易过程中，为了将交易成本降到最低，提高谈判、签约、履约效率所采取的方式。毕竟与每位员工约定薪酬体制和其他诸多工作规范将极大地降低效率、提高成本，因此，企业将外部交易转化为内部管理，以此实现资源配置的最优，对劳动者而言企业规章制度的保障力也更高于单独约定。换言之，企业薪资决定权是劳动力市场定价机制的体现，是劳资双方为实现社会效益最大化的共同选择。

（三）企业薪资决定权的制衡是企业和劳动者相互影响的体现

当然，在劳动力市场这一场景下，由于劳资双方本身的差异性，在谈判过程中企业的话语权往往高于劳动者，不可避免地会出现不公平现象。但劳动者作为生产要素的所有者依然拥有选择权。如果企业薪酬体系自始至终不公平，那么这一制度对员工的激励效应会非常弱，无法达到改善企业生产经营质量的目标，企业的持续经营、长期发展必然会受到影响；如果企业的薪

---

① 何一鸣，罗必良，高少慧. 企业的性质、社会成本问题与交易成本思想——关于科斯经济学说的历史回顾与理论述评[J]. 江苏社会科学，2014(4): 46–54.

② Coase R. The Problem of Social Cost[J]. Journal of Law and Economics, 1960, 3(1): 1–44.

酬体系是公平的，但企业在实施过程中单方反悔，那么在如今的互联网时代企业的不良信誉会迅速传播开来，信誉损害这样的非法律惩罚有时比法律惩罚更有效，这类企业自然而然会被劳动者和劳动力市场抛弃。

而劳动者的选择权在劳动法上也有具体的体现。根据《劳动法》及《劳动合同法》的规定，劳动者只需要提前三十日以书面形式通知用人单位，就可以解除劳动合同，而且通常情况下无须承担违约责任。因此，看似企业拥有随心所欲的薪资决定权，但实际上企业不得不受到劳动者选择的影响，从而引导企业在薪资方面不断提升竞争力，改善劳动者的待遇。

三、劳动法对企业薪资决定权的干预手段分析

劳动法诞生于 19 世纪，与产业革命的蓬勃发展及工人运动的日益壮大密切相关。18 世纪末至 19 世纪初，随着西方各国无产阶级革命运动的逐步兴起，工人阶级强烈要求废除规定工时下限、工资上限的“劳工法规”，要求缩短工时、增加工资、禁止使用童工、对女工及未成年工给予特殊保护及实现社会保险等。1802 年英国通过了《学徒健康和道德法》，规定纺织工厂童工的工作时间每天不得超过 12 小时。至此新的立法倾向“工厂立法”的出现，通过规定工时上限、工资下限，限制企业对劳动者权益的决定权；1886 年美国芝加哥的工人大罢工，迫使美国政府于 1888 年年初宣布实施 8 小时工作制。劳动法经过逐步发展，开始涵盖工作时间、工作报酬、就业平等、社会保险、劳资争议解决机制等内容，成为一个独立的法律部门。可以说，劳动法自诞生起的首要任务就是对企业经营管理自主权的干预，常见的干预方式有以下几种。

（一）基准法干预

劳动基准法是有关劳动报酬和劳动条件最低标准的法律规范，企业可以采用高于但不能低于基准法所规定的标准。在薪酬方面，劳动基准法进行了明确规定，例如，《劳动法》（2018）第五章明确了工资分配原则等；《关

于工资总额组成的规定》（1990）确立了工资总额组成部分，以及奖金作为超额劳动报酬的性质等；《工资支付暂行规定》（1994）规定了工资支付方式、支付周期、加班费等。

（二）集体协约干预

集体合同或集体谈判是劳动法干预企业管理的重要方式之一，即劳动者集体性地通过工会，与用人单位谈判雇用条件，而企业必须参与。谈判结果具有法律约束力，集体协商代表与用人单位签署的合同对全体员工均有效。《集体合同规定》（2004）跟集体协商的方式、主要内容、法律效力等均做了明确规定。集体协约干预旨在使劳资双方能够在一个较平等的情况下订立雇用条件，以保障劳动者应有的权益。但是集体谈判作用的发挥，有赖于工会组织的发展，目前还任重道远。

（三）劳动合同约定

劳动合同约定是最常见的自愿约束方式。劳动合同是劳动者与用人单位之间确立劳动关系，明确双方权利和义务的协议，双方协商一致即可，但不得违反法律、行政法规的规定。

在实践中，劳动者和用人单位的谈判地位往往是不对等的，如果劳动者迫切希望得到这份工作，他在薪酬方面的谈判空间是极为有限的，一旦签约必将受到企业薪酬体系的约束。对此，《劳动合同法》（2012）也有较为明确的规定，如第三条确立了劳动合同订立的基本原则："订立劳动合同，应当遵循合法、公平、平等自愿、协商一致、诚实信用的原则。依法订立的劳动合同具有约束力，用人单位与劳动者应当履行劳动合同约定的义务。"第十八条也规定了劳动合同对劳动报酬和劳动条件约定不明确的解决方式："用人单位与劳动者可以重新协商；协商不成的，适用集体合同规定；没有集体合同或者集体合同未规定劳动报酬的，实行同工同酬；没有集体合同或者集体合同未规定劳动条件等标准的，适用国家有关规定。"

（四）规章制度规定

企业规章制度是企业全体员工在生产经营活动中需要共同遵守的规定和标准，是企业管理的基础，对保证企业的生产经营活动，以及提高企业管理水平有着重要的作用。企业为节省交易成本，通常也会将薪酬体系纳入规章制度之中，将其作为人力资源管理和员工激励的核心工具。

在规章制度制定方面，企业有较大的话语权，劳动法对此的干预主要体现在程序审查。《劳动合同法》（2012）第四条规定："用人单位应当将直接涉及劳动者切身利益的规章制度和重大事项决定公示，或者告知劳动者。"《最高人民法院关于审理劳动争议案件适用法律问题的解释（一）》（2020）第五十条规定："用人单位根据劳动合同法第四条规定，通过民主程序制定的规章制度，不违反国家法律、行政法规及政策规定，并已向劳动者公示的，可以作为确定双方权利义务的依据。"

在司法实践中，司法机关通常更重视公示程序是否被履行，不苛求民主程序无任何瑕疵，因为一旦规章制度无效的话劳动者的相关薪酬福利就处于不确定的状态，反而对劳动者不利。

（五）司法裁判审查

劳动法自诞生起就蕴含着对企业管理的干预，为持续建立和谐、稳定、良性互动的劳动关系，司法裁判作为一种纠纷解决机制，一方面处理了双方的权利纷争，另一方面也对企业薪资决定权进行了评判和限定。但实践中，对劳动者司法救济权的保护受到多方面因素的影响，司法审查对企业薪资决定权的干预和评判亟须一定边界和规范。

四、司法审查对企业薪资决定权的干预机制分析

不同企业的薪酬体系各具特色，其适用也仅针对本企业员工，不具有普遍性，不同行业的管理要求也不尽相同，司法裁判若想对企业规章制度和薪

酬体系设定统一审查标准是绝无可能的，但我们可以明确司法裁判干预的概括性原则，规范司法裁判干预机制，指引企业制定更为合理的薪酬体系。

（一）范围

首先，司法审查应当以明确的薪酬制度或者薪酬约定为对象。也就是说，司法裁判不应当为双方设定新的权利，而应当对当事人原有的权利是否成立做出裁判。具体而言，如果一项奖金并无明确的规章制度和约定，即便有多次发放的记录，司法裁判也不宜将其设定为一项明确的权利。否则，企业将陷入薪资福利能涨不能降、能发不能停的陷阱，从而在根本上打击企业在约定之外自办福利的积极性。

其次，司法裁判对企业薪资决定权干预范围应当限于合法性审查。劳动基准法、集体协约与劳动合同约定作为司法裁判对企业薪资决定权的干预依据是合理的，以上三种干预依据都是由法律规定的，如果企业薪酬体系违反相关法律，如两个月发一次工资、工资标准低于当地最低工资等，司法机关自然应当在裁审过程中予以纠正。

最后，规章制度，尤其是薪酬体系的合理性审查不应属于司法裁判干预的范围。司法实践中，各地司法机关对企业规章制度的合理性审查进行了积极的探索，但多数裁判都存在将规章制度中的不合理之处等同于违法进行认定的问题，进而在裁判时将不合理的法律责任与违法的法律责任也混为一谈，从而导致企业经营自主权受到极大损害的同时，一个不审慎的裁判往往还会引发劳动者群体间的不平等待遇。合理性审查只有当薪酬约定显失公平致使个体劳动者权益受到重大损害，而合法性审查失灵的情形下才能启动，否则容易造成司法权对企业经营权的过度干预。而且，薪酬制度通常应当避免合理性审查，因为从制度来看，并无显失公平的法理基础。

（二）程序

司法裁判干预企业薪资决定权时应当遵循正当程序，核心的便是应当遵循“不告不理”原则。司法机关应当依据当事人的诉讼请求及主张进行审查，不能超越诉讼请求和主张对当事人没有提及的内容进行审查。即使司法机关对规章制度进行了合理性审查，认为其存在不妥之处应当修改，也不应在判决中做出具体的裁判，以设定双方当事人的权利义务。但是，司法裁判可以通过裁判文书中的司法建议和说理来引导当事人双方未来的行为。

程序的规范既是为了提高诉讼效率，有效利用司法资源，也是为了公平起见。否则，司法裁判将偏离劳资双方所争议行为的审查内容，导致裁判与当事人诉讼请求及争议焦点不一致。

（三）标准

在案例检索过程中并没有发现任何一个案件在判决结果中认定企业规章制度因违反法律或不具有合理性而需要废止，司法机关更多的是履行个案审查义务，根据企业实际情况从案件事实出发进行审查，对个案中企业依据规章制度做出的决定是否正确进行裁判，在裁判的过程中来认定作为处罚依据的规章制度是否具有合理性。[①] 薪酬制度的审查尤其如此，因为否定薪酬制度实际意味着无法确定相关的薪酬福利。

因此，在司法审查干预企业薪资决定权时依然应当遵循个案审查、一事一议的原则，不能随意将情形特殊的指导案例作为审理其他案件的参考依据。审查的内容主要包括薪酬发放的条件是否成立，薪酬发放的时间是否到期，薪酬发放的标准是否符合约定或者制度规定等方面，对这些方面内容进行综合审查，以此判断劳动者所主张的薪酬是否应当给付，是否需要对企业的管理行为进行司法干预。

（四）后果

根据“法不溯及既往”原则，司法裁判干预不应具有追溯力，对过往发

① 李蔷. 企业规章制度合理性审查的主体探寻[J]. 社会科学家，2021(3): 116–121.

生的判决不应当有指导、修正的意义；对未来其他案例的判决，在短期内具有一定的指导意义，但仍应根据具体情况判断，而长期效力则需要等待时间的验证，根据法律、法规的修订和企业人力资源管理制度的发展而变化。

五、结论

近年来，司法裁判对企业薪资决定权的干预正在逐渐加深，而最高人民法院 182 号、183 号指导案例对企业规章制度的“修正”进一步强调了“有利于劳动者”原则，更显著地体现出这一裁审倾向。虽然我国不是判例法国家，但最高人民法院指导案例对各级法院的参考意义是显而易见的，而各地各级法院是否会真正深入探究指导案例的具体情形及做出这一裁判的背后原因，并在后续审判中做到个案审查、一事一议，是我们不能确定的。

司法裁判应当审慎干预企业薪资决定权，尽量保持谦抑。薪酬制度作为企业人力资源管理和员工激励的一种手段，其出发点必然是为了提高管理效率，侵害劳动者权益并非绝大多数企业的初衷。司法裁判针对薪酬体系的合理性审查，仅限于薪酬体系显失公平致使劳动者权益受到重大损害，而合法性审查失灵的情形下才能启动，否则过度干预只会损害劳动规章制度这一机制，动摇企业经营自主权，也不利于多数劳动者的权益保障。

普陀区营商环境“体验官”沙龙活动专题报告

上海企业联合会课题组

优化营商环境是全面贯彻新发展理念和加快构建新发展格局的重要内容，对建设现代化经济体系、推动高质量发展具有重要的现实意义。上海市普陀区发展改革委高度重视区内营商环境建设工作，委托上海企业联合会通过组织营商环境“体验官”沙龙活动等形式，对区内营商环境现状展开调研。本报告结合文献，通过梳理国内外主流对营商环境评价的指标体系，综合对比分析世界银行营商环境评价指标体系和2022年上海市营商环境指标体系发现，普陀区对标国内外营商环境优化工作，取得了显著成绩。基于访谈资料，课题组梳理出普陀区在营商环境评价指标中还存在的主要问题，并据此提出对策建议，以期为进一步优化区内营商环境提供参考。

高质量发展是全面建设社会主义现代化国家的首要任务，发展是党执政兴国的第一要务，没有坚实的物质技术基础，就不可能全面建成社会主义现代化强国。党的二十大报告中指出，“必须完整、准确、全面贯彻新发展理念，坚持社会主义市场经济改革方向”“加快构建新发展格局，着力推动高质量发展”“构建高水平社会主义市场经济体制”。优化民营企业发展环境，依法保护民营企业产权和企业家权益，促进民营经济发展壮大。完善中国特色现代企业制度，弘扬企业家精神，加快建设世界一流企业。支持中小微企业发展。深化简政放权、放管结合、优化服务改革。构建全国统一大市场，深化要素市场化改革，建设高标准市场体系。完善产权保护、市场准入、公平竞争、社会信用等市场经济基础制度，优化营商环境。

党的十九大以来，营商环境和整体生态发生根本性转变，习近平新时代中国特色社会主义思想推动高质量发展成效明显，对标国际一流水平、聚焦市场主体关切、进一步转变政府职能全面推进。优化营商环境对建设现代化经济体系、推动高质量发展具有重要的现实意义。

一、营商环境评价指标体系综述

（一）世界银行营商环境评价指标体系

世界银行将营商环境定义为一个企业在开设、经营、贸易活动、纳税、关闭及执行合约等方面，遵循政策法规所需时间和成本的条件因素。具体指伴随企业从开办、营运到结束的各环节中，各种周围境况和条件的总和。首先是宏观或国家层面因素，如财政、货币、汇率政策和政治稳定性；其次是政府机构和制度层面因素，如政府体系、金融和法律制度等；最后是基础设施层面因素，如通信、交通和电力供应等。世界银行营商环境评价指标体系如表 1 所示。

表 1　世界银行营商环境评价指标体系

一级指标	二级指标
开办企业	开办企业程序、开办企业时间、开办企业成本、最低法定资本金
办理施工许可	办理手续、时间、成本、建筑质量控制
获得电力	手续、时间、成本、供电可靠性和电费透明度指数
登记财产	财产登记程序、时间、成本、土地管理质量指数
获得信贷	合法权利力度指数、信用信息深度指数、信用登记范围、信用局覆盖率
保护少数股东	披露程度指数、董事责任程度指数、股东诉讼便利度指数、股东权利指数、利益冲突程度、监管指数、公司透明度指数、所有权范围和控制权指数、股东治理程度指数、少数股东保护指数
纳税	缴税频率、税及派款总额、时间、报税后程序指标
跨境贸易	出口时间、出口成本、进口时间、进口成本

续表

一级指标	二级指标
执行合同	时间、成本、司法程序质量指数
办理破产	回收率、时间、成本、是否持续经营、破产框架力度
雇用员工	雇用、工作时间、裁员规则、裁员成本

世界银行营商环境评价指标体系聚焦于各国私营企业从开办到破产的各个阶段的便利程度。通过问卷的形式，评估各经济体营商环境状况。评价指标体系由最初的6项一级指标逐步完善，2019年已包含11项一级指标，50项二级指标。其中，一级指标中的“雇用员工”得分不计入排名，并计划在一级指标中加入“与政府签订合约”。该评价体系通过简单平均法对上述指标进行赋权，使用标准化案例收集一个国家最大商业城市（对人口超过1亿的经济体的覆盖面扩展至第二大商业城市）的指标数据，采用“前沿距离法”对所收集数据进行标准化，从而计算各国营商环境便利度得分并排名。

（二）世界银行对上海营商环境评价

最新世界银行营商环境评价结果为2020年的，中国排名全球第31。2020年上海和北京被选取为评价城市，权重分别为55%和45%。上海得分及中国得分与全球排名情况如表2所示，普陀区营商环境现状可参考该表。总的来讲，对标国际先进水平，率先开展营商环境优化工作，取得了显著成绩。上海将企业感受作为第一感受，对标国际最高标准、最高水平，深化“互联网+政务服务”，通过“关税保证保险”等试点推广，降低企业成本。

表2 2020年世界银行营商环境评价

指标	上海得分	排名	中国得分	排名
开办企业	93.3	28～40	94.1	27
办理施工许可	77	34～37	77.3	33
获得电力	95.4	12	95.4	12

续表

指标	上海得分	排名	中国得分	排名
登记财产	79.7	28～39	81	28
获得信贷	60	80	60	80
保护少数股东	72	28	72	28
纳税	68.7	106～115	70.1	105
跨境贸易	87.2	39～55	86.5	56
执行合同	81.6	1～3	80.9	5
办理破产	62.1	51	62.1	51

（三）上海营商环境指标及优化方向

上海市委、市政府高度重视优化营商环境工作，按照党中央、国务院决策部署，持续推动营商环境建设。近年来开展了各种形式的企业满意度调查，查找营商环境工作短板和不足，为进一步做好营商环境改革提供了重要决策依据。2023 年调查以企业日常办事为切入点，聚焦新冠疫情期间出台各类助企纾困政策落地见效情况和 2022 年各区营商环境各项重点改革任务完成情况。如表 3 所示，本次企业满意度调查由“1+4+1”板块构成，其中“1”为综合评价，“4”为重点领域评价，分别为“到政府部门办事”“企业服务和政策兑现”“监管执法和纠纷解决”“人才及融资服务”，“1”为年度重点内容，主要考察“50”条的落地情况。

表 3　2022 年上海市营商环境满意度调查指标

指标	主要内涵
综合满意度	满意度、最关心的营商环境领域、最优环境、提升速度
到政府部门办事	企业办理与政府部门相关事项，包括办事流程、线上线下服务等
企业服务和政策兑现	各级政府部门提供的有关政策宣传、政策申报和政策落地等方面的服务
监管执法和纠纷解决	市场监管、综合执法、法律服务
人才及融资服务	企业运营过程中高度关注的人才引进和配套、融资支持服务

二、普陀区营商环境问题分析

（一）调研情况

调研采用的主要研究方法为访谈法，上海企业联合会根据收集的营商环境“体验官”反馈建议，参考上海市营商环境满意度测评中反映较为集中的问题，分类整理筛选，形成沙龙主题，于2022年9月至10月组织了两场沙龙活动，邀请专家、区相关部门、营商环境“体验官”参与互动讨论。两场“体验官”活动为本项目提供了丰富的一手文字素材。总共访谈了19位受访对象，其中包括11位营商环境“体验官”和8位普陀区有关委办局负责人。最终，课题组整理出近4万字的访谈资料。

（二）问题分析

1. 问题归类梳理

根据2022年上海市营商环境满意度调查指标及当年上海市普陀区发展改革委政策工作重点，概括出综合满意度、到政府部门办事、企业服务、政策兑现、纠纷解决、人才服务、融资服务、疫情援企政策八大类营商环境建设过程中存在的问题，并将沙龙活动中“体验官”们提及的问题小项据此归类梳理。问题归类梳理如表4所示。

表4　问题归类梳理

问题维度	问题小项	频次
综合满意度	· 容缺审批不足 · 政策宣讲活动通知不畅 · 推送信息定位人群不广、不准 · 文艺辅导类企业难变更经营范围	4

续表

问题维度	问题小项	频次
到政府部门办事	· 工商注销慢 · 工商注销流程烦琐 · 装修报备流程烦琐 · 非一次性告知退回原因 · 工商办理系统经常宕机 · “一网通办”便利性不足 · 线上办事流程不清晰 · 线下还需提交辅助性增加材料	8
企业服务	· 楼长制名存实亡 · 对接委办局联络人数量过多 · 电子签名反复 · 签字鉴定专业性不足	4
政策兑现	· 关注存量企业较少 · 平台政策缺乏优势	2
纠纷解决	· 税务发票办理不畅	1
人才服务	· 忽视劳动力密集型产业	1
融资服务	· 融资困难 · “靠普贷”标准不统一、标准不公开 · 招商引资困难	3
疫情援企政策	· 国有企业无额外补贴 · 无防疫补贴或奖励 · 减免税政策标准范围太小 · 免租力度不够 · 社保缴费基数高	5

2. 问题概述总结

基于访谈资料梳理出普陀区营商环境 8 类问题，分别为综合满意度类、到政府部门办事类、企业服务类、政策兑现类、纠纷解决类、人才服务类、融资服务类、疫情援企政策类。其中，到政府部门办事类问题被提及次数最多，有 8 人次；疫情援企政策类次之，有 5 人次；综合满意度类和企业服务类较多，都分别有 4 人次；融资服务类和政策兑现类较少，分别有 3 人次和 2 人次；纠纷解决类和人才服务类最少，都分别有 1 人次。因此，从营商环境“体验官”提及问题的频次来看，到政府部门办事、疫情援企政策、企业服务及综合满意度是企业在营商环境中最关注的领域，也是问题和困难出现最多的地方。主要问题概述总结如表 5 所示。

表 5 主要问题概述总结

问题维度	主要内容
综合满意度	政策宣讲不广，通知不畅，信息定位不准
到政府部门办事	办事慢且流程烦琐，线上线下融合不够
企业服务	服务关怀落实不足，较少关注存量企业
政策兑现	平台政策与其他区相比缺乏优势
纠纷解决	纠纷影响税务发票办理不畅
人才服务	忽视劳动力密集型产业
融资服务	融资难，“靠普贷”标准不统一、标准不公开
疫情援企政策	补贴少，减免税政策标准范围太小，免租力度不够

（三）调研总结

基于营商环境“体验官”沙龙活动的实证调研，课题组发现上海市普陀区发展改革委高度重视区内营商环境建设工作，主动积极对标国内外营商环境优化工作，取得了显著成绩。但与中央和上海市改革要求、与国际先进水平、与广大企业和群众的期望相比，还存在着以下差距。

1. 办事流程有待优化

企业到政府部门办事普遍反映办事慢且流程烦琐，尤其涉及工商注销、业务报备、财务税务、金融投资等事务。基层政府承接能力不强，相关人员工作经验缺乏，业务不熟练，开展业务效率不高。

2. 企业服务落实不足

部分单位对优化提升营商环境的重大作用的认识还不到位，思想不解放，政策不灵活，服务不主动，对“容缺审批”“限时办结”和“并联审批”主动性不强，服务企业缺少温度。

3. 政策信息通知不畅

虽然市级和区级出台了很多惠企利企的好政策，但由于政策信息通知不畅，部分企业不了解政策内容和受益范围。政策缺少传递媒介和资讯平台，缺少咨询渠道，企业无从了解最新实时政策动态。

4. 融资贷款标准不清

“靠普贷”中的各银行申请标准不统一，而且标准对企业不公开，导致企业了解信息困难，与财务对接困难。该问题涉及有关银行内部管理流程，区金融办难以统一其内部标准。

5. 平台政策缺乏优势

与其他区相比，目前普陀区在惠企平台政策上只有一个助企联动政策，而且申请补助的标准高，对企业激励较少，导致政策缺乏相对优势，难以留住企业，容易造成资本流失。

6. 传统产业人才忽视

劳动力密集型等传统产业较少受到关注，区内经营时间较长的一些存量企业也常常被忽视，在制定平台政策和人才政策时缺少倾斜，影响其留在普陀区发展的意愿。

7. 纠纷解决办理不顺

当企业遇到事务纠纷需要解决办理时，部分干部还有“畏难怕错”的顾虑，在落实政策和执行法规时，教条式生搬硬套政策文本，配合不积极，导致办理拖沓，迟迟难回应企业诉求。

8. 援企政策力度不够充足

很多园区和企业在新冠疫情防控中做出了突出贡献，很多困难自己解决，尽量不给政府增加负担。但复产复工政策对它们补助和帮扶的力度不够充足，让它们感受到的温暖和尊重较少。

三、优化营商环境的政策建议

（一）深化简政放权改革，提升政府服务效率

一是进一步推动并落实“放管服”改革，降低制度性交易成本。要明确政府在市场经济中的职能，在市场机制能够有效发挥作用的领域，政府要放开有形之手，充分发挥市场配置资源的决定性作用。进一步简政放权、放管结合、优化服务，减少政府对微观经济事务的管理，大幅精简企业开办、纳税、施工许可、水电气报装、不动产登记等审批事项，压缩办理时间；清理行政事业性收费，规范非税收入的征管，对政府收费项目实行动态清单管理，及时公布收费项目调整情况，取缔“乱收费、乱罚款、乱摊派”的制度外收入；清理取消经营服务性收费和行业协会商会收费，降低通关环节费用，减轻企业负担。

二是充分利用先进技术提升现有政府服务效率，以推进“数字政府”建设为抓手，构建政府信息化平台，推进“互联网+政务服务”，建设统一政务服务平台，实行“一号申请、一窗受理、一网通办”，实现政务的标准化、制度化、程序化，提高行政审批效率，方便企业和群众办事；同时，整合不必要的申办程序，通过“多证合一”的模式，优化企业办事流程，实现“网上办理”或“最多跑一次”。

（二）优化企业融资环境，破解企业融资困境

一是利用政府“有形之手”，完善创业投融资体系，积极引导政府资金服务企业融资，成立发展小额贷款公司，通过小额委托贷款、贷款担保等形式解决中小企业融资困难等问题；积极发挥财政资金杠杆作用，通过阶段参股等方式引导社会资本支持天使投资群体和创业投资机构发展；加大减税降费力度，降低企业税费负担，降低企业用人、用地成本。

二是创新中小企业担保机制，尝试由国家、省、市共同建立担保机制，组建由政府部门隶属的中小企业信用担保公司，整合社会资源，完善中小企

业服务平台，以扩大担保规模，增强担保能力；利用大数据、区块链等先进技术，构建综合融资服务平台，整合信用系统与金融信贷系统，以“线上税银互动平台”等方式有效整合、精准对接企业融资需求与银行、创投等各类金融服务机构的资本供给，缓解企业融资难题。

（三）促进创新环境改革，优化人才市场供给

一是深化科技体制改革，构建良好互动的创新平台，形成不同领域的互动与交流，促进城市之间技术溢出；充分利用政府引导方式，引导并鼓励企业和社会力量加大基础研究投入，加强基础科学研究，提升原始创新能力，并对数学等重点基础学科给予更多倾斜；加快科研院所改革，促进学术成果成功转化，加大产权综合保护力度，让市场主体安享发展成果；促进企业建立良好社会责任形象，提升社会对企业家认可度，保护企业家精神。

二是创新人才培养与评价机制，大力培养高层次人才，引进战略科技人才，加大中青年人才储备；扩大科研人员自主权，支持高校和科研院所自主布局基础研究，完善学术成果的评价机制；加强不同区域之间科研合作，促进人才交流，加大中西部地区人才引进力度；推进产学研教育模式，对接高校技能教育与企业职业需求；构建劳动力市场供求综合信息系统，构建人才市场信用体系，形成标准化服务，促进人力资源合理流动，引导人才供给与企业需求相匹配。

（四）营造良好法治环境，推进信用市场建设

一是出台有关风险防范、创新升级、品牌创造、制止恶性竞争等方面的政策法规，依法加强对企业生产经营活动的管理，维护企业正常的生产经营和合法权益，为企业健康发展营造良好的法治环境，引导企业沿着健康、有序的方向发展。

二是建立质检、工商、审计和新闻媒体为一体的监督制度，以净化信用市场，提高信用质量；在建设信用体系过程中，可以依托现代化手段化解

信息的不对称，增强信用信息的透明度，使信用成为企业的第二个“身份证”；及时出台有关完善信用机制的政策措施，加大信用市场调整力度，引导企业和公众遵从良好的信用行为，在全社会营造守信守法的信用氛围，逐步接轨国际市场的信用体系。

参考文献

[1] 董彪，李仁玉．我国法治化国际化营商环境建设研究——基于《营商环境报告》的分析 [J]. 商业经济研究，2016(13): 141-143.

[2] 冯杰．深化“放管服”改革，优化税收营商环境 [J]. 中国行政管理，2018(10): 145-147.

[3] 葛玉御．税收“放管服”改善营商环境的路径研究 [J]. 税务研究，2017(11): 32-36.

[4] 李志军，张世国，李逸飞，等．中国城市营商环境评价及有关建议 [J]. 江苏社会科学，2019(2): 30-42+257.

[5] 娄成武，张国勇．基于市场主体主观感知的营商环境评估框架构建——兼评世界银行营商环境评估模式 [J]. 当代经济管理，2018, 40(6): 60-68.

[6] 满姗，吴相利．国内外营商环境评价指标体系的比较解读与启示 [J]. 统计与咨询，2018(3): 27-30.

[7] 彭向刚，马冉．政务营商环境优化及其评价指标体系构建 [J]. 学术研究，2018(11): 55-61.

[8] 宋林霖，何成祥．优化营商环境视阈下放管服改革的逻辑与推进路径——基于世界银行营商环境指标体系的分析 [J]. 中国行政管理，2018(4): 67-72.

[9] 孙丽燕．企业营商环境的研究现状及政策建议 [J]. 全球化，2016(8): 106-119+135.

[10] 王志荣．国际视角下优化我国税收营商环境的路径选择 [J]. 税务研究，2019(6): 62-66.

[11] 夏后学，谭清美，白俊红．营商环境、企业寻租与市场创新——来自中国企业营商环境调查的经验证据 [J]. 经济研究，2019, 54(4): 84-98.

[12] 杨继瑞，周莉．优化营商环境：国际经验借鉴与中国路径抉择 [J]. 新视野，2019(1): 40-47.

[13] 杨涛 . 营商环境评价指标体系构建研究——基于鲁苏浙粤四省的比较分析 [J]. 商业经济研究 , 2015(13): 28-31.

[14] 杨志勇 , 文丰安 . 优化营商环境的价值、难点与策略 [J]. 改革 , 2018(10): 5-13.

[15] 于文超 , 梁平汉 . 不确定性、营商环境与民营企业经营活力 [J]. 中国工业经济 , 2019(11): 136-154.

[16] 袁莉 . 新时代营商环境法治化建设研究：现状评估与优化路径 [J]. 学习与探索 , 2018(11): 81-86.

[17] 张波 . 企业营商环境指标的国际比较及我国的对策 [J]. 经济纵横 , 2006(10): 62-65.

[18] 张三保 , 康璧成 , 张志学 . 中国省份营商环境评价：指标体系与量化分析 [J]. 经济管理 , 2020, 42(4): 5-19.

[19] 张威 . 我国营商环境存在的问题及优化建议 [J]. 理论学刊 , 2017(5): 60-72.

促进工作和家庭平衡、创建家庭友好型工作场所的相关法律政策梳理及建议报告

中国企业联合会课题组

一、相关法律政策梳理

中国政府已在国际上签署和加入《消除对妇女一切形式歧视公约》《1958年消除就业和职业歧视公约》《北京行动纲领》等，承诺承担消除妇女歧视问题的国家责任，接受公约项下对平衡工作和家庭的指导。目前，中国并无平衡工作和家庭的专门立法，关于帮助职工平衡工作和家庭责任、创建家庭友好型工作场所的法律主要分散在《中华人民共和国妇女权益保障法》《中华人民共和国劳动法》《中华人民共和国劳动合同法》《女职工劳动保护特别规定》等法律、法规及相关政策中。在地方层面，各省通过妇女权益保障法实施办法或条例，或者对女职工劳动保护特别规定实施细则的立法，对帮助女职工平衡工作和家庭予以了细化和制度性的创新。同时，部门规章对照顾子女、照料老人等无偿劳动进行了有针对性的规定，为平衡工作和家庭提供了实质性的具体帮助。同时，国家的相关法律政策对于企业如何帮助职工平衡工作和家庭责任、创建家庭友好型工作场所也提出了更多的要求和建议。

（一）政府为家庭提供支持

1. 社会保障支持

法律为女性提供禁止解雇的保护，并配套以相应的生育保险制度。2005年修订的《中华人民共和国妇女权益保障法》第二十七条规定“任何单位不得因结婚、怀孕、产假、哺乳等情形，降低女职工的工资，辞退女职工，单方解除劳动（聘用）合同或者服务协议”，以消除女性由于家庭角色而遭受的性别歧视；第二十九条规定“国家推行生育保险制度，建立健全与生育相关的其他保障制度”，增加对女性在生育环节的保障，为生育女职工提供经济、物质方面的帮助。1995年开始实施的《中华人民共和国劳动法》第二十九条规定，用人单位不得在女职工孕期、产期及哺乳期与其解除劳动合同，除非存在试用期被证明不符合录用条件、严重违反劳动纪律或用人单位规章制度、严重失职，营私舞弊，造成重大损害及被追究刑事责任。劳动部在《关于贯彻执行〈中华人民共和国劳动法〉若干问题的意见》中进一步明确用人单位不得在女职工孕期、产期、哺乳期内终止劳动合同。劳动合同期限届满的，自动延续至孕期、产期、哺乳期结束。第七章设专章对怀孕妇女的特殊保护进行规定。用人单位不得安排孕期妇女及哺乳未满一周岁婴儿的妇女从事国家规定的第三级劳动强度的劳动和孕期、哺乳期禁忌从事的劳动。也不得安排怀孕7个月以上的妇女及哺乳未满一周岁婴儿的妇女加班及从事夜间劳动。同时，《中华人民共和国劳动合同法》[①]第四十二条禁止用人单位在女职工孕期、产期和哺乳期与其解除劳动合同，在一定程度上有助于消除女性在承担家庭角色的过程中所遭受的就业歧视。2012年国务院实施了《女职工劳动保护特别规定》，其中第五条明确规定用人单位不得因女职工怀孕、生育、哺乳降低其工资、予以辞退、与其解除劳动或者聘用合同。2021年6月26日《中共中央 国务院关于优化生育政策促进人口长期均衡发展的决定》要求保障女性就业合法权益。规范机关、企事业等用人单位招

① 2007年6月29日第十届全国人民代表大会常务委员会第二十八次会议通过，根据2012年12月28日《全国人民代表大会常务委员会关于修改〈中华人民共和国劳动合同法〉的决定》修订。

录、招聘行为，促进妇女平等就业。落实好《女职工劳动保护特别规定》，定期开展女职工生育权益保障专项督查。为因生育中断就业的女性提供再就业培训公共服务。将生育友好作为用人单位承担社会责任的重要方面，鼓励用人单位制定有利于职工平衡工作和家庭关系的措施，依法协商确定有利于照顾婴幼儿的灵活休假和弹性工作方式。适时对现行有关休假和工作时间的政策规定进行相应修改完善。

相应地，《中华人民共和国社会保险法》于2010年10月通过，自2011年7月起施行，在第53～56条确立生育保险制度，规定职工应参加生育保险，由用人单位按国家规定缴纳生育保险费，职工不缴纳生育保险费。用人单位已经缴纳生育保险费的，其职工享受生育保险待遇，生育保险待遇包括生育医疗费用和生育津贴。职工未就业配偶按国家规定享受生育医疗费用待遇。《女职工劳动保护特别规定》也在第八条为女职工提供了生育保险的保障。《中共中央 国务院关于优化生育政策促进人口长期均衡发展的决定》规定：严格落实产假、哺乳假等制度。继续做好生育保险对参保女职工生育医疗费用、生育津贴待遇等的保障，做好城乡居民医保参保人生育医疗费用保障，减轻生育医疗费用负担。

中国法律政策中也对劳动者履行家庭照顾责任提供其他社会保障和支持。《中共中央 国务院关于优化生育政策促进人口长期均衡发展的决定》要求：以“一老一小”为重点，建立健全覆盖全生命周期的人口服务体系。加强基层服务管理体系和能力建设，增强抚幼养老功能。建立健全支持政策和标准规范体系。建立健全支持政策和标准规范体系。将婴幼儿照护服务纳入经济社会发展规划，强化政策引导，通过完善土地、住房、财政、金融、人才等支持政策，引导社会力量积极参与。以市地级行政区为单位制定整体解决方案，建立工作机制，推进托育服务健康发展。加大专业人才培养力度，依法逐步实行从业人员职业资格准入制度。发展智慧托育等新业态，培育托育服务、乳粉奶业、动画设计和制作等行业民族品牌。大力发展多种形式的普惠服务。发挥中央预算内投资的引导和撬动作用，推动建设一批方便可及、价格可接受、质量有保障的托育服务机构。支持有条件的用人单位为职工提供托育服务。鼓励国有企业等主体积极参与各级政府推动的普惠托育服务体系建设。加强社区托育服务设施建设，完善居住社区婴幼儿活动场所和服务设施。制定家庭托育点管理办法。支持隔代照料、家庭互助等照护模式。支持家政企业扩大育儿服务。鼓励和支持有条件的幼儿园招收2至3岁幼儿。2015年修订的《中华人民共和国老年人权益保障法》第五条规定："国家建立多层次的社会保障体系，逐步提高对老年人的保障水平。国家建立和完善以居家为基础、社区为依托、机构为支撑的社会养老服务体系。倡导全社会优待老年人。" 2020年10月17日修订的《中华人民共和国未成年人保护法》对政府责任进行了进一步地细化和完善，其中第八十四条规定，"各级人民政府应当发展托育、学前教育事业，办好婴幼儿照护服务机构、幼儿园，支持社会力量依法兴办母婴室、婴幼儿照护服务机构、幼儿园。县级以上地方人民政府及其有关部门应当培养和培训婴幼儿照护服务机构、幼儿园的保教人员，提高其职业道德素质和业务能力。"

2. 产假、育儿假和家庭照顾假

对女职工在母亲角色的特殊保护方面，2012年的《女职工劳动保护特别规定》在第七条中，将产假延长至98天，并为流产的女职工提供了相应的产假。第九条针对哺乳未满1周岁婴儿的女职工，要求用人单位不得延长劳动时间或者安排夜班劳动，并要求用人单位在每天的劳动时间内为哺乳期女职工安排1小时哺乳时间。2012年，国务院发布《女职工劳动保护特别规定》后，福建、山西、湖南、山东、河南、江苏、陕西、江西、浙江、广东、河北、安徽、湖北等省份结合当地的实际情况，制定了女职工劳动保护地方性法规和地方政府规章，其中江苏省2018年7月1日实施的《江苏省女职工劳动保护特别规定》在国家规定对女职工经期、孕期、产期、哺乳期"四期"保护的基础上，新增已婚待孕期、更年期保护，并首次将女职工全孕程保护纳入其中， 对于怀孕不满3个月需要保胎休息或者怀孕7个月以上且上班确有困难的女性，用人单位应当根据医疗机构的证明安排其休息。此外，第十七条规定，经本人申请，用人单位批准，女职工可以休不超过6个月的哺乳假，待遇不得低于当地最低工资标准的80%。

照顾子女的育儿假和护理假方面，《中共中央 国务院关于优化生育政策促进人口长期均衡发展的决定》规定：支持有条件的地方开展父母育儿假试点，健全假期用工成本分担机制。新修订的《中华人民共和国人口与计划生育法》第二十五条规定，符合法律、法规规定生育子女的夫妻，可以获得延长生育假的奖励或者其他福利待遇。国家支持有条件的地方设立父母育儿假。此条款试图通过对家庭内部分工的平等规定，保障妇女在家庭内的平等权利。此外，《中华人民共和国人口与计划生育法》授权地方制定晚婚晚育奖励照顾政策。目前，全国30个省（自治区、直辖市）人口与计划生育条例均规定，实行晚育的，除享受国家规定的产假外，女职工享受30天至90天的奖励假期，男方可以享受3天至30天的护理假。2019年通过的《宁夏回族自治区妇女权益保障条例》在原"女职工的配偶在女性产假期间依法享有25天护理假"的基础上，"鼓励用人单位对符合法律、法规规定生育子女的夫妻，在子女零至三周岁期间，每年给予夫妻双方各十天共同育儿假"，这在全国尚属首创。2020年7月，《辽宁省女职工权益保护办法（草案）》全文公布，征求社会各界意见。其中的一些条款可以体现政府帮助女职工平衡工作与家庭的意识。其中第十七条规定符合《辽宁省人口与计划生育条例》规定生育的，增加产假60日，配偶享有护理假15日。第十八条鼓励用人单位对依法生育的夫妻，在子女3周岁以下期间，每年给予夫妻双方各10日育儿假。《甘肃省促进女性公平就业工作的意见》是提出妇联组织积极推动地方立法，强化男性家庭照料责任，探索建立"亲职假"制度，即为有抚育照料责任的职业男性每年提供一定时间带薪或半带薪假期，用于照料孩子及进行亲子、家庭活动。

照料老人的护理假方面，全国有20个省市制定实施了独生子女护理假制度，对于符合条件的老年人在生病住院期间，其子女可享受护理假。不同省份对护理假规定的时间不同，最长可达20天。独生子女和非独生子女所享受护理假的情况也不同，有些省份为独生子女和非独生子女均提供了护理假，但独生子女的护理假长于非独生子女；有些省份仅为独生子女规定了护理假。不同省份对护理假期间的薪资待遇规定也有不同，宁夏等地明确规定，护理假期间享受与正常工作期间相同的工资待遇，而河北等地对此则并无明确规定。对于护理假的具体规定，以湖北为例，《湖北省实施〈中华人民共和国老年人权益保障法〉办法》第十一条规定，县级以上人民政府应当制定家庭养老保障措施，为家庭成员与老年人共同生活或者就近居住、照料等提供支持。用人单位应当按照国家有关规定保障赡养人、扶养人探亲休假的权利。对赡养人、扶养人照顾失能或者患病住院老年人的，用人单位应当提供便利，并给予每年累计不少于十天的护理时间；对独生子女照顾失能或者患病住院老年人的，每年护理时间应当累计不少于十五天。

3. 给用人单位的支持鼓励政策

甘肃省妇联、省人力资源和社会保障厅等7部门联合下发《甘肃省促进女性公平就业工作的意见》，在两个方面属于全国地方性首创。其中之一就是倡导性提出“各相关部门积极推动政府逐步完善女性生育社会保障体系，建立激励机制，对女性职工达到一定比例的用人单位在税费减免、融资贷款等方面给予一定的政策奖励”。

4. 提供社会公共服务

《中国妇女发展纲要（2011—2020年）》提出“开展托幼、养老家庭服务，为妇女更好地平衡工作和家庭责任创造条件”。《国家中长期人才发展规划纲要（2010—2020年）》中也指出，“创新政府提供人才公共服务的方式，建立政府购买公共服务制度，为各类人才平衡工作和家庭责任创造条件”。国家发展改革委等部门发布的《加大力度推动社会领域公共服务补短板强弱项提质量 促进形成强大国内市场的行动方案》中也对完善托幼、养老等公共服务的具体内容进行了指导。

（1）照料老人和残疾人等需要照护的成年家庭成员

照料老人方面，法律法规为老年人照料提供护理补贴、建立居家养老服务网络、完善护理保险等支持。《中华人民共和国老年人权益保障法》新增加有关长期照护的内容，将开展长期照护工作明确为政府责任，对生活长期不能自理、经济困难的老人，地方各级人民政府有义务根据其失能程度等情况给予不同金额的护理补贴。此项规定分担了家庭照护老人的压力，一定程度上有助于职工平衡工作与家庭。2013年，国务院《关于加快发展养老服务业的若干意见》指出，地方政府要支持建立以企业和机构为主体、社区为纽带、满足老年人各种服务需求的居家养老服务网络。充分发挥社区基层组织和服务机构在居家养老服务中的重要作用。2017年2月28日，国务院印发《“十三五”国家老龄事业发展和养老体系建设规划》，文件中将“健全完善社会保障体系，完善养老保险制度，健全医疗保险制度，探索建立长期护理保险制度，健全老年社会福利和社会救助制度”明确为当前老龄事业发展任务。

照护残疾人方面，国家为残疾人照护提供护理补贴、托养机构、志愿照护服务等缓解家庭照护压力。《中华人民共和国残疾人保障法》中对有残疾人的家庭予以支持，其中第四十九条规定，国家鼓励和扶持社会力量举办残疾人供养、托养机构。针对残疾人照护问题，民政部、中国残联2015年发布关于贯彻落实《国务院关于全面建立困难残疾人生活补贴和重度残疾人护理补贴制度的意见》，提出探索推进责任共担、功能互补的长期照护体系建设，强调家庭善尽义务的同时，鼓励社会积极扶助，通过政府购买服务、引导市场服务、鼓励慈善志愿服务等方式，引导社会力量广泛参与残疾人工作；并提出探索推进残疾人照护体系与老年人照护体系的整合，推动老年人、残疾人服务项目和服务资源共享，逐步建立包括老年人、残疾人等功能障碍人士在内的长期照护体系。各省市在地方规范性文件中对有残疾人的家庭予以支持。比如，福建省在《福建省推进基本公共服务均等化“十二五”规划》中对残疾人基本公共服务做出规定，将残疾人基本服务作为重点任务，建立健全县级以上以专业康复和托养机构为骨干、社区为基础、家庭为依托的社会化残疾人康复、托养服务体系，并鼓励乡镇、街道以上公共卫生机构设立康复室，同时为2万户以上贫困残疾人家庭无障碍改造提供补助。吉林省2020年发布的《关于做好贫困重度残疾人照护服务工作的指导意见》中也提出完善照护服务体系，对于居家照护和日间照料服务，依托现有或新建的城市社区居家养老服务机构、残疾人日间照料站、村（社区）公共服务场所和康复服务站点等，为符合条件的残疾人提供居家照料、上门服务、日间短托、心理疏导、康复训练等服务；并通过政府购买服务等方式，鼓励和支持社会力量积极参与贫困重度残疾人集中照护服务或开展居家照料、日间短托、康复训练等照护服务。

（2）照顾子女

为子女提供课后托管服务。2017年2月，教育部发布《教育部办公厅关于做好中小学生课后服务工作的指导意见》，为中小学生提供课后托管服务做出指导，为解决中小学生在放学后、在职父母下班前的空白时间无人照顾问题提供解决方案。具体意见包括充分发挥中小学校课后服务主渠道作用，充分利用学校在管理、人员、场地、资源等方面的优势，主动承担起学生课后服务责任。2017年教育部发布《教育部办公厅关于做好中小学生课后服务工作的指导意见》后，湖南、陕西、海南、安徽等省市出台相应的地方规范性文件，落实中小学生课后服务工作。以规定较为详细的郑州市为例，郑州从2019年陆续开始在全市中小学推行放学免费延时托管等措施，以缓解在职父母接送孩子的压力。并于2020年8月正式发布《郑州市人民政府办公厅关于进一步做好中小学生课后服务工作的通知》，规定了课后托管服务的对象、时间、内容等，并明确课后托管服务实行免费制度。该服务破解了中小学生“放学早、接送难”的矛盾，缓解了在职父母在接送孩子方面的负担。同时，政府将课后服务经费纳入财政预算，设立专项经费，为学校开展课后服务提供经费支持。

发展3岁以下婴幼儿照护服务。国务院办公厅在2019年4月发布《关于促进3岁以下婴幼儿照护服务发展的指导意见》，较为针对性地解决家庭在平衡工作和家庭中婴幼儿的照料问题。具体包括加强对家庭婴幼儿照护的支持和指导、加大对社区婴幼儿照护服务的支持力度、规范发展多种形式的婴幼儿照护服务机构。比如，鼓励地方政府探索试行与婴幼儿照护服务配套衔接的育儿假、产休假；支持用人单位以单独或联合相关单位共同举办的方式，在工作场所为职工提供福利性婴幼儿照护服务，有条件的可向附近居民开放；鼓励支持有条件的幼儿园开设托班，招收2至3岁的幼儿。人力资源和社会保障部、教育部等九部门2019年发布实施《关于进一步规范招聘行为促进妇女就业的通知》规定，促进3岁以下婴幼儿照护服务发展，加强中小学课后服务，缓解家庭育儿负担，帮助妇女平衡工作与家庭。完善落实生育保险制度，切实发挥生育保险保障功能。

（二）企业营造家庭友好型工作环境

1. 假期及灵活工作时间和工作条件

为职工提供灵活工作时间和便利工作条件方面，《中共中央 国务院关于优化生育政策促进人口长期均衡发展的决定》要求“将生育友好作为用人单位承担社会责任的重要方面，鼓励用人单位制定有利于职工平衡工作和家庭关系的措施，依法协商确定有利于照顾婴幼儿的灵活休假和弹性工作方式”。《中国妇女发展纲要（2021—2030）》督促用人单位落实探亲假、职工带薪休假、配偶陪产假等制度，鼓励用人单位实施灵活休假和弹性工作制度，创造生育友好的工作环境，支持男女职工共同履行家庭责任。

2020 年 7 月 15 日，国家发展改革委等 14 部门发布《关于支持新业态新模式健康发展激活消费市场带动扩大就业的意见》，指出鼓励发展便捷化线上办公。打造“随时随地”的在线办公环境，在部分行业领域形成对线下模式的常态化补充。居家办公为职工平衡工作和家庭提供了有利条件。

2018 年湖北咸宁出台《市人民政府办公室关于加快实施全面两孩配套政策的意见》规定，在完成规定工作任务或固定工作时长的前提下，用人单位要允许怀孕期和幼儿小于 3 岁的女职工申请弹性工作时间或工作地点，自主灵活地选择工作具体时间和地点，为女性更好地生养子女提供便利。

2. 育儿环境和设施

《女职工劳动保护特别规定》第十条规定，女职工比较多的用人单位根据女职工的需要建立女职工卫生室、孕妇休息室、哺乳室等设施。《辽宁省女职工权益保护办法（草案）》在第二十四条要求用人单位应当根据女职工需要，结合本单位实际，设置女职工卫生室、孕妇休息室、哺乳室等设施；有条件的用人单位可以提供 3 岁以下婴幼儿照护服务。《中共中央 国务院关于优化生育政策促进人口长期均衡发展的决定》和《中国儿童发展纲要（2021—2030 年）》均强调要支持有条件的用人单位为职工提供托育服务，鼓励国有企业等主体积极参与各级政府推动的普惠托育服务体系建设。国务院办公厅 2019 年发布的《关于促进 3 岁以下婴幼儿照护服务发展的指导意见》强调“支持用人单位以单独或联合相关单位共同举办的方式，在工作场所为职工提供福利性婴幼儿照护服务，有条件的可向附近居民开放。鼓励支持有条件的幼儿园开设托班，招收2至3岁的幼儿”。2021年6月国家发展改革委等部门印发的《“十四五”积极应对人口老龄化工程和托育建设实施方案》进一步明确指出，“支持工业（产业）园区、用人单位等利用自有土地或设施新建、改扩建托育服务设施，普惠托位要向社会开放提供”。推动企业等用人单位参与提供托育服务，已成为当前和今后一段时期中国托育服务体系建设的重要内容。

二、相关法律政策评析

当前，我国就业领域中性别歧视问题较为突出，这主要与女性承担更多的家庭和生育责任密切相关，一方面，随着国家人口政策开放，由于缺少对企业招录女工的激励政策，为了降低用工成本，用人单位不愿招录女职工，导致就业性别歧视增多；另一方面，由于缺少0～3岁托幼服务及家庭支持政策，女性因照顾孩子花费大量时间精力，限制其职业发展，有些女性不得不退出就业市场成为全职妈妈，也有很多女性为了职业发展而放弃或者推迟生育。因此有必要分析相关法律政策中的不足，并提出促进劳动者平衡工作和家庭、创建家庭友好型工作场所的对策建议。

（一）促进劳动者平衡工作和家庭方面的法律政策的不足

近年来，虽然我国促进男女平衡工作和家庭上的法律政策有所进展，但与相关国际公约、国际理念，以及其他国家（地区）的法律和实践相比仍有差距。相关国际公约和文件要求国家和用人单位等义务主体为有家庭责任的男女职工提供平衡工作和家庭的支持。具体而言，国家应建立社会保障体系、提供奖励和（或）鼓励、提供育儿福利、提供社会公共服务等；用人单位应采取适当措施营造家庭友好型工作条件，使妇女和男性得以请临时假，并提供服务和设施，例如在工作场所提供托儿所及弹性工作时间；[①] 此外，还应引导职工在家庭内部合理分工。但仅就目前的家庭政策来看，涉及上述为家庭提供支持、帮助平衡工作和家庭的法律政策规定仍显粗疏，存在不全面、不完善的问题。

1. 法律政策体系上的不足与偏差

我国尚未批准国际劳工组织第156号《关于有家庭责任的男女工人的机会和待遇平等公约》及同名建议书。现行法律政策体系中对平衡工作和家庭问题的重视不足，缺乏系统化规定。首先，与家庭相关的政策仍然将家庭与工作割裂，将家庭视为完全的私人领域，缺乏单独意义上的平衡家庭与工作关系的法律政策。特别是在实行市场经济以后，企业或单位不再承担其业务职能之外的其他职能，政府没有及时认识到国家对有家庭负担的男女工人所应承担的责任，并履行这一职责。[②] 其次，现有法律政策主要以幼儿、老人等需照顾人群来进行政策的分类指导，缺乏专门定位于平衡工作和家庭的针对政府、社区、用人单位、家庭不同主体在促进男女职工平衡工作和家庭方面的综合性、系统性的措施。最后，相关规定在法律政策体系中的位阶不高。尽管我国地方性法规政策中对于育儿假、护理假及托幼设施有所规定，但仍无国家层面的立法来明确规定陪产假、护理假、父母育儿假，也没有家庭照顾假、育婴津贴及弹性工作时间的规定，导致相关政策的执行力度较弱、缺乏监督和配套制度等问题。

2. 法律政策内容上的缺失

我国现有法律法规对女性就业的支持主要集中在生育保护方面，对国际公约和文件中所强调的帮助男女职工平衡工作和家庭的内容，比如认可尊重无偿劳动的价值，政府、社会、企业提供平衡工作和家庭的责任的外部帮助，在家庭内部倡导男女分摊家庭责任等方面，我国的法律政策仍存在不全

① 《行动纲领》第179段（c）款。

② 刘伯红等，《工作和家庭的平衡：中国的问题与政策研究报告》，载国际劳工组织官网。

面、不完善的问题。

（1）法律政策对家庭无偿劳动的价值认识不充分

《行动纲领》倡导充分突出无酬工作的种类、范围和分配，以助于促进更好地分担责任。[①] 根据麦肯锡全球研究所的一项研究，据保守估计，妇女承担的无偿工作相当于每年 10 万亿美元的经济产量，大致占全球 GDP 的 13%。[②] 而在很多经济合作与发展组织（OECD）国家，家务劳动所创造的价值已经占到 GDP 的 30% ～ 50%。[③] 但在实践中，家庭无偿劳动的价值并未被充分认可，女性在家庭无偿劳动中的付出仍被忽视，法律政策所涉及的内容和种类也较为局限。

我国现行法律对无偿劳动的认可主要体现在家务劳动补偿制度上，2020 年 5 月通过的《中华人民共和国民法典》第一千零八十八条规定："夫妻一方因抚育子女、照料老年人、协助另一方工作等负担较多义务的，离婚时有权向另一方请求补偿，另一方应当给予补偿。"现有的家务劳动补偿制度仅适用于离婚情境，具有救济和补偿的属性，侧重于消极的保护功能，相较于国外法律对家务劳动价值的直接承认，比如德国《家庭法》就明确"在婚姻生活范围内，家务劳动是一种职业"，[④] 我国没有明确而积极地对家庭无偿劳动给予正向肯定。

此外，我国法律政策对家庭无偿劳动的具体内容和种类涉及不全面。《行动纲领》中规定，分担的家务责任包括且不限于分担照顾子女和老年人的责任。家庭无偿劳动存在着种类繁多、总量较大的问题。但是我国现有法律政策中对男女平等分摊家庭责任的引导主要局限于男性护理假、共同育儿假等照顾子女的方面，未完善至家庭照顾的其他方面。

---

① 《行动纲领》第156段。

② 麦肯锡全球研究院. 平等的力量：性别平等如何为全球经济创造12万亿美元的增长[R]. 2015.

③ 张晓丹，符国群，李世豪. 家务劳动时间配置研究：回顾与展望[J]. 珞珈管理评论，2018(4): 79–96.

④ 黄露莹. 离婚财产分割中全职主妇家务劳动的价值认定[J]. 才智，2016(2):31–33.

（2）法律政策中对男女职工平衡工作和家庭提供外部支持的规定不足

相关国际文件也强调从国家政策、培训和就业、就业条件、保育及家庭服务和便利、社会保障帮助承担家庭负担方面等不同方面帮忙男女职工提供平衡工作和家庭的外部支持。《北京行动纲领》要求国家和私营部门等义务主体为有家庭责任的男女职工提供平衡工作和家庭的外部支持。[①]但我国目前为家庭提供支持、帮助平衡工作和家庭的法律政策及制度措施仍旧不足。

①法律政策中对政府责任的规定不足。

尽管我国法律政策已经注意到托幼养老等公共服务短缺问题，试图通过引入社会力量增加托幼养老等机构的设置，但规定还不够具体。法律政策的不完善和实施力度不足导致国家在家庭责任分担上的缺失和不足，公办幼儿园短缺，托幼、养老机构发展缓慢。在实践中，由于女性往往是家庭照料责任的主要承担者，工作家庭的矛盾在女性身上表现更为突出，在一定程度上造成了就业歧视的加剧和女性就业率下降。

②法律政策中对于用人单位帮助职工平衡工作和家庭的规定有限。

尽管部分法规政策中对用人单位帮助平衡工作和家庭的责任有所提及，但主要以“鼓励”或“支持”的态度为主，或设置“有条件的用人单位”这一模糊的前提条件，并缺乏相应的配套制度和奖励机制。此外，法律政策中对于用人单位营造家庭友好型工作环境的具体指导主要集中在母婴设施的建设上，对于养老、家庭照料等其他家庭责任分担，以及托管、弹性工作时间、居家办公等其他便利工作条件的倡导不足。2019年年初中华全国总工会发布了《促进工作场所性别平等指导手册》，对于企业如何帮助职工平衡工作与家庭责任做出相对全面具体的指导，但是指导手册是倡导性、建议性的，对企业缺乏直接的约束力。

（3）对男女分摊家庭责任的倡导有待进一步加强

相关国际公约和国际文件强调各国政府引导男女平等分担家庭责任，努力改变传统性别分工下女性承担更多家庭无偿劳动的不平等局面。《北京行

① 国家应通过制定法律、提供奖励和（或）鼓励，提供育儿福利、社会保障立法和税制等；用人单位应采取适当措施，使妇女和男子得以请临时假，并提供服务和设施，例如在工作场所提供托儿所及弹性工作时间，见《行动纲领》第179段（c）款。

动纲领》提供的具体做法，包括制定政策、特别是教育政策，还包括创新的宣传运动及学校和社区教育方案，以改变强调男女分工的观念、宣传分担家务的概念。

我国现有法律政策仍缺乏足够的社会性别平等视角，尚未从深层次触及传统的性别结构和性别定型观念。一些法律政策单纯对女职工的保护可能无意中会强化养育子女是女性责任的传统性别分工。比如，《中华人民共和国劳动法》和《女职工劳动保护特别规定》要求女职工比较多的用人单位应当根据女职工的需要，建立女职工卫生室、孕妇休息室、哺乳室等设施，强化了育儿职责与男性无关的观念，也无形中增加了女性就业难度。再如，前文提到的九部门通知①中“缓解家庭育儿负担，帮助妇女平衡工作与家庭”，以及咸宁市《市人民政府办公室关于加快实施全面两孩配套政策的意见》②中用人单位要允许“幼儿小于3岁的女职工申请弹性工作时间或工作地点”，“为女性更好地生养子女提供便利”这类表述也无助于男女共同分摊家庭责任理念的传播和倡导。尽管一些法规和政策中对男性的育儿假、护理假等家庭假期有所规定，但时间过短。我国法律政策中对于男女分摊家庭责任的倡导仍需进一步加强。

（二）促进工作与家庭平衡、创建家庭友好职场的建议

我国应考虑加入国际劳工组织第156号公约，遵循国际公约的倡导和要求，并结合现实国情，完善和修订现有法律政策，以解决我国现阶段促进男女平衡工作与家庭责任方面的不足。通过法律和政策引导，加强和完善社会公共服务和福利保障等政策支持；鼓励用人单位营造家庭友好型的工作环境；优化家庭内部分工，引导夫妻双方公平分担家庭责任，从而减轻职工，尤其是女性在平衡工作和家庭问题上的压力，促进女性平等工作权的实现。

---

① 《关于进一步规范招聘行为促进妇女就业的通知》，载人社部网站。

② 《市人民政府办公室关于加快实施全面两孩配套政策的意见》，载咸宁市人民政府网。

1. 强化政府责任，为男女职工平衡工作和家庭提供社会支持

国家应该发展公共托幼服务、养老服务，促进家务劳动社会化，并为有照护职责的家庭提供包括育儿补贴在内的现金补贴及减免税收等福利，以便帮助职工平衡工作和家庭。

（1）大力发展托幼、养老等公共服务

一些国家和地区的实践证明，公共托幼、养老服务是女性平等参与劳动力市场的先决条件，对女性就业有积极影响。提供儿童照料服务要比育儿假更有效，它可以在很大程度上降低生育给女性就业和职业发展带来的负面影响。① 兴建公共托儿和养老服务设施，可以将男女职工的育儿和养老压力分散给公共福利系统，减少其家庭照料责任所需劳务时间，以便其更好地兼顾工作；同时也创造了更多的再就业机会。

在政府新建扩建托幼园所过程中，应体现托幼事业的公益性和普惠性，扩大公办和普惠性民办幼儿园覆盖率；调整托幼园所接送孩子的时间，将其与就业人员工作时间衔接，发挥托幼园所支持妇女就业的功能。规范托幼市场，加强对托幼园所的服务与收费管理。② 同时，国家应该引导鼓励更多社会组织为家庭提供更多优质公共服务。比如鼓励街道、社区利用所属医疗、早教等相关资源，拓展和延伸婴幼儿托管、课后托管及教育指导服务及养老服务，并明确相关部门为社会组织提供公共服务提供专业指导和监督，推动具体方案的落实。

（2）完善社会保障体系

长久以来，女性被认为天生擅长并愿意从事照护等家务劳动，而家务劳动实际上也主要由女性来承担，但另一方面家务劳动的价值长期被低估并被无视，不被统计进 GDP 等主流经济价值统计体系。在一系列国际公约和国际文件的要求和倡导下，一些国家开始认识到家庭无偿劳动，尤其是照护工

---

① 比如英国，虽然规定有 54 周的带薪假，但休假比例仅为0. 6% 。这说明职业母亲更倾向于利用儿童照料服务。法国女性更倾向于利用儿童照料服务，因此有相当比例的母亲在孩子很小的时候就出去工作，女性就业率较高。参见吴帆《欧洲家庭政策与生育率变化——兼论中国低生育率陷阱的风险》，载于《社会学研究》2016年第1期。

② 杨慧，黄桂霞. 妇女与经济[J]. 中国妇运，2015(5): 19–21.

作的价值，并尝试给予补偿。比如，瑞典及其他很多国家和地区对有家庭照顾责任的家庭给予正式的、长期的财务支持，以支付育儿的直接成本，如家庭津贴、日托津贴、与孩子数量挂钩的福利、减免育儿家庭的税收、补贴教育费用等，也有为因照料年幼子女不能工作的父母提供补贴。我国应遵循国际公约的引导，借鉴其他国家的有益经验，提高对家庭的各项保障与扶持力度，修订或出台职工特别是女职工平等就业和职业发展、生育保险及鼓励性补贴、养老家庭补贴等相关配套政策。

2. 鼓励用人单位营造家庭友好型工作环境

建立家庭友好型企业环境是企业留住人才、职工有效平衡工作和家庭责任的重要手段。用人单位为有家庭责任的职工营造家庭友好型工作环境，不仅能够帮助职工更好地平衡工作和家庭，还能让职工在减轻负担的同时提高工作效率、为用人单位创造更高的经济效益。在促进女性平等就业方面，除了明确禁止和严格处罚就业歧视行为，一些国家（地区）也采取积极措施，鼓励企业采用利于平衡家庭与工作的弹性工作制，正面鼓励和奖励用人单位在促进性别平等方面的良好实践，并给企业提供现金补贴、政府采购倾斜等福利。

（1）倡导弹性工作制及与家庭责任相关的休假及服务

相关国际公约和文件倡导各国政府、私营部门、工会为男女职工的临时假和灵活工作时间提供便利，并在工作场所就地提供托儿所等服务和设施。[①] 一些国家和地区也对弹性工作制和与家庭责任相关的休假和服务进行了有益的探索。

①弹性工作制。

弹性工作制因其可以为职工提供灵活工作时间的特点，成为营造家庭友好型工作环境的重要手段之一。目前，欧美、日韩等许多国家深入推动弹性工作的开展，美国已有超过77%的雇主提供弹性工作。[②] 一些国家（地区）

① 《行动纲领》第180段。

② Kossek E E, Thompson R J, Lautsch B A. Balanced Workplace Flexibility: Avoiding the Traps[J]. California Management Review, 2015, 57(4): 5–25.

的法律中对弹性工作制做出规定。比如，英国《弹性工作条例》规定，被雇用不少于26周的雇用者，在身为孩子的父母、养父母、监护人、收养人或者是这些人的配偶或伴侣的几种情况下，在有计划抚养低于六岁的孩子时，可以以书面方式向用人单位申请弹性工作，员工认为用人单位的决定不合理的有权向上级机构提出申诉。[①] 挪威《工作环境法》则规定，在不严重损害企业利益的情况下，员工有权享有灵活的工作时间。我国台湾地区的"性别工作平等法"也规定对任职于30人以上就业场所的受雇者，为抚育未满三岁子女，得向雇主请求每天减少工作时间一小时，减少的工作时间，不得请求报酬；或调整工作时间，如将上下班时间各延后半小时。这些规定有利于男女职工更好地兼顾工作与家庭。

尽管我国地方性法规中对弹性工作时间有所规定，但将申请条件限制在"怀孕期和幼儿小于3岁的""女职工"[②] 上，忽略了育儿以外其他照料工作和家务劳动，更不利于倡导男女分担家庭责任。我国立法中应该鼓励用人单位为有家庭责任的男女职工提供更加灵活的工作时间和工作场所的选择，从而使女职工不必因家庭责任而离职或成为被边缘化的兼职工作者，使男女职工都能享有平衡工作和家庭的便利条件。同时，也给用人单位提供了更为灵活的用工选择。

在实践中，很多用人单位认为灵活工作时间和远程工作地点在现实中很难落实和执行，推行弹性工作制的积极性不高。但是，新冠疫情客观上推动了弹性工作制的实行。2020年1月31日北京市人民政府发布《关于在新型冠状病毒感染的肺炎疫情防控期间本市企业灵活安排工作的通知》，规定具备条件的企业，应当安排职工通过电话、网络等灵活方式在家上班完成相应工作；不具备条件安排职工在家上班的企业，安排职工工作应当采取错时、弹性等灵活计算工作时间的方式。其他一些地方政府也出台了类似的规定，因此自2月初开始，各地企业陆续运用云办公系统等现代信息技术手段启动居家办公、远程办公等创新工作方式，进行了诸多有益的尝试并积累了初步

① 史蒂芬·哈迪. 英国劳动法与劳资关系[M]. 陈融，译. 北京：商务印书馆，2012.

② 《市人民政府办公室关于加快实施全面两孩配套政策的意见》，载咸宁市人民政府网。

经验。这促使社会各界积极思考新冠疫情结束后在有关行业继续践行适度的弹性工作制以帮助职工实现个人职业发展与家庭责任平衡兼顾的可行性和具体操作办法。对此，政府应充分作为，借鉴有关国家（地区）先进经验，鼓励用人单位根据实际情况为职工提供灵活多样的“非全日制”和非固定工作场所的工作形式，并对实施单位给予政策上的支持和财政上的补贴。

②与家庭照顾相关的休假及服务。

一些国家和地区的立法中也规定了一系列与家庭照顾相关的假期，并鼓励企业给职工提供托幼设施和服务。比如我国台湾地区《性别工作平等法》规定了陪产假、育婴假、家庭照顾假，要求受雇者依法律规定请假时，雇主不得拒绝，也不得视为缺勤而影响其全勤奖金、考绩或做其他不利的处分。该法也规定雇用250人以上的雇主应当设置托儿设施或提供适当的托儿设施，而且在2018年出台的《哺（集）乳室与托儿设施措施设置标准及经费补助办法》中，明确了雇主在修建哺乳室和托儿设施后可以申请的补助标准。①

我国目前法律政策中对于用人单位应该提供的平衡工作和家庭的措施规定有限，今后应进一步出台法律政策鼓励用人单位积极协同政府和职工家庭筹建完善的社会保障制度，尤其是协助照顾孩童、帮助家庭养老等支持机制，共担生育和幼儿照顾成本。比如利用政府的支撑政策，有条件的企业可以建立“儿童托管中心”，也可以协同社区建立“育儿管理中心”和“老年人日托服务站”，并可将相关设施向社区居民开放，提供低价有偿服务，缓解女性的家庭与工作冲突和压力，提升企业员工的向心力和认同度。明确政府的负责部门，进行体系化的指导、监督及经济支持和奖励。

托育服务的短缺可能会导致企业更高的离职率和旷工率，从而降低企业

---

① 第一，哺（集）乳室：最高补助新台币二万元。

第二，托儿设施。a. 新建完成者：最高补助新台币三百万元。b. 已设置者：改善或更新，每年最高补助新台币五十万元。托儿设施的补助项目，包括托儿游乐设备、厨卫设备、卫生保健设备、安全设备、教保设备、幼童专用车内部安全设施及哺（集）乳设备等。

第三，提供受雇者子女送托于托儿服务机构的托儿津贴，每年最高补助新台币六十万元。托儿服务机构，不以与雇主签约者为限。

生产效率。2004 年，一项针对美国 305 家企业的调查发现，因子女照料导致员工缺席的问题，大约给企业带来每名员工每年 610 美元的损失。可见，企业若能提供方便、可及、优质的托儿设施，将有助于降低此类损失，进而稳定企业的运作与生产能力。众多国内外成功案例也表明，企业提供托儿设施，不仅能成为吸引优秀人才的重要因素，有助于减少企业在招聘、培训方面的支出，还能提升员工的忠诚度和留任率，增强员工归属感和企业的向心力。

（2）对促进职工工作和家庭责任平衡的企业进行表彰和奖励

家庭友善职场进行表彰和奖励是很多国家和地区落实国际公约精神和《北京行动纲领》所采用的政策措施。比如，德国联邦政府利用 2003 年制定的“家庭联盟”战略倡议建立起广泛的社会联盟，促使工作领域能够关爱家庭。政府举办“成功因素家庭”竞赛，用以表彰致力于帮助员工调和家庭和工作生活的公司，并希望树立榜样。通过竞赛越来越多的公司了解到：家庭是致富的源泉，家庭友好环境属于经济因素，并由赫蒂基金会（Hertie Foundation）进行年度审核，来认证其实施家庭友善的人事政策。这种认证是促进关爱家庭的人事政策实施和为了更好地协调家庭和工作关系的一种管理手段。审查时考虑的因素包括工作时间的灵活性、工作地点的灵活性、有关支助家庭的活动方面的信息和交流制度、管理者的家庭问题意识、继续培训选择权，为雇员提供的经济和社会支助等。[①]

再如，日本政府也采取一系列补助措施，鼓励企业促进性别平等、帮助员工平衡工作和家庭。比如给企业提供扶助金，扶助金具体分为出生扶助金、防止护理老年人离职扶助金、育儿休业等扶助金、因育儿与护理离职者再雇用扶助金；在政府采购中对促进女性就业、帮助职工平衡生活与工作方面采取积极措施的企业予以倾斜；对获得认证采取积极措施促进女性就业和对育儿的企业实施税收减免，获得认证的企业对于其登记在《育儿支持对策资产》中的资产，可以进行资产折旧。根据资产种类、企业规模与认证登记

---

① 《德国〈消除对妇女一切形式歧视公约〉第六次定期报告》，载联合国人权高专办网。

的不同，折旧率从 12% 到 32% 不等。[①]

我国目前并无对用人单位具体的激励和表彰机制，这也导致用人单位在提供家庭友好型工作环境上积极主动性不足。政府应奖惩分明，倡导企业社会责任，对友善职场给予表彰和奖励。

第一，加强宣传教育和正面引导，对于积极促进性别平等的用人单位给予认证和表彰。政府可以通过定期公益广告、主流媒体传播、官方荣誉表彰等方式，对性别平等机制建设良好的企业大力宣传表扬，提升其社会声誉。比如，人力资源和社会保障部门、工会组织、妇联组织等部门可以会同相关专家联合进行对积极促进工作场所性别平等的用人单位进行评选和认定。2019 年年初中华全国总工会推出《促进工作场所性别平等指导手册》提供了用人单位性别平等检查评估清单，可以为用人单位内部自查，也可以为人力资源和社会保障部门、工会组织、妇联组织组织进行外部检查监督和评估提供参考标准。对于获得认证和表彰的企业，也可以在政府采购、财政税收方面给予一定的优惠。

第二，完善政府财政上的支持性措施，助力企业履行责任。给女职工所在单位提供社会保险费等补贴，减轻用人单位在女职工哺乳、延长产假等方面承担的用工成本，不断提高各类单位吸纳妇女就业的能力。对女性就业较为集中的企业，在核定工资福利、政府采购等方面给予适当的优惠政策，进一步降低女性用工的成本负担，解除用人单位种种顾虑。对于符合法律规定建立托儿设施的企业，可以申请相关的经费补助，即企业可以在有相关支出的情况下，向国家申请“花费补助”。对于遵守法律规定、建设相关设施、家庭友好型的企业进行奖励，比如对其开展招商引资优惠，或者政府采购方面的优惠政策。这种体系性的支持政策可以在一定程度上消解有家庭责任的女职工的工作压力。甘肃省倡导的“建立激励机制，对女性职工达到一定比例的用人单位在税费减免、融资贷款等方面给予一定的政策奖励”[②]在地方试点后，可以在全国范围内推广。

① 厚生劳动省官网。

② 2019年4月甘肃省妇女联合会、省人力资源和社会保障厅等7部门出台的《甘肃省促进女性公平就业工作的意见》。

3. 引导家庭内部家庭责任的平等分工

女职工因为传统性别分工和母亲角色而承担更多的家庭无偿劳动，是加剧工作和家庭冲突、遭遇就业性别歧视的重要因素。

（1）打破传统性别分工和男女定型任务偏见

国家需要积极宣传倡导性别平等理念，只有"认识到要同时改变男子和妇女在社会上和家庭中的传统任务，才能实现男女充分的平等"①，因此，采取一切适当措施"改变男女的社会和文化行为模式，以消除基于因性别而分尊卑观念或基于男女定型任务的偏见、习俗和一切其他方法"②，"通过创新的宣传运动以及学校和社区教育方案，设计和提供教育方案，以提高对于男女平等和男女在家中非陈规定型的作用的认识"③，并"在其立法中体现男女平等原则，并通过法律和其他适当途径确保实际落实这一原则"④。

（2）推广父母育儿假和男性陪产假

在国家层面的立法中增加男性陪产假或育儿假，一方面男职工能有更多时间陪伴年幼子女，另一方面也有助于引导家庭内部平等分工、减轻女性照顾家庭的压力、缓解男女职工职业发展的不平等。新修订的《中华人民共和国人口与计划生育法》第二十五条增加第 2 款："国家支持有条件的地方设立父母育儿假。"近年来，我国一些地方立法开始推行育儿假制度，除了前文提到的宁夏、甘肃、江苏，尚未出台的《辽宁省女职工权益保护办法（草案）》第十七条也规定，符合《辽宁省人口与计划生育条例》规定生育的，增加产假 60 日，配偶享有护理假 15 日；第十八条鼓励用人单位对依法生育的夫妻，在子女 3 周岁以下期间，每年给予夫妻双方各 10 日育儿假。随着地方的试点工作，我国可以考虑在全国范围内推行父母育儿假制度，并在实践中逐步缩小男女育儿假期的差距，真正有助于男女平等分担家庭责任。

值得注意的是，阿德里安·卡尔维奇（Kalwij A）对 16 个西欧国家个体层面的数据进行比较研究后发现，家庭补贴、育儿假、育儿津贴等政策能够

---

① 《消除对妇女一切形式歧视公约》前言。

② 《消除对妇女一切形式歧视公约》第5条。

③ 《行动纲领》第180段。

④ 《行动纲领》第232段。

帮助妇女平衡家庭与就业、降低抚育孩子的成本。但是育儿假对母亲就业倾向的影响比较复杂，雇用资格受保护且时间较短的产假有利于母亲就业，假期较短、工资替代水平较高且父母双方可以灵活使用的父母育儿假有利于母亲顺利地重返劳动力市场；而时间较长、工资替代率较低且不鼓励父亲使用的父母育儿假则对母亲就业有负面影响。① 因此，在推行父母育儿假制度时，可以考虑实行“父母育儿假配额制”，规定由父亲享有一部分独自的、不可转让的假期，以避免男性放弃父母育儿假的休息权利。否则，即使设置了父母育儿假，这些假期又都全部转移给了母亲，背离了父母育儿假的设置初衷。另外，在母亲选择休父母育儿假的可能性更多的国情中，为了预防父母假制度可能导致企业减少录用、晋升女性的负面影响，父母育儿假也不宜过长。这样的规定有助于打破传统的性别角色分工和性别刻板印象，倡导夫妻共同育儿、分担家务责任的社会理念，可以帮助劳动者平衡工作和家庭，并有助于进一步消除就业性别歧视，更好地保障女性的平等就业权。

① 黄桂霞. 女性生育权与劳动就业权的保障：一致与分歧[J]. 妇女研究论丛，2019(5): 89-98.

附件一：我国的相关法律政策

（一）国家层面的相关法律、法规

我国目前缺乏专门定位于平衡工作和家庭责任的针对政府、社区、用人单位、家庭不同主体的综合性系统性的法律政策，现行的有关法律政策主要以幼儿、老人等需照顾人群来进行政策的分类指导，分散在不同的法律政策之中。

《中华人民共和国人口与计划生育法》

第二十五条　符合法律、法规规定生育子女的夫妻，可以获得延长生育假的奖励或者其他福利待遇。

国家支持有条件的地方设立父母育儿假。

《中华人民共和国未成年人保护法》

第八十四条　各级人民政府应当发展托育、学前教育事业，办好婴幼儿照护服务机构、幼儿园，支持社会力量依法兴办母婴室、婴幼儿照护服务机构、幼儿园。

县级以上地方人民政府及其有关部门应当培养和培训婴幼儿照护服务机构、幼儿园的保教人员，提高其职业道德素质和业务能力。

《中华人民共和国老年人权益保障法》

第五条　国家建立多层次的社会保障体系，逐步提高对老年人的保障水平。

国家建立和完善以居家为基础、社区为依托、机构为支撑的社会养老服务体系。

倡导全社会优待老年人。

第三十条 国家逐步开展长期护理保障工作，保障老年人的护理需求。

对生活长期不能自理、经济困难的老年人，地方各级人民政府应当根据其失能程度等情况给予护理补贴。

第三十七条 地方各级人民政府和有关部门应当采取措施，发展城乡社区养老服务，鼓励、扶持专业服务机构及其他组织和个人，为居家的老年人提供生活照料、紧急救援、医疗护理、精神慰藉、心理咨询等多种形式的服务。

对经济困难的老年人，地方各级人民政府应当逐步给予养老服务补贴。

第三十八条 地方各级人民政府和有关部门、基层群众性自治组织，应当将养老服务设施纳入城乡社区配套设施建设规划，建立适应老年人需要的生活服务、文化体育活动、日间照料、疾病护理与康复等服务设施和网点，就近为老年人提供服务。

发扬邻里互助的传统，提倡邻里间关心、帮助有困难的老年人。

鼓励慈善组织、志愿者为老年人服务。倡导老年人互助服务。

第三十九条 各级人民政府应当根据经济发展水平和老年人服务需求，逐步增加对养老服务的投入。

各级人民政府和有关部门在财政、税费、土地、融资等方面采取措施，鼓励、扶持企业事业单位、社会组织或者个人兴办、运营养老、老年人日间照料、老年文化体育活动等设施。

第四十条 地方各级人民政府和有关部门应当按照老年人口比例及分布情况，将养老服务设施建设纳入城乡规划和土地利用总体规划，统筹安排养老服务设施建设用地及所需物资。

公益性养老服务设施用地，可以依法使用国有划拨土地或者农民集体所有的土地。

养老服务设施用地，非经法定程序不得改变用途。

第四十一条 政府投资兴办的养老机构，应当优先保障经济困难的孤寡、失能、高龄等老年人的服务需求。

《中华人民共和国残疾人保障法》

第四十九条 地方各级人民政府对无劳动能力、无扶养人或者扶养人不具有扶养能力、无生活来源的残疾人，按照规定予以供养。

国家鼓励和扶持社会力量举办残疾人供养、托养机构。

残疾人供养、托养机构及其工作人员不得侮辱、虐待、遗弃残疾人。

《女职工劳动保护特别规定》

第七条 女职工生育享受98天产假，其中产前可以休假15天；难产的，增加产假15天；生育多胞胎的，每多生育1个婴儿，增加产假15天。

女职工怀孕未满4个月流产的，享受15天产假；怀孕满4个月流产的，享受42天产假。

第九条 对哺乳未满1周岁婴儿的女职工，用人单位不得延长劳动时间或者安排夜班劳动。

用人单位应当在每天的劳动时间内为哺乳期女职工安排1小时哺乳时间；女职工生育多胞胎的，每多哺乳1个婴儿每天增加1小时哺乳时间。

第十条 女职工比较多的用人单位应当根据女职工的需要，建立女职工卫生室、孕妇休息室、哺乳室等设施，妥善解决女职工在生理卫生、哺乳方面的困难。

（二）相关国家政策

中共中央、国务院《关于优化生育政策促进人口长期均衡发展的决定》

（十五）建立健全支持政策和标准规范体系。将婴幼儿照护服务纳入经济社会发展规划，强化政策引导，通过完善土地、住房、财政、金融、人才等支持政策，引导社会力量积极参与。以市地级行政区为单位制定整体解决方案，建立工作机制，推进托育服务健康发展。加大专业人才培养力度，依法逐步实行从业人员职业资格准入制度。发展智慧托育等新业态，培育托育服务、乳粉奶业、动画设计和制作等行业民族品牌。

（十六）大力发展多种形式的普惠服务。发挥中央预算内投资的引导和撬动作用，推动建设一批方便可及、价格可接受、质量有保障的托育服务机构。支持有条件的用人单位为职工提供托育服务。鼓励国有企业等主体积极参与各级政府推动的普惠托育服务体系建设。加强社区托育服务设施建设，完善居住社区婴幼儿活动场所和服务设施。制定家庭托育点管理办法。支持隔代照料、家庭互助等照护模式。支持家政企业扩大育儿服务。鼓励和支持有条件的幼儿园招收2岁至3岁幼儿。

（十八）完善生育休假与生育保险制度。严格落实产假、哺乳假等制度。支持有条件的地方开展父母育儿假试点，健全假期用工成本分担机制。继续做好生育保险对参保女职工生育医疗费用、生育津贴待遇等的保障，做好城乡居民医保参保人生育医疗费用保障，减轻生育医疗费用负担。

（二十）推进教育公平与优质教育资源供给。推进城镇小区配套幼儿园治理，持续提升普惠性幼儿园覆盖率，适当延长在园时长或提供托管服务。推进义务教育优质均衡发展和城乡一体化，有效解决“择校热”难题。依托学校教育资源，以公益普惠为原则，全面开展课后文体活动、社会实践项目和托管服务，推动放学时间与父母下班时间衔接。改进校内教学质量和教育评价，将学生参加课外培训频次、费用等情况纳入教育督导体系。平衡家庭和学校教育负担，严格规范校外培训。

（二十一）保障女性就业合法权益。规范机关、企事业等用人单位招录、招聘行为，促进妇女平等就业。落实好《女职工劳动保护特别规定》，定期开展女职工生育权益保障专项督查。为因生育中断就业的女性提供再就业培训公共服务。将生育友好作为用人单位承担社会责任的重要方面，鼓励用人单位制定有利于职工平衡工作和家庭关系的措施，依法协商确定有利于照顾婴幼儿的灵活休假和弹性工作方式。适时对现行有关休假和工作时间的政策规定进行相应修改完善。

《中国妇女发展纲要（2021—2030年）》

（六）妇女与家庭建设。

主要目标：

3. 拓展支持家庭与妇女全面发展的公共服务。

7. 倡导和支持男女共担家务，缩小两性家务劳动时间差距。

8. 支持家庭承担赡养老人责任，不断提升老年妇女家庭生活质量。

9. 促进夫妻共同承担未成年子女的抚养、教育、保护责任，为未成年子女身心发展创造良好家庭环境。

策略措施：

2. 制定出台促进男女平等和妇女全面发展的家庭政策。完善人口生育相关法律法规政策，推动生育政策与经济社会政策配套衔接。研究推动将 3 岁以下婴幼儿照护服务费用纳入个人所得税专项附加扣除、住房等方面支持政策，减轻家庭生育、养育、教育负担。完善幼儿养育、青少年发展、老人赡养、病残照料等政策，形成支持完善家庭基本功能、促进男女平等和妇女全面发展的家庭政策体系，增强家庭发展能力。完善产假制度，探索实施父母育儿假。建立促进家庭发展的政策评估机制。

3. 大力发展家庭公共服务。发展普惠托育服务体系，综合运用土地、住房、财政、金融、人才等支持政策，扩大托育服务供给。加快完善养老、家政等服务标准，推动婚姻家庭辅导服务、家庭教育指导服务普惠享有，提升面向家庭的公共服务水平。通过政府购买服务等方式，引导社会力量开展家庭服务，满足家庭日益增长的个性化、多元化需求。重点为经济困难、住房困难、临时遭遇困难家庭和残疾人家庭等提供支持，加大对计划生育特殊家庭的帮扶保障力度，加强对退役军人家庭的支持和保障。城市社区综合服务设施实现全覆盖。加强社区托育服务设施建设，完善社区养老托育、家政物业等服务网络。发展数字家庭。

8. 促进男女平等分担家务。倡导夫妻在家务劳动中分工配合，共同承担照料陪伴子女老人、教育子女、料理家务等家庭责任，缩小两性家务劳动时间差距。促进照料、保洁、烹饪等家务劳动社会化，持续推动家政服务业提质扩容增效，发展婴幼儿照护服务和失能失智老年人长期照护服务，增强家庭照护能力，研发家务劳动便利化产品。督促用人单位落实探亲假、职工带薪休假、配偶陪产假等制度，鼓励用人单位实施灵活休假和弹性工作制度，创造生育友好的工作环境，支持男女职工共同履行家庭责任。

9. 提高老年妇女的家庭生活质量。倡导养老、孝老、敬老的家庭美德，支持家庭履行赡养老人的主体责任。鼓励子女与老年人共同生活或就近居住，为长期照护老年人的家庭成员提供“喘息服务”。督促用人单位保障赡养义务人的探亲休假权利，推动建立子女护理假制度。建立完善社区老年人关爱服务机制。发展银发经济，推进智慧健康养老，满足老年妇女生活需要。依法保障老年妇女婚姻自由和家庭财产权利。

10. 增强父母共同承担家庭教育责任的意识和能力。推进家庭教育立法及实施，促进父母共同落实家庭教育主体责任，创造有利于未成年子女健康成长和发展的家庭环境。开展宣传培训，帮助父母树立科学家庭教育理念，摒弃“重智轻德”等观念，掌握科学知识和方法，注重言传身教，关注未成年子女身心健康，提高家庭科学育儿能力。鼓励父母加强亲子交流，共同陪伴未成年子女成长。

《中国儿童发展纲要（2021—2030年）》

（四）儿童与福利。

主要目标：

5. 加快普惠托育服务体系建设，托育机构和托位数量持续增加。

策略措施：

5. 发展普惠托育服务体系。将婴幼儿照护服务纳入经济社会发展规划，研究编制托育服务发展专项规划，强化政策引导，综合运用土地、住房、财政、金融、人才等支持政策，扩大托育服务供给。大力发展多种形式的普惠托育服务，推动建设一批承担指导功能的示范托育服务机构和社区托育服务设施，支持有条件的用人单位为职工提供托育服务，鼓励国有企业等主体积极参与各级政府推动的普惠托育服务体系建设，支持和引导社会力量依托社区提供普惠托育服务，鼓励和支持有条件的幼儿园招收2～3岁幼儿，制定家庭托育点管理办法。加大专业人才培养培训力度，依法逐步实行从业人员职业资格准入制度。制定完善托育服务的标准规范，加强综合监管，推动托育服务规范健康发展。

《国家中长期人才发展规划纲要（2010—2020 年）》

创新政府提供人才公共服务的方式，建立政府购买公共服务制度，为各类人才平衡工作和家庭责任创造条件。

《国务院办公厅关于促进 3 岁以下婴幼儿照护服务发展的指导意见》（国办发〔2019〕15 号）

国务院办公厅 2019 年 5 月发布，其中关于主要任务的规定如下。

（一）加强对家庭婴幼儿照护的支持和指导。

全面落实产假政策，鼓励用人单位采取灵活安排工作时间等积极措施，为婴幼儿照护创造便利条件。

支持脱产照护婴幼儿的父母重返工作岗位，并为其提供信息服务、就业指导和职业技能培训。

加强对家庭的婴幼儿早期发展指导，通过入户指导、亲子活动、家长课堂等方式，利用互联网等信息化手段，为家长及婴幼儿照护者提供婴幼儿早期发展指导服务，增强家庭的科学育儿能力。

切实做好基本公共卫生服务、妇幼保健服务工作，为婴幼儿家庭开展新生儿访视、膳食营养、生长发育、预防接种、安全防护、疾病防控等服务。

（二）加大对社区婴幼儿照护服务的支持力度。

地方各级政府要按照标准和规范在新建居住区规划、建设与常住人口规模相适应的婴幼儿照护服务设施及配套安全设施，并与住宅同步验收、同步交付使用；老城区和已建成居住区无婴幼儿照护服务设施的，要限期通过购置、置换、租赁等方式建设。有关标准和规范由住房城乡建设部于 2019 年 8 月底前制定。鼓励通过市场化方式，采取公办民营、民办公助等多种方式，在就业人群密集的产业聚集区域和用人单位完善婴幼儿照护服务设施。

鼓励地方各级政府采取政府补贴、行业引导和动员社会力量参与等方式，在加快推进老旧居住小区设施改造过程中，通过做好公共活动区域的设施和部位改造，为婴幼儿照护创造安全、适宜的环境和条件。

各地要根据实际，在农村社区综合服务设施建设中，统筹考虑婴幼儿照护服务设施建设。

发挥城乡社区公共服务设施的婴幼儿照护服务功能，加强社区婴幼儿照护服务设施与社区服务中心（站）及社区卫生、文化、体育等设施的功能衔接，发挥综合效益。支持和引导社会力量依托社区提供婴幼儿照护服务。发挥网格化服务管理作用，大力推动资源、服务、管理下沉到社区，使基层各类机构、组织在服务保障婴幼儿照护等群众需求上有更大作为。

加大对农村和贫困地区婴幼儿照护服务的支持，推广婴幼儿早期发展项目。

（三）规范发展多种形式的婴幼儿照护服务机构。

举办非营利性婴幼儿照护服务机构的，在婴幼儿照护服务机构所在地的县级以上机构编制部门或民政部门注册登记；举办营利性婴幼儿照护服务机构的，在婴幼儿照护服务机构所在地的县级以上市场监管部门注册登记。婴幼儿照护服务机构经核准登记后，应当及时向当地卫生健康部门备案。登记机关应当及时将有关机构登记信息推送至卫生健康部门。

地方各级政府要将需要独立占地的婴幼儿照护服务设施和场地建设布局纳入相关规划，新建、扩建、改建一批婴幼儿照护服务机构和设施。城镇婴幼儿照护服务机构建设要充分考虑进城务工人员随迁婴幼儿的照护服务需求。

支持用人单位以单独或联合相关单位共同举办的方式，在工作场所为职工提供福利性婴幼儿照护服务，有条件的可向附近居民开放。鼓励支持有条件的幼儿园开设托班，招收 2 至 3 岁的幼儿。

各类婴幼儿照护服务机构可根据家庭的实际需求，提供全日托、半日托、计时托、临时托等多样化的婴幼儿照护服务；随着经济社会发展和人民消费水平提升，提供多层次的婴幼儿照护服务。

落实各类婴幼儿照护服务机构的安全管理主体责任，建立健全各类婴幼儿照护服务机构安全管理制度，配备相应的安全设施、器材及安保人员。依法加强安全监管，督促各类婴幼儿照护服务机构落实安全责任，严防安全事故发生。

加强婴幼儿照护服务机构的卫生保健工作。认真贯彻保育为主、保教结合的工作方针，为婴幼儿创造良好的生活环境，预防控制传染病，降低常见病的发病率，保障婴幼儿的身心健康。各级妇幼保健机构、疾病预防控制机构、卫生监督机构要按照职责加强对婴幼儿照护服务机构卫生保健工作的业务指导、咨询服务和监督检查。

加强婴幼儿照护服务专业化、规范化建设，遵循婴幼儿发展规律，建立健全婴幼儿照护服务的标准规范体系。各类婴幼儿照护服务机构开展婴幼儿照护服务必须符合国家和地方相关标准和规范，并对婴幼儿的安全和健康负主体责任。运用互联网等信息化手段对婴幼儿照护服务机构的服务过程加强监管，让广大家长放心。建立健全婴幼儿照护服务机构备案登记制度、信息公示制度和质量评估制度，对婴幼儿照护服务机构实施动态管理。依法逐步实行工作人员职业资格准入制度，对虐童等行为零容忍，对相关个人和直接管理人员实行终身禁入。婴幼儿照护服务机构设置标准和管理规范由国家卫生健康委制定，各地据此做好婴幼儿照护服务机构核准登记工作。

《关于进一步规范招聘行为促进妇女就业的通知》

人力资源社会保障部、教育部、全国总工会等九部门 2019 年 2 月发布，要求“促进 3 岁以下婴幼儿照护服务发展，缓解家庭育儿负担，帮助女性平衡工作与家庭”。

《国务院办公厅关于促进家政服务业提质扩容的意见》（国办发〔2019〕30 号）

国务院办公厅 2019 年 6 月发布，要求推动家政进社区，促进居民就近享有便捷服务。具体包括：①支持家政企业在社区设置服务网点。家政企业在社区设置服务网点，其租赁场地不受用房性质限制，水电等费用实行居民价格。支持依托政府投资建设的城乡社区综合服务设施（场地）设立家政服务网点，有条件的地区可减免租赁费用。②加大社区家庭服务税费减免力度。落实好支持养老、托幼、家政等社区家庭服务业发展的税费优惠政策。

《关于支持新业态新模式健康发展　激活消费市场带动扩大就业的意见》

国家发展改革委、中央网信办、工业和信息化部等 13 个部门于 2020 年

7 月联合印发，把支持线上线下融合的新业态新模式作为经济转型和促进改革创新的重要突破口，打破传统惯性思维。以抗击新冠疫情期间涌现的线上服务新模式发展为契机，鼓励发展便捷化线上办公。打造“随时随地”的在线办公环境，在部分行业领域形成对线下模式的常态化补充。支持远程办公应用推广和安全可靠的线上办公工具研发，满足日常性多方协同工作、异地协同办公需求，有效支撑工作效率提升、业务协同模式创新和业务组织方式变革。推动完善电子合同、电子发票、电子印章、电子签名、电子认证等数字应用的基础设施，为在线办公提供有效支撑。

附件二：相关国际公约和文件

《消除对妇女一切形式歧视公约》及其一般性建议

《消除对妇女一切形式歧视公约》（以下简称《消歧公约》）对女性的意义做了高度评价，强调妇女对家庭的福利和社会的发展做出了巨大贡献，不应因生育的任务和照顾子女的家庭责任受到歧视，要求全社会分担养育后代的责任。《消歧公约》第十一条第2款专门对婚育妇女工作权的保护做出规定，涉及禁止解雇、产假待遇、辅助性社会服务及孕期特别保护四个方面，为缔约国保护母性提供了框架性的规范指引。第一，禁止解雇。《消歧公约》要求各缔约国应当保障妇女不因生育而受到歧视，禁止基于怀孕及产假状况的歧视，违法解雇孕期妇女或哺乳期妇女者应当受到应有的处罚。第二，产假待遇。《消歧公约》规定，各缔约国应实行带薪产假或具有同等社会福利的产假。第三，辅助性社会服务。《消歧公约》鼓励各缔约国提供必要的辅助性社会服务，建立和发展托幼服务设施，减轻家庭生育成本，使父母得以兼顾家庭义务和工作责任并参与公共事务。第四，孕期特别保护。《消歧公约》对孕期女性的特别保护做出专门规定，要求各缔约国对在孕期从事有害健康工作的妇女，给予特别保护。

针对《消歧公约》对帮助女性平衡工作和家庭方面的规定及女性无偿劳动的现实情况，消歧委员会通过一般性建议进行了进一步指导。《第17号一般性建议：妇女无偿家务活动的衡量和定量及其在国民生产总值中的确认》中，申明妇女的无偿家务活动为国家的发展做出了贡献，对这种无偿活动进行衡量和定量将有助于揭示妇女实际上的经济作用，建议缔约国：（a）鼓励和支持调查和实验研究来衡量妇女无偿家务活动的价值，例如进行对时间利用的调查作为全国家庭调查方案的一部分，并收集按性别编制的关于参与家务活动和劳动力市场活动所花时间的统计数字；（b）根据《消歧公约》和《提高妇女地位内罗毕前瞻性战略》的各项规定，定量计算妇女的无偿家务活动并将其列入国民生产总值；（c）在其根据《消歧公约》第十八条[①]提交的报告中列入关于为衡量无偿家务活动的价值所进行的调查和试验性研究的资料，以及在将妇女的无偿家务活动纳入国民核算方面取得的进展的资料。

《消歧委员会第21号一般性建议：1994年，婚姻和家庭关系中的平等》指出，有史以来，人类的公共生活和私人生活受到不同的看待，并因而受到不同的管理。在所有社会，传统上在私人或家庭范围内担当任务的妇女其活动长期以来被贬低。由于这类活动对社会的存续而言是宝贵的，因而没有理由对这些活动适用不同的歧视性的法律或习俗。缔约国报告表明，仍有国家在其国内不存在法律上的平等。妇女没有取得资源的平等机会，不能享有家庭中和社会上的平等地位。即使存在法律上的平等，所有的社会都为妇女指定了被视为是低下的不一样的角色任务。这样就违反了特别是《消歧公约》第十六条及第二、五和二十四条内所载公正和平等的原则。

《经济、社会和文化权利国际公约》

《经济、社会和文化权利国际公约》（以下简称《经社文公约》）为国家帮助平衡工作和家庭提供了基础性的规定。《经社文公约》第十条体现了对母亲和家庭的保护，依据该规定，各缔约国应给予怀孕的妇女特别保护，并给予带薪休假或适当社会保障福利金的休假。

国际劳工组织《2000年保护生育公约》

国际劳工组织《2000年保护生育公约》（第183号公约）对怀孕妇女健康保护、产假、就业保护、产后返岗等方面进行了规定，提高了对生育保护

---

① 《消歧公约》第十八条：1.缔约各国应就本国为使本公约各项规定生效所通过的立法、司法、行政或其他措施及所取得的进展，向联合国秘书长提出报告，供委员会审议：（a）在公约对本国生效后一年内提出，并且（b）自此以后，至少每四年并随时在委员会的请求下提出。2.报告中指出使本公约规定义务的履行受到影响的各种因素和困难。

的要求。第一，该公约的适用主体。该公约将生育保护的主体扩展至所有就业女性。第二，健康保护规定。与《消歧公约》规定的孕期保护内容一致，《2000 年保护生育公约》提出各成员国应当采取适当措施，不得要求孕期及哺乳期的妇女从事有害胎儿或母亲的工作。第三，提高产假权利。该公约进一步提高了妇女的产假权利，依公约规定，妇女有权享有不少于 14 周的产假，出现患病、并发症或孕产引发并发症风险的情况下产假延长。除另有规定外，产假须包括六周时间的产后强制性休假。第四，新增就业保护和非歧视条款。该公约第八条、第九条是关于禁止就业歧视的规定，明确禁止以生育为由的就业歧视。具体包括：除法律另有规定或岗位需要外，禁止雇主在招聘阶段要求妇女进行妊娠体检或提供此类体检的证明；要保证妇女在产假结束后返回同一工作岗位或工资相同的岗位的权利；除禁止雇主在妇女产假期间的解雇外，还禁止雇主在妇女重返工作岗位后的一段合理时间内与其解除劳动关系，除非解除的事由与妊娠、分娩或哺乳无关，而且证明解除的事由与妊娠、分娩或哺乳无关的责任需由雇主承担。

《有家庭责任的男女工人机会和待遇平等公约》及其同名建议书

国际劳工组织第 156 号公约，即《有家庭责任的男女工人机会和待遇平等公约》对促进男女工人平衡工作和家庭做出较为详尽的规定。该公约适用于有未独立的子女及有明确需要照料和养活其他直系家庭成员负担的男女工人，因为这些负担限制了他们准备、进行、参加或提高活动的可能性。该公约第三条规定缔约国应以“促进男女工人切实的机会平等和待遇平等”为其国家政策的目标，使就业或希望就业的有家庭负担的人能够行使其就业的权利，而不受任何歧视，并且在可能的范围内不使其就业与家庭负担发生抵触。该公约第五至七条明确规定缔约国应采取符合其本国条件和可能的措施，“以考虑有家庭负担的工人在社区规划方面的需求；以发展或促进社会服务，包括公共服务和私营服务，如保育事业及家庭服务和便利”。同时要求各国促进信息和教育，促成公众对有家庭负担工人问题的理解，并加强对有家庭负担工人的职业指导和培训。

1981 年国际劳工组织通过第 165 号建议书《关于有家庭负担的男女工

人的平等机会和平等待遇的建议书》，对第156号公约下的措施进行了更详细的指导。具体措施包括以下6条。①国家政策方面——保障职业培训和自由选择职业的权利，考虑工作条件和社会保障的需求，发展或促进保育、家庭和其他社会服务业，促进信息和教育，从事或促进对有家庭负担工人就业的必要研究。②培训和就业方面——提供享受职业培训的便利，提供使有家庭负担的工人能够获得就业或重新获得就业的服务（包括免费职业培训、咨询、信息和安置服务），保障平等的机会和待遇，免于因婚姻、家庭原因解雇。③就业条件方面——逐步缩小日工作时间和额外工作时间，更灵活地安排工作时间和假期，安排工作时考虑家庭负担，保障零工、临时工和家务工的就业条件，提供父母假、照顾生病子女的假期、照顾直系家庭成员的假期。④保育及家庭服务和便利方面——收集保育及家庭服务需求的信息，系统规划保育及家庭服务和便利，制定配套管理准则并提供培训。⑤社会保障方面——提供社会保障津贴和税收豁免，提供社会保障照顾。⑥帮助承担家庭负担方面——促进能够减轻家庭负担的社会和私人行动，发展家务女佣和家庭保育服务，促进社区服务。

《变革我们的世界：2030年可持续发展议程》

联合国2016年正式启动《变革我们的世界：2030年可持续发展议程》，包括17个可持续发展目标，其中目标5“实现性别平等，增强所有妇女和女童的权能”涉及对平衡工作和家庭的具体要求，即“认可和尊重无偿护理和家务，各国可视本国情况提供公共服务、基础设施和社会保护政策，在家庭内部提倡责任共担”。

《北京行动纲领》“妇女与经济”领域条文

第四次世界妇女大会提出将社会性别意识纳入决策主流的战略及赋权妇女的方针，并提出与妇女发展关系密切的12个重大关切领域的战略目标和行动要求，其中“妇女与经济”被列为第六个关切领域。妇女在经济领域面对的问题主要包括性别歧视、家庭责任分担不均、没有或缺少托儿服务等。《北京行动纲领》指出，“由于缺少有利家庭的工作环境，包括缺少适当的和负担得起的托儿设施，工作时间缺乏灵活性，进一步妨碍妇女充分发挥其潜力。”[①]“特别是有稚龄子女而且是户主的妇女，就业机会很有限，其原因包括工作条件缺乏灵活性、男子和社会没有充分分担家庭责任。”[②]同时，“妇女也仍然进行大量的无酬家务工作和社区工作”，例如照顾儿童和老年人、从事打扫、烹饪等家务劳动，“这种工作往往没有从量方面加以衡量，在国民核算中亦未予计算，妇女对发展的贡献被严重低估”。[③]这也导致“仍有部分国家的妇女在其国内存在法律地位上的不平等。妇女没有取得资源的平等机会，不能享有家庭中和社会上的平等地位”。[④]也就是说，由于家务劳动的价值被低估，同时女性又承担着大量的家庭责任，因此经常面临就业歧视，就业机会受到限制，而“促进男女在工作与家庭责任上的调和”是解决妇女在经济领域中遭遇歧视、发展不足的目标和手段之一。因此，《北京行动纲领》和其他国际文件在促进平衡工作和家庭方面均做出相应规定。

针对“妇女与经济”这一关切领域，《北京行动纲领》提出六点战略目标，其中第六项即为促进男女在工作与家庭责任上的调和。对此，《北京行动纲领》倡导各国政府应采取的行动包括以下几点。

一是提供可以平衡工作和家庭的工作条件。

《北京行动纲领》倡导各国政府应通过制定政策，提供可以平衡工作和家庭的工作条件，保障有家庭责任的职工的工作权利。对于在大多数情况下承担更多家庭责任的职工，比如，非全时工、临时工、季节工和居家工作的人，确保他们“得到劳工法和社会保障的适当保护；在工作与家庭责任可以调和的工作条件下促进职业发展”。[⑤]同时，也要保障职工选择工作的平等机会，“确保男女得以平等地自由选择全时和非全时工作，并考虑给予非典型工人在就业机会、工作条件和社会保障方面获得适当保护”。[⑥]并通过改进技

① 《北京行动纲领》第161段。

② 《北京行动纲领》第158段。

③ 《北京行动纲领》第156段。

④ 《消歧委员会第21号一般性建议：1994年，婚姻和家庭关系中的平等》第12段。

⑤ 《北京行动纲领》第179段（a）款。

⑥ 《北京行动纲领》第179段（b）款。

术的发展增进取得技术的机会，“便利从事家庭内外的工作，鼓励自助、创收、改变生产过程中依性别划分的职责，并使妇女得以放弃低薪工作”，[①]为女性自由选择职业类型提供现实支持。

此外，《北京行动纲领》也倡导各国政府、私营部门及非政府组织、工会和联合国酌情“采取涉及有关政府机构及雇主和雇员协会的适当措施，使妇女和男子得以请临时假，享有可转移的就业福利金和养恤金，并做出安排，在不妨碍其工作和职业上的发展和晋升的情况下改变工作时间”。[②]

二是促进男女平等分担家庭责任。

《北京行动纲领》强调，各国政府应通过制定政策，努力改变传统性别分工下女性承担更多家庭无偿劳动的不平等局面，引导男女平等分担家庭责任，缓解女职工平衡工作和家庭的压力。首先，通过制定法律、提供奖励和（或）鼓励等政策引导，“确保男女都有机会享有工作保障的育儿假和育儿福利；促进男女平等分担家庭责任，包括通过适当的法律和（或）鼓励，并且提倡方便就业母亲自己授乳的办法”。[③]其次，通过制定政策，特别是教育政策，“改变强调男女分工的观念，以宣传分担家务责任的概念，特别是分担照顾子女和老年人的责任”。[④]最后，根据国家优先事项和政策，审查各种政策和方案，包括社会保障立法和税制，以提倡人们合理分配时间，达到从教育和培训、有酬工作、家庭责任、自愿活动和其他有益社会的工作和休闲中获益的目的，促进男女平等和灵活性。[⑤]

此外，《北京行动纲领》也倡导各国政府、私营部门和非政府组织、工会和联合国酌情做出行动，为有家庭责任的职工提供支持。“通过创新的宣传运动及学校和社区教育方案，设计和提供教育方案，以提高对于男女平等和男女在家中非陈规定型的作用的认识，提供服务和设施，例如在工作场所

① 《北京行动纲领》第179段（e）款。
② 《北京行动纲领》第180段（a）款。
③ 《北京行动纲领》第179段（c）款。
④ 《北京行动纲领》第179段（d）款。
⑤ 《北京行动纲领》第179段（f）款。

就地提供托儿所及灵活的工作时间安排。”[①]

从《北京行动纲领》中关于平衡工作和家庭相关内容的梳理可以发现，其倡导各国政府、私营部门、非政府组织、工会等不同主体应采取不同措施共同促进男女在工作与家庭责任上的调和。从促进男女在工作与家庭责任上的调和路径上来看，主要从提供可以平衡工作和家庭的工作条件、促进男女平等分担家庭责任两个方面进行；从具体内容上来看，主要包括保证有家庭责任的男女选择工作的机会平等并享有育儿假和育儿福利，倡导男女分担家庭责任（特别是分担照顾子女和老年人的责任），改进技术的发展并增进取得技术的机会，灵活的工作时间等措施。

上述国际公约及建议书等国际文件为国家承担促进平衡工作和家庭的责任订立了国际标准。具体包括国家应认可和尊重无偿家庭劳动价值、提供社会服务和社会保障以帮助平衡工作和家庭、营造家庭友好型工作环境、倡导家庭内部男女分摊家庭责任等几个方面。

具体条文如下。

（一）《消除对妇女一切形式歧视公约》

第五条

缔约各国应采取一切适当措施：

（a）改变男女的社会和文化行为模式，以消除基于因性别而分尊卑观念或基于男女定型任务的偏见、习俗和一切其他方法。

（b）保证家庭教育应包括正确了解母性的社会功能和确认教养子女是父母的共同责任，但了解到在任何情况下应首先考虑子女的利益。各缔约国提供必要的辅助性社会服务，建立和发展托幼服务设施，减轻家庭生育成本，使父母得以兼顾家庭义务和工作责任并参与公共事务。

第十一条

1. 缔约各国应采取一切适当措施，消除在就业方面对妇女的歧视，以保证她们在男女平等的基础上享有相同权利，特别是：

（a）人人有不可剥夺的工作权利；

---

① 《北京行动纲领》第180段（b）款。

（b）享有相同就业机会的权利，包括在就业方面相同的甄选标准；

（c）享有自由选择专业和职业，升级和工作保障，一切工作福利和服务条件，接受职业训练和再训练，包括实习训练、高等职业训练和经常训练的权利；

（d）同样价值的工作享有同等报酬（包括福利）、平等待遇的权利，在评定工作的表现方面，享有平等待遇的权利；

（e）享有社会保障的权利，特别是在退休、失业、疾病、残废和老年或其他丧失工作能力的情况下，以及享有带薪假的权利；

（f）在工作条件中享有健康和安全保障，包括保障生育机能的权利。

2. 缔约各国为使妇女不致因结婚或生育而受歧视，又为保障其有效的工作权利起见，应采取适当措施：

（a）禁止以怀孕或产假为理由予以解雇，以及以婚姻状况为理由予以解雇的歧视，违反规定者得受处分；

（b）实施带薪产假或具有同等社会福利的产假，不丧失原有工作、年资或社会津贴；

（c）鼓励提供必要的辅助性社会服务，特别是通过促进建立和发展托儿设施系统，使父母得以兼顾家庭义务和工作责任并参与公共生活；

（d）对于怀孕期间从事确实有害于健康的工作的妇女，给予特别保护。

3. 应参照科技知识，定期审查与本条所包含的内容有关的保护性法律，必要时应加以修订、废止或推广。

（二）《1958 年消除就业和职业歧视公约》（国际劳工组织第 111 号公约）

第一条

一、就本公约而言，“歧视”一词包括：

（一）基于种族、肤色、性别、宗教、政治见解、民族血统或社会出身等原因，具有取消或损害就业或职业机会均等或待遇平等作用的任何区别、排斥或优惠；

（二）有关会员国经与有代表性的雇主组织和工人组织（如存在此种组织）及其他适当机构协商后可能确定的、具有取消或损害就业或职业机会均等或待遇平等作用的其他此种区别、排斥或优惠。

二、对一项特定职业基于其内在需要的任何区别、排斥或优惠不应视为歧视。

三、就本公约而言，“就业”和“职业”二词所指包括获得职业培训、获得就业和特定职业，以及就业条款和条件。

第五条

一、国际劳工大会通过的其他公约和建议书规定的保护或援助的特殊措施不应视为歧视。

二、凡会员国经与有代表性的雇主组织和工人组织（如存在此种组织）协商，得确定为适合某些人员特殊需要而制定的其他专门措施应不被视为歧视，这些人员由于诸如性别、年龄、残疾、家庭负担，或社会或文化地位等原因而一般被认为需要特殊保护或援助。

（三）《有家庭责任的男女工人机会和待遇平等公约》（国际劳工组织第156号公约）

第4条 为了促成男女工人切实的机会平等和待遇平等，应采取一切符合本国条件和可能的措施——

（a）以便使有家庭负担的工人能够行使其自由选择职业的权利；

（b）以便考虑他们在就业条件和社会保障方面的需求。

第5条 应采取一切符合其本国条件和可能的措施——

（a）以考虑有家庭负担的工人在社区规划方面的需求；

（b）以发展或促进社会服务，包括公共服务和私营的服务，如保育事业及家庭服务和便利。

第6条 各国的主管当局和机关应采取适当措施促进信息和教育，以促成公众对男女工人机会和待遇平等原则及有家庭负担工人问题的广泛理解与有助于克服这些问题的舆论气氛。

第7条 应采取一切适合本国情况和可能的措施，包括职业指导和培训方面的措施，使有家庭负担的工人成为并始终是不可缺少的劳动力，并且在因家庭负担而缺勤之后能够重新成为劳动力的一部分。

第8条 家庭负担本身不应成为解雇的理由。

（四）《保护生育公约》（国际劳工组织第183号公约）

健康保护

第3条 在同有代表性的雇主组织和工人组织磋商之后，各成员国须采取适宜措施，以保证孕妇或哺乳妇女不得从事主管当局确定的会损害母亲或儿童健康的工作，或是经评估确定对母亲的健康或儿童的健康有重大危险的工作。

产假

第4条

1. 经出示医疗证明或其他适宜证明说明预产期——这由国家法律和惯例确定，本公约所适用的妇女须有权享受时间不少于14周的产假。

2. 各成员国须在其对本公约的批准书中附上一份声明，具体说明以上提到的假期期限。

3. 各成员国以后可将有关延长产假期限的进一步声明，寄存国际劳工局长处。

4. 除非在国家一级政府和有代表性的雇主组织与工人组织另有议定，出于对保护母亲健康和儿童健康的应有考虑，产假须包括六周时间的产后强制性休假。

5. 产前部分的假期，须按预产期和实际分娩之间逾期的时间予以延长，不从强制性产后假期部分中扣除。

在出现患病或并发症情况下的休假

第5条

在因妊娠或分娩而引起患病、并发症或有并发症危险的情况下，经出示医疗证明，须在产假期之前或之后提供休假。此种休假的性质和最长期限，可根据国家法律和惯例具体确定。

津贴

第6条

1. 须根据国家法律和条例，或是以符合国家惯例的任何其他方式，向因休第4条或第5条提到的假期而缺勤的妇女提供现金津贴。

2. 现金津贴的水平，须保证妇女能以适当的健康条件和适宜的生活标准供养自己及其孩子。

3. 凡按国家法律或惯例以原先收入为依据为第 4 条提到的休假支付现金津贴，此种津贴的数额不得低于该妇女原先收入或是为计算津贴而加以考虑的收入的三分之二。

4. 凡按国家法律或惯例采用其他方法确定为第 4 条提到的休假支付现金津贴，此种津贴的数额一般说来须类似于运用上一款得出的数额。

5. 各成员国须保证，本公约对其适用的大多数妇女都能够达到享受现金津贴的资格条件。

6. 凡妇女达不到国家法律和条例或是符合国家惯例的任何其他方式，为享受现金津贴而规定的资格条件的，须有权享受社会援助基金的适当津贴——这取决于所要求的家庭经济情况调查的结果。

7. 须根据国家法律和条例或是以符合国家惯例的任何其他方式，为妇女及其孩子提供医疗津贴。医疗津贴须包含产前、分娩和产后医疗护理，以及必要时的住院治疗。

8. 为了保护妇女在劳动力市场中的地位，有关第 4 条和第 5 条提到的休假的津贴，须通过强制性社会保险或公共基金提供，或是以国家法律和惯例确定的方式提供。没有雇主的明确同意，雇主个人对其雇用的妇女不承担任何此类货币津贴的直接费用的责任，除非：

（a）在国际劳工大会通过本公约之前，成员国的国家法律或惯例对此已有规定；或是

（b）政府和有代表性的雇主组织与工人组织因此而会后在国家一级达成了协议。

第 7 条

1. 经济与社会保障制度发展不充分的成员国，如果所提供的现金津贴比率不低于按国家法律和条例对疾病或临时伤残应支付的津贴比率，须被视为履行了第 6 条第 3 和 4 款的规定。

2. 援用前款提供的可能性的成员国，在其根据《国际劳工组织章程》第

22 条提交的关于本公约实施情况的首次报告中，需解释如此做的原因，并说明所提供的现金津贴的比率。在其以后的报告中，成员国须说明为逐步提高津贴比率而采取的措施。

就业保护和非歧视

第 8 条

1. 雇主在妇女妊娠期间或是在休第 4 条或第 5 条所说假期而缺勤期间，或是在其重返工作岗位后国家法律或条例规定的一段时间内，终止其就业是非法的，除非终止的理由同妊娠或分娩及其结果或哺乳无关。证明解雇的理由同妊娠或分娩及其结果或哺乳无关的责任，由雇主承担。

2. 要保证妇女在其产假结束后返回同一岗位或工资相同的岗位的权利。

第 9 条

1. 各成员国须采取适宜措施，以保证生育不成为就业歧视的原因，包括进入就业——尽管有第 2 条第 1 款。

2. 前款提到的措施，须包括禁止要求求职妇女进行妊娠检验或提供此类检验的证明，但属于国家法律或条例有要求的工作除外：

（a）根据国家法律或条例禁止或是限制孕妇或哺乳妇女从事的工作；或是

（b）属于对妇女和儿童健康有公认的或重大危险的工作。

哺乳母亲

第 10 条

1. 须使妇女拥有可每日一次或多次休息或是减少每天工时为其婴儿哺乳的权利。

2. 允许哺乳时间或减少每天工时的那段时间、哺乳休息的次数和时间的长短，以及减少每天工时的程序，须由国家法律和惯例确定。这些休息时间或每天所减少的工时，须算作工作时间，因而要付给报酬。

（五）《变革我们的世界：2030 年可持续发展议程》

《变革我们的世界：2030 年可持续发展议程》包括 17 个可持续发展目标，其中目标 5“实现性别平等，增强所有妇女和女童的权能”涉及对平衡工作和家庭的具体要求，即“认可和尊重无偿护理和家务，各国可视本国情况提供公共服务、基础设施和社会保护政策，在家庭内部提倡责任共担”。

（六）《北京行动纲领》

战略目标 F．6.

促进男女在工作与家庭责任上的调和应采取的行动

179. 各国政府：

（a）制定政策，确保非全时工、临时工、季节工和居家工作得到劳工法和社会保障的适当保护；在工作与家庭责任可以调和的工作条件下促进职业发展；

（b）确保男女得以平等地自由选择全时和非全时工作，并考虑给予非典型工人在就业机会、工作条件和社会保障方面获得适当保护；

（c）通过制定法律、提供奖励和(或)鼓励，确保男女都有机会享有工作保障的育儿假和育儿福利；促进男女平等分担家庭责任，包括通过适当的法律和(或)鼓励，并且提倡方便就业母亲自己授乳的办法；

（d）制定政策，特别是教育政策，改变强调男女分工的观念，以宣传分担家务责任的概念，特别是分担照顾子女和老年人的责任；

（e）改进技术的发展并增进取得技术的机会，以便利从事家庭内外的工作，鼓励自助、创收、改变生产过程中依性别划分的职责，并使妇女得以放弃低薪工作；

（f）根据国家优先事项和政策，审查各种政策和方案，包括社会保障立法和税制，以提倡人们如何在分配其时间以求从教育和培训、有酬工作、家庭责任、自愿活动和其他有益社会的工作和休闲中获益的过程中，促进男女平等和灵活性。

180. 各国政府、私营部门及和非政府组织、工会和联合国酌情：

（a）采取涉及有关政府机构及雇主和雇员协会的适当措施，使妇女和男子得以请临时假，享有可转移的就业福利金和养恤金，并做出安排，在不妨碍其工作和职业上的发展和晋升的情况下改变工作时间；

（b）通过创新的宣传运动及学校和社区教育方案，设计和提供教育方案，以提高对于男女平等和男女在家中非陈规定型的作用的认识，提供服务和设施，例如在工作场所就地提供托儿所及灵活的工作时间安排；

（c）颁布并执行法律，禁止一切工作场所的性骚扰和其他形式的骚扰。

第三部分

企业构建和谐劳动关系实践案例

高位推动聚合力，改革创新促发展，奋力谱写和谐劳动关系新篇章

山东省协调劳动关系三方委员会

山东是人力资源大省，就业人数超5000万人，市场主体超1300万户，做好劳动关系工作对于经济发展和社会和谐具有重要意义。近年来，山东省委、省政府按照党中央、国务院关于构建和谐劳动关系的统一部署，以和谐劳动关系创建示范活动为抓手，着力强机制、促改革、优服务，推动劳动关系保持总体和谐稳定，为高质量发展做出积极贡献。

一、强化顶层设计，下好和谐劳动关系创建示范“先手棋”

始终把构建和谐劳动关系作为坚定拥护“两个确立”、坚决做到“两个维护”的现实检验，切实加强和谐劳动关系创建工作的组织领导。坚持高位推动，山东省委、省政府高度重视构建和谐劳动关系工作，省委书记、省长多次做出指示、批示，提出明确要求。省委常委会会议、省政府常务会议多次研究涉及劳动关系议题，省政协以月度协商形式，组织社会各界对构建和谐劳动关系建言献策、协商推动。2019年，省、市、县三级均成立由政府负责同志任主任的协调劳动关系三方委员会，形成上下联动、齐抓共管的工作机制，有力地指导和推动了和谐劳动关系创建活动。完善制度体系，制定出台《山东省工会劳动法律监督条例》《山东省劳动关系和谐企业山东省劳动关系和谐工业园区评价管理办法》等一系列政策文件和法规条例，不断提升

创建工作的科学性、规范性和统一性，逐步构筑起创建示范工作的“四梁八柱”。坚持标准引领，在全国首创省级劳动关系和谐工业园区评价标准，发布省级劳动关系和谐企业评价标准，坚持选育并举、动态评价，目前已按标准认定省级劳动关系和谐企业 539 家、工业园区 28 家，示范带动作用加快显现。

二、强化协调联动，打好和谐劳动关系创建示范“组合拳”

统筹处理好促进企业发展与维护职工权益的关系，推动企业和职工协商共事、机制共建、效益共创、利益共享。坚持试点带动，以济宁市开展全国深化构建和谐劳动关系综合配套改革试点为契机，积极探索并在全省推广“和为贵”多元预防调解机制，打造和谐劳动关系“齐鲁样板”。坚持计划驱动，实施劳动关系“和谐同行”能力提升三年行动计划，为 2.3 万户企业提供用工指导服务；实施集体协商“稳就业促发展构和谐”行动计划，签订集体合同 7.4 万余份，在促进企业健康发展的同时，有效维护了职工合法权益。坚持奖惩促动，制定 20 余项联合激励措施，对省级劳动关系和谐企业在财政资金项目安排、授信融资、项目申报、表彰奖励等方面给予倾斜，探索建立和谐企业退出机制，引领企业加快构建和谐劳动关系。坚持稳岗推动，把稳岗拓岗作为保民生、促和谐的治本之策，打出“延、缓、返、扩、补、创”组合拳，实现维护劳动者权益与企业发展的良性互动。2022 年以来，共发放稳岗返还资金 16.3 亿元，惠及企业 11.7 万户，阶段性缓缴社会保险费 26.4 亿元，惠及企业 1.3 万户。

三、强化指导服务，织密和谐劳动关系创建示范“保障网”

坚持“服务为主、基层为主”理念，努力从源头上最大限度地增加和谐因素、减少不和谐因素。建好服务阵地，依法培育专业性协调劳动关系社会组织，在行业协会、企业聚集的商务楼宇设立“劳动关系综合服务站”，培养劳动关系协调员 2.3 万人，金银铜牌协调员 450 人，将劳动关系治理触角延伸到最基层，有效畅通了劳动关系治理的“毛细血管”。完善服务内容，组织开展“送法进企业”活动1324次，覆盖企业7315家，企业依法规范用工能力显著提升。开展“万所联万会”活动，1296家律师事务所与2271家商会建立合作关系，有效提升了企业的法治化水平。建设企业劳动关系“和谐驿站”，将思想引领、文化传承、矛盾化解等功能汇聚一体，常态化开展谈心交流、矛盾调处等活动，有力促进了劳企双方和谐。优化服务方式，打造劳动关系“一站式”服务平台，创新发展人社干部走流程、我为群众办实事和服务监督评价制度，采取线上调解、“零接触”办案等新模式，打通政策制度供给“最先一公里”和政策服务落实“最后一公里”，让企业群众拥有更多的获得感。

下一步，将认真贯彻落实这次会议精神，学习借鉴兄弟省市经验和做法，持续开展和谐劳动关系创建活动，努力推动劳动关系治理体系和治理能力建设再上新台阶。

谋篇布局落子，拓面增效提质，推动和谐劳动关系创建活动走深走实

重庆市协调劳动关系三方委员会

近年来，重庆市深入贯彻落实习近平总书记关于构建和谐劳动关系的重要指示批示精神，积极应对新冠疫情、高温等多重挑战，创新与创建双管齐下，提质与增效齐头并进，和谐劳动关系构建取得明显成效，全市劳动合同签订率常年维持在90%以上，培育各级和谐劳动关系企业6320户，建成劳动关系示范点2080个，42户企业和6个园区被评为全国模范企业（园区），为推动经济发展、促进社会和谐提供了坚实支撑。

一、高站位“谋篇”，全方位、多层次聚合力

深刻领悟习近平总书记“劳动关系是最基本的社会关系之一”的重要指示精神，持续完善政府、工会、企业共同参与的协商协调机制。一是强化高位推动。重庆市委、市政府主要负责同志高度重视构建和谐劳动关系工作，将其纳入全市经济社会发展规划，作为政府目标责任和综合治理考核体系的重要内容，压实各级、各部门主体责任。二是强化三方协同。市级、区（县）全部建立由政府分管领导担任主任的协调劳动关系三方委员会，专题研究、定期调度，协调化解产业升级、国有企业改制、淘汰落后产能、环保搬迁等劳动关系领域突出问题。全市共建立协调劳动关系三方机构951个，区（县）全覆盖，镇街、园区覆盖率达70%，创建“横向到边、纵向到底”

工作体系。三是强化联动互动。持续健全发展改革、市场监管、税务等多部门协作机制，推动企业及经营者评优评先与和谐劳动关系创建相结合，和谐劳动关系企业认定结果与党委政府表彰项目、诚信典型选树条件等挂钩。三年来，就业援企稳岗纾困在“降返补”上为企业减负117亿元，稳定岗位698.8万个；实施社会保险“扩面提质”专项行动，新增城镇企业职工基本养老保险参保人员364.84万人，实现和谐劳动关系与稳就业、保民生良性互动。

二、高标准“布局”，规范化、体系化塑品牌

坚持目标导向、问题导向，聚焦“建什么、怎么建、如何管”精准发力，做到“长期有规划、执行有标准、激励有保障”。一是规划引领、重长效。在全国率先出台构建和谐劳动关系“十四五”专项规划，结合“和谐同行”三年行动计划，明确和谐劳动关系创建活动的五大行动目标、八大重点任务和16条具体措施。二是建章立制、强规范。制定和谐劳动关系企业评价规范地方标准，明确20个大项、42个小项评价指标和近200个评价点的具体创建内容；细化和谐企业评定管理办法，完善“分级申报评定、自查外评、实时监管、退出取缔”的全过程管理机制；构建县域、园区、企业立体化评价体系。三是严明奖惩促发展。19个市级部门联合建立AAA级和谐劳动关系企业激励机制，落实诚信红名单、绿色通道、税收减免等40条联合激励措施；指导区（县）出台激励政策，对A级、AA级和AAA级和谐企业分别给予资金奖励。强化违法失信企业联合惩戒，构建“一处违法、处处受限”的共治格局。

三、高质量“落子”，多维度、立体化拓成效

坚持先行先试、串珠成链，点、线、面多维发力，打好示范创建“组合拳”。一是“点”上突破强示范。全面完成国家级和谐劳动关系综合配套改革试点任务，在劳动关系风险智能预警、集体协商、公共服务等领域形成

5 项经验，被中共中央组织部选编为浦东干部培训创新实践典型教学案例。建设九龙坡区、南岸区、两江新区 3 个和谐劳动关系综合试验区，打造全国首个和谐劳动关系示范镇。二是“线”上发力促延伸。积极推进落地新就业形态、就业人员职业伤害保障试点，完成 7 家试点平台企业参保登记，覆盖 16 万人；出台快递员、外卖送餐员、网约车驾驶员权益维护配套文件，形成“1+1+3+N”新就业形态政策体系，对 30 余户重点平台企业开展用工指导。建成市级电子劳动合同公共服务系统，签订电子劳动合同 20 万份。承办全国第二届城市工会集体协商竞赛决赛，连续举办四届市级集体协商竞赛，培育全国厂务公开民主管理示范单位 3 个、先进单位 13 个。三是“面”上拓展提质效。建强市级和谐劳动关系专家库、金牌劳动关系协调员、劳动关系宣讲队 3 支队伍，建立川渝工资联合价位发布、人力资源市场工资指导价位发布、劳动关系风险协同处理三项机制，为区域劳动关系高质量发展提供有力支撑。

下一步，将坚决贯彻落实党中央、国务院决策部署，坚持同心而进、同向发力、同频共振，将保稳定、促和谐各项工作落到实处，将和谐劳动关系创建活动引向深入。

携手共谱和谐曲，同心共筑航天梦

首都航天机械有限公司

首都航天机械有限公司隶属于中国航天科技集团第一研究院，是中国成立最早、规模最大的运载火箭和导弹武器总装集成企业，唯一的氢氧发动机制造企业。这里是中国航空的发源地、中国航天的发祥地、中国导弹的诞生地，现有职工6500余人。长期以来，公司坚持以国为重、以人为本、以质取信、以新图强，大力弘扬航天精神，谱写着职工与企业共同发展的和谐乐章。

一、党建引领，画好同心圆

公司始终把坚持党的领导、加强党的建设作为“根”和“魂”，统筹推进和谐劳动关系创建航天事业发展。在完成空间站建设等重大工程任务、刷新长征系列火箭连续成功新纪录的征程中，公司党委坚持“把方向、管大局、保落实”，攻坚克难、勇攀高峰，不断实现新突破，同时不忘关怀职工，在物质待遇、事业发展方面提供相协调的保障与支持。公司各级党组织带领广大职工始终满怀爱国之情、勇挑民族重任，不忘航天报国初心、牢记航天强国使命，不断增强职工从事航天事业的成就感与自豪感。企业在发展的同时，高度重视文化引领作用，建成了“一室、一廊、一馆”企业文化阵地，教育引导职工传承企业百年文化基因，深化对企业历史文化的认同感和责任感。在党建引领下，公司努力践行共建共享理念，职工满怀自豪感、责任感，夯实了和谐劳动关系基础。

二、关爱职工，打造温馨港

公司坚持发展成果惠及职工，提升职工获得感、幸福感。大力推进美好家园建设，近五年累计配售住房1081套，申请公租房11套、人才公寓120套。公司累计投入6500余万元，实施“敬老爱心”和“乐老家园”两大工程，改善生活区条件。近年来，相继投入3000余万元建设改造体育场、游泳馆等大型文体活动中心。持续实施职工体检、疗休养、补充医疗保险及企业年金制度，扎实开展“我为群众办实事”实践活动，解决群众“急难愁盼”问题。公司工会2013年获得“全国模范职工之家”荣誉称号，并持续开展基层职工小家建设活动，现有“全国模范职工小家”两个、长征小家6个。坚持开展困难职工帮扶和职工慰问工作，2016年以来共帮扶2893人次、累计支出680余万元。

三、搭建平台，厚植成长树

作为航天制造骨干企业，公司大力践行工匠精神，即爱岗敬业、无私奉献，持续专注、开拓创新，精益求精、追求极致，同时搭建人才成长平台，优化人才成长环境，为工匠精神提供生根的土壤。发挥技能大师工作室、劳模创新工作室辐射带动作用，深入开展人才培养。累计培养全国劳动模范6人、大国工匠2人、全国三八红旗手3人，其中高凤林当选为中华全国总工会兼职副主席，高凤林、崔蕴均荣获“全国五一劳动奖章”“全国劳动模范”称号。广泛开展“揭榜挂帅”、青年创新成果大赛等活动，助力职工岗位建功。全国五一劳动奖章获得者刘争作为优秀青年代表登上央视“五四”特别策划《青春季》栏目，展示厚积薄发、朝气蓬勃的青春力量。

大道如砥，行者无疆。探索浩瀚宇宙，发展航天事业，建设航天强国，是首航人不懈追求的航天梦。公司将坚定勇于有梦、敢于追梦、勤于圆梦的理想信念，不断突破、创新发展，为航天强国建设提供有力支撑，为满足广大职工对美好生活的向往，构建和谐劳动关系贡献力量！

实施“四铸四有”工程，构建和谐劳动关系

江苏红豆集团有限公司

江苏红豆集团有限公司（以下简称红豆集团）初创于1957年，以纺织服装为主业，共有2.1万名职工。红豆集团探索构建“党的建设+现代企业制度+社会责任”的中国特色现代企业制度，实施“四铸四有”工程，企业与职工共筑利益共同体、事业共同体、命运共同体，形成了企业关爱职工、职工热爱企业的和谐共赢局面。

一、以思想引领铸魂，确保职工奋斗有方向

红豆集团持续发挥党组织在培养人才、使用人才、凝聚人才方面的独特优势，建立了“双培养”机制：把党员培养成企业人才，把企业人才培养成党员。红豆集团拥有党员1400多名，公司股东代表、工厂的厂长经理党员覆盖率达96%以上。近三年，共有300多名一线职工被培养成为党员，35名优秀党员被培养成为厂长经理。新冠疫情期间，党员带头第一时间将服装生产线紧急改造转产防护用品，在抗疫物资最紧缺的时候，集团职工加班生产，向武汉送去65万件急需隔离衣，国务院联防联控机制医疗物资保障组专门发来感谢信，称赞红豆集团“是当之无愧的抗击疫情‘军工厂’”。

二、以素质提升铸匠，确保职工事业有希望

树立职工主人翁意识，关键在于畅通企业职工上升通道。红豆集团的做法是，实施“制度选人”，打通由下向上的职业通道。基层职工获评“三星级职工”，就可到红豆大学带薪免费深造，进入管理岗位，现已有100多名一线职工通过学习，完成了从蓝领到白领的跨越；进入管理层后，中层职工可以通过“竞争上岗”实现个人职业提升。5年来，700多名职工通过竞争上岗走上管理岗位。对于高层，给予股权激励。现任红豆集团总经理于2001年靠自荐信入职红豆集团任职销售工作，因能力出众多次破格提升。来自安徽农村的一位职工，在红豆集团的培训体系下，通过竞争上岗从车间一线工人成长为安全管理干部。红豆集团职工普遍认为，红豆集团用人不靠关系靠业绩，只要有本事又肯干，就有公平发展的机会，都是企业的主人。

三、以帮扶济困铸爱，确保职工生活有奔头

红豆集团坚持以诚信经营、关爱职工、扩大就业、奉献社会为职责，早在2007年就成为国内首家通过“CSC 9000T”企业社会责任认证的企业。红豆集团有较为完善的工资正常增长机制，一线熟练工年收入高于当地企业平均水平，即使在抗击新冠疫情的特殊时期，也做到了“不裁员、不降薪”；每年投入近8000万元，为一线职工提供食宿优惠；建造20幢职工宿舍楼，对有特殊贡献的人才提供安家补贴80万元；建立2500万元红豆慈善基金，先后有900多人次的困难职工得到资助，共计1012.5万元。

四、以身心关爱铸家，确保职工权益有保障

红豆集团文化的特质在于“情”，在于关爱职工及家属，努力创建幸福红豆。红豆集团成立工会委员会，设立劳动争议调解委员会、劳动法律监督委员会等，努力维护职工合法权益；在各工厂、食堂广泛设置由专人收集、领导亲自拆阅的“书记信箱”“工会信箱”；每个一线车间设置职工可以自由

提意见、发牢骚的“回音壁”，不断畅通群众呼声表达渠道，及时回应职工关切诉求；每年3月设为“挖潜月”，面向职工开展合理化建议征集奖励活动；推进“有话好商量”，形成双向沟通、双方协商机制，把矛盾化解在萌芽状态。

红豆集团将始终铭记习近平总书记“民营企业是我们自己人”的暖心关怀和“以人民为中心”的理念，以党建为引领，以“四铸四有”构建企业和谐劳动关系，扎实推进共同富裕，为社会主义现代化建设贡献更多“红豆力量”。

“不问出身”共建共享，和谐点亮“追光”梦想

福建福光股份有限公司

福建福光股份有限公司（以下简称福光）是全球光学镜头的重要制造商，全国首批科创板民营上市企业，共有职工1739人。2021年3月，习近平总书记视察福光时指出，抓创新不问“出身”，谁能为国家作出贡献就支持谁。习近平总书记的殷切嘱托激励着“追光”的福光人，在福光人眼中，“不问出身”的精神意味着人人共享发展成果、人人共创出彩人生，意味着人人皆可成才、人人尽展其才，意味着人人休戚与共、人人命运相连，这是福光创建和谐企业，构建企业与职工命运共同体一以贯之的坚持与路径。

一、不问出身，在和谐企业创建之路上让主人翁共同追光

和谐源自共同奋斗。2004年前，由于产品缺乏核心竞争力，福光连年亏损、一度濒临破产，劳动关系矛盾激化。正是依靠“不问出身”，调动职工创新积极性，福光“起死回生”。福光推出骨干员工持股计划，建立科技创新奖励机制，每年投入约200万元表彰取得创新性成果的优秀个人和团队，鼓励“草根”创新。2022年，福光将每年的3月24日定为“创新表彰日”，制定《限制性股票激励计划》《追光者1号持股计划》，授予在技术攻关、技术革新中表现优秀的职工114.98万股限制性股票。通过实施多重激励，改革薪酬制度，让更有创新力的职工享受到更有竞争力的薪酬，2021年度，福光平均调薪幅度超过8%，创新型技能人才薪酬普遍比本地区同行业平均水平

高10%至20%。企业实现了从“无人创新”到“全员创新”的蜕变，累计获得授权专利600多项，其中发明专利200多项，填补了国内安防监控领域在高清及超高清视频技术上的空白。

二、不问出身，在和谐企业创建之路上让奋斗者为梦发光

和谐源自共同成长。福光坚持将发展的赛道向每一位职工敞开，搭建多元发展通道。实施“储干生培养计划”，一批有能力的80后、90后骨干脱颖而出。实施职工技能素质提升工程，建立技能人才培养体系，推行“师带徒”结对机制，投入35万元举办“英华班”，与清华大学、浙江大学、福建师范大学等高校合作，共建专业技术人才培育基地，帮助职工提升学历，有针对性地培养光电信息人才。组织开展“工艺攻关大赛”、创新大赛等技能竞赛和“五小创新”活动，90后技术能手攻克世界级难题，入职刚满一年的年轻员工突破技术“无人区”，老工程师领衔攻坚，打破国外技术垄断，一个个追光者的匠心故事让我们愈加坚信，广大职工是推动企业“追光”的磅礴力量，构建开放、和谐、包容的职业成长体系，才能让职工创新创造的活力竞相迸发。

三、不问出身，在和谐企业创建之路上让劳动者共享荣光

和谐源自情感认同。福光始终把职工当家人，扛起家的担当，传递家的温暖。福光管理层主动倾听员工心声，坚持每周与一线职工谈心谈话，开通诉求“直通车”，职工动一动手指头，就能将意见和建议、困难问题反映给工会主席。完善企业民主管理制度，在生活区、工作区设厂务公开栏，公开企业生产经营等事关职工切身利益的事项，每年开展一次集体协商，每半年召开一次职工代表大会，审议涉及职工切身利益的规章制度和重大事项。围绕职工最关心、最直接、最现实的利益问题，定期开展职工满意度测评，提供通勤班车、工作餐补贴、健康体检等基本福利，还面向职工提供住房、子女教育等多项“安家保障”，福光工会“家服务”渗透到职工生产、生活的

方方面面，职工获得感、幸福感、安全感得到大幅提升，福光核心人才的流失率几乎为零，职工流失率也远低于行业平均水平。

展望未来，“不问出身”使福光人坚信：职工因和谐方能闪光，企业因和谐方能赢得高光。福光将紧紧依靠职工发展企业，企业与职工同呼吸、共命运，携手共创共建，“追光”报国，挑战世界顶尖光学，实现百年福光梦！

“三三体系”创和谐园区，凝心聚力促企业发展

广西柳州高新技术产业开发区

广西柳州高新技术产业开发区（以下简称柳东新区）作为国家级高新技术开发区，是广西柳州汽车城核心区，拥有四大汽车集团整车生产基地，有165家规模以上工业企业、112个在建项目工地，职工3.56万人，农民工近万人。近年来，柳东新区坚持以习近平新时代中国特色社会主义思想为指导，以“三套模式”“三个强化”“三项服务”为抓手，推动“园区管理、职工权益、企业发展”全面提升，构建和谐发展新格局。

一、打造“三套模式”，齐抓共管形成和谐共建合力

强化园企合力、上下联动、互促相融，实现“企业见效益、职工获实惠、园区快发展”目标。一是打造“党建+”模式，引领园区规范发展。依托柳州汽车城联合党委和园区工业、科技、商贸文化旅游和科创四大行业党建联盟，开展“三师进企业”活动，将和谐劳动关系案例列入联盟例会研讨内容，合力打牢和谐劳动关系根基。二是打造“机制+”模式，保障园区有序发展。柳东新区管理委员会出台《柳东新区劳动关系“和谐同行”能力提升三年行动方案》等“1+6”文件，建立了协调协商、服务指导等“十个全面”机制，实现劳动关系管理标准化、精细化、科学化。三是打造“文化+”模式，促进园区和谐发展。建设农民工之家、女职工关爱室、爱

心驿站等 27 个活动室，服务两万余名职工；开展关爱农民工服务活动 29 次惠及 1.2 万余人次，切实增强广大职工对企业的归属感。

二、力推“三个强化”，精准施策保障劳动关系双方合法权益

针对园区劳动密集型企业多、劳动纠纷易发的情况，强力推出“三个强化”措施严防隐患。一是强化源头监测，实现劳动政策应知尽知。加强源头预防，充分利用入企宣讲、组织培训、唱山歌等形式开展劳动法律法规宣传，普及对象达 6.5 万人。建立“劳动合同备案电子化平台”“一户一册备案信息库”“乐签平台数据库”等平台系统，利用大数据精准分析开展劳动纠纷源头治理。二是强化多元解纷，实现劳动纠纷应调尽调。打造“一窗受理、一键投诉、一级办结、一套制度、一条龙服务”调解服务模式，投入资金扶持成立 108 家企业劳动（人事）争议调解委员会，聘任 680 名调解员，搭建柳东新区网上调解平台，线上、线下同频共促，调解成功率达 96%。三是强化跟踪督导，实现劳动用工违法问题应改尽改。实行网格化管理，建立 23 个劳动关系基层服务站点，充分调动劳动关系协调员的积极性，定期深入企业，督促劳动用工违法问题立整立改，推动全面实现规范企业用工目标。

三、优化“三项服务”，用心用情助力企业发展

大力开展“企业服务年”活动，持续健全助企纾困政策，完善配套设施，“一企一册”助力企业和谐发展。一是优化营商环境贴心服务。打造柳东人才市场，为企业提供人才引进、公寓申请、职称申报等一站式全方位服务平台和用工绿色通道，覆盖 100 多家企业 3 万多人。二是优化企业用工暖心服务。成立海内外高端人才创业创新示范基地、政校企联盟，集聚柳东职教园 6 所院校约 8.5 万名学生资源，为企业储备人才。三是优化民主管理用心服务。指导企业进一步深化厂务公开，依法推动百人以上建会企业建立职工代表大会制度，全面推行集体协商，建立健全企业民主管理制度，通过企

业内部协商民主，引导职工有序参与企业治理，实现更高水平的共建、共商、共享。企业与职工心往一处想、劲儿往一处使，为企业更高质量发展积蓄正能量。

共建共享，凝聚力量，和谐同行。柳东新区将认真学习借鉴兄弟园区的经验做法，为制造强国、为人民幸福、为构建和谐劳动关系贡献力量！

探索创建新路径，打造和谐园区新典范

四川成都市新都高新技术产业园区

四川成都市新都高新技术产业园区（成都市新都现代交通产业功能区）是四川省“轨道交通、航空”两大产业集群发展的重要承载地，聚集重点企业585家，从业人员5万余人，成功创建2个“国家新型工业化产业示范基地”等国家级示范试点、9个“四川省融合发展特色产业基地”等省级示范试点。园区以“优化营商环境促企业发展，以企业发展促职工队伍稳定”为思路，深入推进和谐劳动关系创建，探索形成了和谐劳动关系示范园区创建“新都路径”。

一、强化组织领导，树好和谐园区创建“风向标”

强化党建引领，健全组织机构，形成“党政主导、三方推动、企业响应、职工参与”和谐劳动关系创建格局。一是强化党委推进机制。按“区级强指导、园区强推进、企业强落实、职工强参与”工作思路，明确工作任务，区委主要负责同志每季听取进展，区级部门每月指导，园区定期通报，企业及时反馈，形成层层有领导、环环有人抓的工作体系。园区成功创建5A级成都市模范劳动关系和谐园区，累计培育全国模范劳动关系和谐企业1家、成都市模范劳动和谐企业77家，培养企业劳动关系协调师（员）62名。二是强化党建引领带动。实施“双向进入、交叉任职”的“双培养”机制，动态保持非公有制企业党组织覆盖率93%以上，选派专兼职党建指导员，下沉企业定期研究矛盾调处、职工权益保障等工作。三是强化组织工作体系。成立区、园区两级构建和谐劳动关系领导小组、协调劳动关系三方机制及劳动争议调解委员会，积极引导百人以上企业成立劳动争议调解委员会，化解矛盾纠纷129起，累计为919名企业职工提供劳动争议法律援助。

二、深入创新实践，解好和谐园区创建“应用题”

将助力企业平稳健康发展作为构建和谐劳动关系的重要保障。一是强化产业协同。全国首创“链主聚链属，主链拓辅链”产业发展模式，不断拓宽企业朋友圈，实现园区各类企业高效协同、高质量发展，筑牢和谐劳动关系园区的源头基础。二是强化工作载体。建立企业政务服务分中心，靠前提供“一站式”服务，及时解决园区内企业用工、政策解读等问题465个，累计发放稳岗补贴9800余万元。三是强化服务机制。设置“企业管家”服务制度，开展一对一跟踪服务，为企业争取贸易、两化融合等政策资金支持8000余万元，解决员工子女入学等实际诉求近200个，以员工安心促企业放心。

三、坚持需求导向，弹好和谐园区创建“和谐曲”

始终坚持以人为本，不断提高职工的获得感、幸福感、安全感。一是加大政策扶持力度。联动23个区级部门，坚持“改革赋能、政府授权”，探索建立“香城智慧人才综合服务平台”。高标准规划建设3000余套职工“倒班房”，争取租金减免及15%购房优惠政策，分级分类发行人才香卡，实现人才服务“一站办、一卡通”。二是加快技能人才培育。成立全省第一个建在产业园区的技能人才工作站，打造占地800亩（1亩≈666.67平方米）航空产教园区，广泛开展技能竞赛、劳模工匠评选，累计培育全国劳模1人，四川省劳模7人，成都市劳模8人；成都工匠21人，香城工匠204人；成都市百佳职工创客明星14人；劳模和工匠人才创新工作室9个。三是加强职工人文关怀。围绕职工生活需求，建立产城融合新型产业社区，为职工提供运动健身、心理咨询、交通保障等多项公益服务，力争让园区职工“不为交通操心，不为住宿忧心，不为生活烦心”。

和谐劳动关系创建推动企业步入新境界

湖北科峰智能传动股份有限公司

湖北科峰智能传动股份有限公司（以下简称科峰公司）是在老区黄冈成长起来的科技创新型民营企业。创立12年来，始终恪守“为职工提供事业平台，为国家打造民族精品”的理念，持续深化劳动关系和谐企业创建活动，推动企业从“小作坊”发展到800余名职工、产值近5亿元的专精特新企业，创造了第一台国产小型行星减速机、第一台国产盾构机用减速机、第一台国产谐波减速机等多个“中国第一”。

一、党建为魂，筑牢红色引擎

黄冈是一片红色热土，科峰公司大力弘扬大别山精神，在红色教育中凝聚企业力量。一是红色讲堂入人心。推行公司领导讲政策、模范党员讲经验、普通党员讲体会和“党员示范岗”等活动，营造员工有信仰、党员有力量、企业有希望的浓厚氛围。二是红色阵地强堡垒。以红色引领、传动未来为基调，投资380余万元，建设党员活动室、职工书屋、职工篮球场、网球场等阵地，将党建元素与企业文化有效融合，党性锻炼有载体，文化生活有场所。三是红色团队当先锋。成立党员为“领头雁”的攻关小组，自主研发顶管机，打破发达国家技术垄断；自主研发全球首台智能剥虾机，每台剥虾机每天加工14.6吨成品虾。科峰公司拥有国家发明专利、实用新型专利等授权知识产权 90 余项，成为“精密减速器回差测试与评价方法”国家行业标准起草单位。

二、职工为本，夯实和谐根基

“企业是我家、发展靠大家”。紧紧依靠职工办企业，使职工从“打工者”变成了“主人翁”。一是让职工有更多话语权。科峰公司坚信“职工的意见就是企业的眼睛，职工的建议就是企业的智慧”，通过建立职工代表大会、厂务公开、集体协商和集体合同制度，通过谈心谈话室、职工意见箱等载体，让职工有说话的地方、说的话有人听。二是让职工有更多获得感。科峰公司坚信“没有职工的利益，就没有企业的发展”，职工合同签订率、参保率、工资按时足额发放率实现了 100%；职工月平均工资年均增长超过 15%，处于地方同行业工资收入上等水平，离职率长期稳定在 2% 以内。三是让职工有更多归属感。科峰公司坚信“职工的家事，就是企业的大事”，对职工子女上学、家属就业、特困职工就医等急难愁盼问题，建立一套帮扶体系，竭力解决职工的后顾之忧，使他们感受企业“家”的温暖。

三、人才为要，激发创造活力

始终坚持职工愿景与企业愿景和谐、职工进步与企业发展共赢，把打造人才队伍作为企业发展的重要“发动机”。一是拓宽渠道“引才”。科峰公司处在经济欠发达的地级市，曾经没有大学生愿意来此公司。近年来，通过技术入股柔性引才、高校合作共享专家等多渠道，广纳天下英才，目前，有外国专家 6 人、高校院所专家团队 15 人、硕士（博士）100 多人，为攻克“卡脖子”难题汇聚了领军人才。二是建强梯队“育才”。开展名师带徒，组织技能比武，在高校设立“科峰班”，形成了“领军人才 + 技术骨干 + 科研新星”的人才梯队。三是优化机制“留才”。建设“四星级”标准公寓房，对高级人才实现“拎包入住”；设立基本薪酬包、绩效薪酬包和专项奖，每年拿出100万元设立创新奖；实行创新攻关揭榜挂帅、人才股权激励，不定期分红，使人才成为企业的“合伙人”，在企业发展中同步体现个人价值、实现人生理想。

持续多年的和谐劳动关系、和谐企业创建活动，推动科峰公司实现了裂变式发展，年产能从10万台增加到50万台，产品遍布四大洲20多个国家。今后，科峰公司将把构建和谐劳动关系作为企业发展的内在驱动力，以“共同缔造”的理念办企业、兴企业，为实业报国、实干兴邦奉献“科峰力量”！

面向市场，数据赋能，
做社会管理和企业管理领域的数字化转型先行者

北京牡丹电子集团有限责任公司

党的十九大报告指出，要坚持男女平等基本国策、保障妇女儿童合法权益。这充分彰显了中国高度重视并积极推进妇女事业发展的决心与实践成果。北京牡丹电子集团有限责任公司（以下简称牡丹集团）作为北京著名国有企业，在习近平新时代中国特色社会主义思想指引下，始终坚持党的坚强领导，坚持党对妇女工作的领导，加强顶层设计和长远规划，在出台相关制度政策、部署工作时都充分考虑两性的现实差异和妇女的特殊利益，在就业机会平等、职业发展机会平等、薪酬待遇平等方面均无歧视行为；在生育保护、女职工平衡工作和家庭责任等方面都有重要举措。

一、集团公司基本情况

牡丹集团前身为北京电视机厂，成立于1973年，是我国著名的传统电视生产商，创造了家喻户晓的“中国之花”——牡丹品牌。近年来，以中关村数字电视产业园为核心，牡丹集团以“创新基地”和“创业基地”为统领，全面发展科技和信息服务业，成为北京市重要的战略性新兴产业策源地和创意数字科技产业聚集区。面向新时代，牡丹集团正立足于现代科技和信息服务业，实施“互联网+”“物联网+”“AI+”“智能+”行动计划，以智慧工程中心（IEC）和智能制造服务（IMS）云平台为新核心，建设智慧社会、服

务数字生活，致力于成为行业领先、国内知名的智慧型产业互联网解决方案提供商和服务供应商，获得“全国模范劳动关系和谐企业”“全国工人先锋号”“首都文明单位”等荣誉。

截至 2022 年 6 月，牡丹集团全级次签订劳动合同的在岗员工为 398 人，其中女职工 183 人，约占总人数的 45.98%。中层及以上干部 90 名，其中女性 42 名，占比为 46.67%。高管级以上领导干部 28 名，其中女性占 10 名，占比为 35.71%。充分体现了牡丹集团在领导层任免中无性别歧视现象。

二、牡丹集团在性别平等方面的主要举措与成果

（一）高度重视女职工权益保障

1. 加强组织保障，以女职工委员会作为联系妇女群众的桥梁纽带作用

牡丹集团高度重视女职工的权益保护，女工组织建设和人员配备得到不断完善和充实，为女工工作提供了坚强保障。牡丹集团工会设立女职工委员会，形成了纵向贯通、横向联动、协同配合的组织工作体系，在党的领导下，依照章程、切实担负团结引导女职工听党话、跟党走的政治责任，切实履行代表和维护女职工合法权益、促进男女平等和岗位建功立业的基本职能。

2019 年，牡丹集团工会以全总编制的《促进工作场所性别平等指导手册》为参考文件，在全集团范围内进行了各层级的自检自查工作，牡丹集团未发生生育待遇不落实、“四期”保护不到位等工作场所性别不平等相关问题。

2. 落实制度保障，从源头上依法维护女职工的合法权益和特殊利益

在《集体劳动合同》的签订过程中，组织开展员工学习讨论《集体合同法》《女职工权益保护》等相关法律、法规，同时将《女职工权益保护》落到实处，全面宣传实行劳动合同制的重要性和必要性，以促进更好地保护女职工的平等就业、职业安全和生命健康，激发女职工参与经济建设的积极

性、主动性和创造性，促进劳动关系和谐，对推动企业长期稳定发展具有重要作用。同时强化督促检查，建立完善女职工劳动保护监督检查机制，每年职工代表大会均公开通报《集体劳动合同》执行情况，也将女职工劳动保护作为重点汇报内容，切实保障女职工的合法权益。

同时，始终坚持女职工委员会主任进入牡丹集团平等协商委员会、劳动争议调解委员会、工会劳动保护监督检查委员会和工会劳动法律监督检查委员会，参与公司涉及女职工权益问题的协商、调解和监督检查，从源头上依法维护女职工的合法权益和特殊利益，充分体现了集团公司对女职工合法权益和特殊权益的重视程度。

（二）集团公司女职工政治地位和岗位贡献显著

1. 女职工的政治地位有保障

从法律上，男女就享有平等的选举权、被选举权，牡丹集团党委重视培养选拔女干部、发展女党员，在职代会、党代会选举代表的过程中，均明确要求统筹做好女职工数量比例。牡丹集团党委委员共 7 名，其中 2 名女性；工会委员共 6 名，其中 2 名女性，为女职工参与协商民主、参与企业发展建设畅通渠道。同时，牡丹集团通过开展“双增双节”职工合理化建议活动，针对汇总整理涉及女职工发展和权益类的提案，组织协商座谈，集体合同续签前开展专题调研，在政治协商、民主监督中持续关注女职工，确保女职工的诉求得到满意的答复和解决。

2. 抓好企业文化建设，女职工在集团公司的高质量发展中发挥着重要作用

为增强女职工法律意识，进一步激发女职工立足岗位、履职奉献的热情，加强对女职工权益法律、法规的学习和普及，每年组织开展专题知识讲座、知识答卷等活动，着力提高女职工依法维权意识和自我保护能力，营造关心爱护女职工的良好氛围，有效激发了女员工的工作热情和动力，益于内部营造更加融洽、良好的工作氛围，助力企业持续健康发展。鼓励广大女员工奋发向上、创先争优。

多年来，在招聘过程中，牡丹集团本着就业权利平等的原则；工作中实行男女同工同酬，无就业性别歧视现象。加强劳动保护激励女职工岗位建功，通过“暖心驿站”形式，由专业医学人员，实行24小时现场、线上等方式解决女职工健康咨询、心理咨询等问题，并不定期为“暖心驿站”提供硬件支持、经费支持，为女职工参与企业发展建设创造条件。为了积极鼓励女职工岗位建功立业，集团公司工会每年开展各层级的“三八评选”活动，并对获评“巾帼岗位能手”和“三八红旗集体”的个人和集体给予不同的奖励。多年的努力，牡丹集团也获得了政府和社会的肯定。

（三）关注女职工身心健康

1. 加强女职工心理疏导和人文关怀

牡丹集团工会一方面与北京市总工会合作，开展了系列心理关爱服务下基层活动，为女职工提供了亲子关系、婚姻家庭关系等方向的课程选择，进一步做实做细“女职工关爱行动”。另一方面，积极利用北医三院、花园路社区医院等资源，每年开展女性健康、情绪管理、亲子关系等专题培训，并外聘专职专业医学人员动态为女职工解决健康和心理存在的困惑问题。

通过广泛开展女职工喜爱的活动，鼓励广大女职工争做“自尊、自爱、自信、自强”的新时代女性。组织开展了艺术插花、多肉栽培、茶道艺术等培训活动，以每年“三八”国际妇女节为契机，组织开展跳绳比赛、平板撑等各种趣味活动，为广大女职工营造一个特殊的节日氛围。建立健全女职工健身活动日常机制，开设了瑜伽、羽毛球、摄影等长训课程，鼓励女职工参加牡丹职工艺术团活动，组建成立了“女小合”，不断编导舞蹈、情景剧等新节目，积极参加北京市“五月鲜花”职工歌咏比赛，以及中关村科学城等社会各界演出活动，营造了维护女职工合法权益和特殊利益的浓厚氛围。

2. 落实女职工健康体检和相关保障

目前，除按照牡丹集团统一标准1200元/（人·年）的标准外，女职工每年有专项体检。体检项目由最初的妇科、乳腺最基础性检查，逐步增加了

HPV27 分型、癌抗原 15-3 及特殊疾病筛查等项目，逐步调整为女职工 290 元 / 次。这些变化，有利于女职工在体检中发现异常情况，及时进行治疗，实现了早检查、早治疗，起到了保护女职工身体健康的积极作用。牡丹集团行政每年投入专项资金为全体职工投保了在职职工互助保障计划，其中包含女职工重大疾病保险、女职工生育保险等个性化险种，在某个女职工最需要帮助的时候，集聚大家的爱，向病困女职工伸出友爱之手，帮助女职工战胜病困，渡过难关。

（四）发挥女职工在家庭文明建设中的作用

家庭是社会的细胞。集团公司工会注重普法和婚姻家庭权利宣传，注重开展家风家教类活动，推动社会主义核心价值观在家庭中落地生根的同时，加强女职工懂法意识。组织开展《中华人民共和国民法典》讲座，充分利用“牡丹小先锋”活动载体，共组织开展“AI、全息、AR/VR 技术”科普活动、“我和小树一起成长”植树节活动、“何以中国”故宫特展游学活动共计 56 场次，参与人数达 1135 人次，以牡丹女职工亲子类为出发点，延伸至社会公众，通过培养孩子的好思想、好品行、好习惯，推动女职工做好家庭教育，以小家庭的和谐共建大集体的和谐。

巾帼未曾让须眉，男女共擎一片天

北京市燃气集团有限责任公司

党的十八大以来，在习近平新时代中国特色社会主义思想指引下，亿万妇女更加坚定不移地走中国特色社会主义妇女发展道路，平等依法行使民主权利、平等参与经济社会发展、平等享有改革发展成果，主人翁地位更加彰显，半边天力量充分释放，获得感、幸福感、安全感与日俱增。党的十九大报告再次指出，要坚持男女平等基本国策、保障妇女儿童合法权益，充分彰显了中国高度重视并积极推进妇女事业发展的决心与实践成果。北京市燃气集团有限责任公司（以下简称北京燃气集团）作为一家老牌国有企业，始终坚持党的坚强领导，坚持党对妇女工作的领导，加强顶层设计和长远规划，在出台相关制度政策、部署工作时都充分考虑两性的现实差异和妇女的特殊利益，在就业机会平等、职业发展机会平等、薪酬待遇平等方面均无歧视行为；在生育保护、女职工平衡工作和家庭责任等方面都有重要举措。

一、集团公司基本情况

北京燃气集团成立于 1958 年，是一家拥有 60 多年历史的国有企业，主要从事城市天然气业务，并于 2007 年 5 月在中国香港实现资产上市。北京燃气集团是中国城市燃气行业内最大的单体城市燃气供应商，在“立足北京，内外并举；专注能源，上下延伸”的发展战略指引下，实现了上游资源和中游长输管线建设及下游燃气应用领域的全产业链发展。

北京燃气集团现有正式职工 9839 名，其中女职工 2812 名，约占总人数的 28.6%。值得一提的是，集团公司高层领导现有 13 人，其中女领导 5 名，占比 38.5%，明显高于集团公司女职工人数占比。北京燃气集团现有中层领导 231 人，其中女领导 54 人，占比 23.4%，略低于集团公司女职工人数占比，总体持平，充分体现了北京燃气集团在领导层任免中无性别歧视的现象。

二、集团公司在性别平等方面的主要举措与成果

（一）高度重视女职工权益保障

1. 加强组织保障，建立健全女职工委员会作为党联系妇女群众的桥梁纽带作用

多年来，各级党政领导高度重视女职工的权益保护，女工组织建设和人员配备得到不断完善和充实，为女职工工作提供了坚强保障。目前，北京燃气集团工会设立女职工委员会，下设 27 个基层女工组织，形成了纵向贯通、横向联动、协同配合的组织工作体系，在党的领导下，依照章程、切实担负团结引导女职工听党话、跟党走的政治责任，切实履行代表和维护女职工合法权益、促进男女平等和岗位建功立业的基本职能。

2019 年，北京燃气集团工会以中华全国总工会女职工委员会编制的《促进工作场所性别平等指导手册》为参考文件，在全集团范围内进行了各层级的自检自查工作，集团公司未发生生育待遇不落实、“四期”保护不到位等工作场所性别不平等相关问题。

2. 落实制度保障，从源头上依法维护女职工的合法权益和特殊利益

从行政方，制定了《北京市燃气集团有限责任公司计划生育及相关费用管理规定》（修订中），其中除法定相关待遇外，北京燃气集团女职工享受“除享受国家规定的产假外，延长生育假六十日，男方享受陪产假十五日”“女方经所在单位相关部门同意，可以再增加假期一至三个月”“按规

定生育子女的夫妻，在子女满三周岁前，每人每年享受五个工作日的育儿假”“对符合计划生育条件生育的女职工一次性补助1000元”“在子女满18周岁前可每年在所在单位报销子女医疗费用，每年报销费用最高不超过2000元”等个性化特殊权益。

从工会方，制定了《北京市燃气集团有限责任公司女职工权益保护实施细则》，并将其作为北京燃气集团集体合同附件，按照平等协商和签订集体合同的法定程序同步推进落实，坚持女职工委员会主任进入北京燃气集团平等协商委员会、劳动争议调解委员会、工会劳动保护监督检查委员会和工会劳动法律监督检查委员会，参与公司涉及女职工权益问题的协商、调解和监督检查，从源头上依法维护女职工的合法权益和特殊利益，充分体现了北京燃气集团对女职工合法权益和特殊权益的重视程度。近10年来，实施细则进行了三次修订，从女职工专项体检额度、妇女卫生用品、产假等几个方面先后做出调整。

（二）集团公司女职工政治地位和岗位贡献显著

1. 女职工的政治地位有保障

从法律上，男女享有平等的选举权、被选举权，北京燃气集团党委重视培养选拔女干部、发展女党员，在职代会、工代会选举代表的过程中，均明确要求统筹做好女职工数量比例，为女职工参与协商民主、参与企业发展建设畅通渠道。同时，每年专门汇总整理涉及女职工发展和权益类的提案，组织协商座谈，集体合同续签前开展专题调研，在政治协商、民主监督中持续关注女职工，确保女职工的诉求得到满意的答复和解决。

2. 女职工在集团公司的高质量发展中发挥着重要作用

北京燃气集团在招聘过程中，本着就业权利平等的原则，工作中实行男女同工同酬，无就业性别歧视现象。加强劳动保护激励女职工岗位建功，建立集团公司各级女职工哺乳室，形成了以北京市级母婴关爱室为引领，集团级、分子公司级的关爱室遍布各基层单位，以规范的制度为运作依据，有效运行，并不定期地为母婴室提供硬件支持、经费支持；除正常的劳动保护物资发放外，每月额外为女职工发放50元劳保用品，为女职工参与企业发展建设创造条件。为了积极鼓励女职工岗位建功立业，北京燃气集团工会每年开展各层级的“三八评选”活动，并对获评“巾帼岗位能手”和“三八红旗集体”的个人和集体给予不同的奖励，最高奖励个人5000元。比如，2020年，集团公司一名年仅30多岁的女职工获得“北京市劳动模范”荣誉称号。

（三）关注女职工身心健康

1. 加强女职工心理疏导和人文关怀

数据显示，心理健康关注最多的是婚姻关系和亲子关系，都与女职工密切相关。北京燃气集团工会一方面与北京市总工会合作，开展了系列心理关爱服务下基层活动，为女职工提供了亲子关系、婚姻家庭关系等方向的课程选择，进一步做实做细“女职工关爱行动”。另一方面，积极培养内部师资队伍。北京燃气集团已经培养了心理咨询师17名，其中女性心理咨询师11名，同时安排职工参与北京市总工会组织的婚姻家庭指导员培训，希望在北京燃气集团内建立起心理关爱的专业师资队伍，为女职工身心健康助力。

2. 落实女职工健康体检和相关保障

除按照北京燃气集团统一标准1500元/（人·年）的标准外，女职工每年有专项体检。体检项目由最初的妇科、乳腺最基础性检查，逐步增加了TCT（液基薄层细胞检测）、子宫彩超、乳腺钼钯及特殊疾病筛查等项目，女职工专项体检费用也由90元/次，逐步调整为未婚女性190元/次，已婚女职工265元/次。这些变化，更好地保障了女职工的身体健康，从2015年至2022年，有近50名女职工在体检中发现了异常情况，及时进行查治，实现了早检查、早治疗，起到了保护女职工身体健康的积极作用。北京燃气集团行政每年投入专项资金为全体职工投保了在职职工互助保障计划，其中包含女职工重大疾病保险、女职工生育保险等个性化险种，在某个女职工最需要帮助的时候，集聚大家的爱，向生病女职工伸出友爱之手，帮助女职工战胜疾病，渡过难关。

（四）发挥女职工在家庭文明建设中的作用

家庭是社会的细胞。北京燃气集团工会注重普法和婚姻家庭权利宣传，注重开展家风家教类活动，推动社会主义核心价值观在家庭中落地生根的同时，加强女职工懂法意识。多次参与“培育好家风——女职工在行动”主题实践活动，组织开展《中华人民共和国民法典》讲座、六一儿童节在女职工中开展系列亲子类活动，培养孩子的好思想、好品行、好习惯，推动女职工做好家庭教育，以小家庭的和谐共建大集体的和谐。

三、思考与展望

巾帼未曾让须眉，男女共擎一片天。马克思曾说过，“社会的进步可以用女性的社会地位来精确地衡量”，女性事业的发展推动着人类文明进步，中国妇女事业的发展与进步成就辉煌。

进入新的发展阶段，持续促进妇女全面发展依然任重道远，北京燃气集团愿意同各领域、各企业加强妇女领域交流学习，为推动集团公司女职工工作，加快构建人类命运共同体贡献智慧和力量。

后　记

劳动关系是生产关系的重要组成部分，是最基本、最重要的社会关系之一。劳动关系是否和谐，事关广大职工切身利益和企业健康发展，事关经济发展与社会和谐。习近平总书记历来高度重视构建和谐劳动关系，多次发表重要讲话，作出重要指示，深刻阐述构建和谐劳动关系的指导思想、工作原则、政策措施等一系列重大问题，为新时代推动构建和谐劳动关系工作指明了前进方向、提供了根本遵循。必须从政治高度、战略全局高度，充分认识构建中国特色和谐劳动关系的重大意义，坚持促进企业发展和维护职工权益相统一，打造企业与职工的利益共同体、事业共同体、命运共同体，推动建立规范有序、公正合理、互利共赢、和谐稳定的劳动关系，助力经济社会持续健康发展，为全面建成社会主义现代化强国、实现中华民族伟大复兴凝聚力量。

中国企业联合会、中国企业家协会作为国家协调劳动关系三方机制中企业组织代表，一直高度重视劳动关系问题，积极参与国内外协调劳动关系领域的各项工作，在推进基层组织建设、参与劳动关系立法、做好劳动争议调处等方面做了大量工作，为引导企业高质量发展、促进劳动关系和谐，维护社会稳定做出了积极贡献。自2005年起，我们每年编辑出版《中国企业劳动关系状况报告》，从企业视角，总结回顾过去一年企业劳动关系状况，研究分析企业劳动关系的现状、问题和发展趋势，并结合舆情热点事件进行专题分析，提出有针对性的意见和建议。同时，系统梳理和深入挖掘企业劳动关系领域的成功做法和典型经验，将企业构建和谐劳动关系的实践案例纳入报告，丰富了报告的内容。从 2017 年开始，我们运用大数据的方式开展企业劳动关系形势研判工作，并基于这项技术对报告的内容进行了改版，使报告更具有可读性。考虑到 2021—2022 年新冠疫情对企业劳动关系的综合影响，以及企业劳动关系状况的变化情况，我们将两年的报告合并编写并出版。本报告是中国企业联合会、中国企业家协会研究企业劳动关系的重要成果，希望能成为政府部门制定劳动关系相关政策的重要参考、推动企业提高劳动关系水平的重要借鉴、社会各界了解企业劳动关系状况的重要渠道。

本报告各章节内容由不同作者撰写，第一章：闫长坡，第二章：赵国伟，第三章：党凯旋，第四章：马超，第五章：赵婷，第六章：默子然；第七章：张文涛、季金；第八章：周欣。上海市企业联合会提供了部分专题调研报告，北京牡丹电子集团有限责任公司提供了技术支持。本书在编写过程中，由朱宏任全面指导，刘鹏统稿，参加编辑工作的有张文涛、闫长坡、周欣、赵婷、马超、赵国伟、默子然、党凯旋、马玲。

本报告中部分内容参考、引证了有关政府部门、单位和专家学者的最新数据、文献和研究成果，在此，一并致以衷心的感谢！由于时间仓促，本报告如有疏漏之处，恳请各界人士提出宝贵意见和建议。此外，我们还要向负责本书出版的企业管理出版社表示感谢！

编者

2023 年 4 月